XUNHUAN JINGJI
GUOJI BIJIAO YANJIU

循环经济
国际比较研究

闫　敏·编著

吉林出版集团股份有限公司

图书在版编目（CIP）数据

循环经济国际比较研究 / 闫敏编著. -- 长春：吉
林出版集团股份有限公司，2015.12（2024.1重印）

ISBN 978 - 7 - 5534 - 9826 - 3

Ⅰ.①循… Ⅱ.①闫… Ⅲ.①自然资源－资源经济学
－比较经济学－研究－世界 Ⅳ.①F113.3

中国版本图书馆 CIP 数据核字（2016）第 006746 号

循环经济国际比较研究

XUNHUAN JINGJI GUOJI BIJIAO YANJIU

编　　著：	闫　敏
责任编辑：	杨晓天　张兆金
封面设计：	韩枫工作室
出　　版：	吉林出版集团股份有限公司
发　　行：	吉林出版集团社科图书有限公司
电　　话：	0431 - 86012746
印　　刷：	三河市佳星印装有限公司
开　　本：	710mm×1000mm　　1/16
字　　数：	320 千字
印　　张：	18.25
版　　次：	2016 年 4 月第 1 版
印　　次：	2024 年 1 月第 2 次印刷
书　　号：	ISBN 978 - 7 - 5534 - 9826 - 3
定　　价：	80.50 元

如发现印装质量问题，影响阅读，请与印刷厂联系调换。

目 录

导　论

一、问题的提出

在经济发展过程中，环境污染与资源短缺成为世界各国都遇到的共同问题。传统的线性经济增长方式难以为继，而循环经济模式却日渐显现其生命力。20世纪90年代以来，世界上许多国家在可持续发展战略的指导下，将发展循环经济、建立循环型社会作为实现环境与经济协调发展的重要途径，已经在节约资源、保护环境、提高效益方面取得了切实的成效。循环经济逐渐成为世界各国尤其是发达国家指导经济发展的共识。我国是发展中的大国，如何在保证经济发展的同时，合理解决经济发展过程中的资源利用问题，是关系到我国社会发展走向的至关重要的课题。将循环经济的国际比较研究作为选题，具有重要的理论指导意义和实践参考价值。

（一）我国发展循环经济迫切需要理论指导

在我国经济发展的过程中，尤其是在经济和社会正在转型、市场经济体制尚不完善、资源供求矛盾突出的情况下，发展循环经济具有紧迫性，表现为：

第一，推进我国现阶段发展战略任务需要发展循环经济加以支撑。党的十六届三中全会指出，深化经济体制改革，必须坚持以人为本，树立全面、协调、可持续的发展观，促进经济社会和人的全面发展，而发展循环经济是实现这一战略任务的基本内容和重要支持。我国经济社会长期、持续、协调发展的目标要求我们将发展循环经济提高到战略高度来考虑。

第二，从我国经济社会发展现状来看，需要大力发展循环经济。我国是经济发展中的大国，人口众多，经济发展迅速，资源供给缺口较大，经济发展与环境保护之间的矛盾突出，沿袭传统的高能耗、高物耗的经济发展模式已经难以为继，必须寻求新的经济发展模式。而循环经济作为一种能够有效协同人与自然、经济增长与社会发展的经济发展模式符合我国经济社会发展的要求。通过对污染进行全程控制，在生产过程中实现清洁生产，提高全社会的资源利用效率，倡导绿色消费等，使我们能够达到在资源与环境得到改善的情况下促进经济增长的目标。

第三，循环经济在我国还处于探索阶段，对比发达国家还有不小差距。我国在发展循环经济方面已经做出了相应努力，颁布了《节约能源法》《清洁生产促进法》等法规，并在企业相对集中的地区建立了生态工业园区，此外还进行了循环型城市的试点。

这些措施在促进我国循环经济发展方面都取得了明显成效，但是，与发达国家相比还有差距。主要体现在：在认识上，目前社会各界对发展循环经济的重要性和紧迫性还没有足够重视；在国家层面上，资源利用指标和核算体系不健全；有关循环经济的法律法规体系不完善，特别是再生资源回收利用方面的法规建设是薄弱环节；没有形成有效的激励约束机制和回收处理体系以及合理的费用机制；技术开发和推广应用不够，缺乏符合国情的循环经济技术支撑体系等等。在这种情况下，必须对循环经济相关理论进行研究，加强其对我国发展循环经济实践的指导性。

（二）发达国家发展循环经济的成功经验有待于研究借鉴

目前循环经济已经成为日本、德国、美国等发达国家的经济发展趋势，尽管各个国家的发展模式及采取的政策不尽相同，但是都取得了很好的成效。日本在发展循环经济方面，在全国范围内颁布了一部循环经济基本法、两部综合法，若干部专项法，建立了完备的法律制度和政策体系，在法律的规范下，全社会共同参与发展循环经济，形成了政府推动、公众参与、企业响应的良好局面，并且以循环经济为主要内容的"静脉产业"正在崛起，日本正在向建立循环型社会方向迈进。德国则从社会整体循环的角度，大力发展旧物调剂和资源回收产业。德国大力提倡扩大生产者责任制，即生产者不仅对产品的性能负责，而且承担产品从生产到废弃对环境影响的全部责任，生产者必须在产品整个生命周期中对其生产的产品负责，包括原材料的选择、生产过程的确定、产品使用以及废弃物的处理等，这一思想目前已经传播到整个欧洲。在严格执行循环经济法律的基础上，德国联邦政府鼓励企业界的"自愿承诺"，在整个社会范围内形成循环经济环路，其发展循环经济的双元系统模式取得了很大的成功。美国是循环经济理论研究的先行者，循环经济理论的思想萌芽"宇宙飞船理论"就产生于美国。美国发展循环经济在生产领域与消费领域取得了巨大的进步，目前美国的循环经济涉及众多行业，既包括传统的造纸业、炼铁业、塑料业、橡胶业，也包括新兴的家用电器行业、计算机设备行业，还包括办公设备和家居用品等行业。美国最具特色的循环经济制度当数排污权交易，这一制度目前已被世界多数国家所借鉴与采用。

上述各国在发展循环经济的过程中，各自采用的模式、政策、战略等虽然不同，但是都积累了丰富的经验。对各国循环经济的发展情况、战略模式、政策措施等方面进行比较研究，积极总结有益经验，大胆借鉴，对于我国发展循环经济，制定相应战略、实施相应政策等各方面都具有重要参考价值，而目前国内相关资料和经验介绍为数寥寥，更没有人进行系统地比较并总结出规律进而运用到实际工作中指导我国的经济实践。

二、本书研究的理论基础

（一）新制度经济学相关理论

长期以来经济发展理论一直忽视对传统的非经济因素的分析，这已成为现代经济发展理论"危机"产生的一大根源。随着新制度经济学派的兴起和繁荣，越来越多的经济学家认为，应该将传统的"非经济"因素（如文化、传统及制度等）纳入经济发展理论的分析框架之中。

制度学派认为制度一旦被创立，便似乎具有某种不以（至少一部分）人的意志为转移的特点；换言之，制度会独立地对社会中的至少某一部分人施加影响，因此，人们的偏好及与此有关的目标、实现目标的手段均受到制度的左右，而效率水平亦由此而被决定。显然，不同的制度安排将导致不同的经济结果。人类社会经济发展的历史，就是结构变迁的历史。这里的结构是指制度的创立、变更及随着时间变化而被打破的方式，而其中的关键则是产权的设置、明确和变更。经济所以能增长，其根本的原因在于排他性产权的设置。这其中，产权明晰作为一种制度安排对一国经济发展乃至国家兴衰都起着关键的基础作用。市场经济是一种符合自然秩序、符合人类本性、有效地解决了经济计算与经济激励的制度安排。环境恶化与资源耗竭产生的根本原因在于缺少一种关于环境与资源的有效的制度安排，只有这个问题解决了，市场的功能，如资源转让、排污权交易才是健全的。正同我们已经强调过的市场经济的要旨在于利益驱动和交易，在产权不明确的情况下蚕食自然资本、搭便车、机会主义将是不可避免的经济行为；由此会产生大量的推诿、混乱和高昂的交易成本。产权明晰可降低交易费用，提高市场效率，降低外部性的影响。环境与资源问题的产生主要是由外部性因素所致。因此产权的明晰是能够在一定程度上遏制环境恶化与资源耗竭的加剧的。

根据制度经济学理论，发展循环经济必须强调制度因素对维持一国长期经济发展的重要作用，通过强制与非强制制度安排改变原有模式，它要求改变生产的社会成本与私人获利的不对称性，使外部成本内部化；要求改变环保企业治理生态环境的内部成本与外部获利的不对称性，使外部效益内部化。最终实现经济增长、资源供给与生态环境的均衡，实现社会福利最大化和社会公平。

（二）工业生态学理论

工业生态理论产生于 20 世纪 80 年代末 R. Frosch 等人模拟生物的新陈代谢过程和生态系统的循环再生产过程所开展的"工业代谢"研究。受自然生态系统组成和运动的启发，人们对许多工业系统进行了分析比较，发现他们也存在着某种互联、互动的关系。于是开始以构建工业企业的生态链为切入点，实现充分利用资源，减少废弃物，消除环境破坏，提高发展质量的目标。传统的工业体系中各企业的生产过程相互独立，这是资源浪费、生态失衡的重要原因。工业生态理论按照自然生态系统的模式，强调实现工业体系中物质的闭环循环，其中一个重要的方式是建立工业体系中不同工业流程和不同行业之间的横向共生。通过不同企业或工艺流程间的横向耦合及资源共享，为废物找到下游的"分解者"，建立工业生态系统的"食物链"和"食物网"，达到变污染负效益为资源正效益的目的。

循环经济的具体活动主要集中在三个层次，即微观层次、中观层次、宏观层次。在微观企业层次上表现为根据生态效率的理念，要求企业减少产品和服务的物料使用量、减少产品和服务的能量使用量、减排有毒物质、加强物质的循环、最大限度可持续地利用再生资源、提高产品耐用性、提高产品与服务的服务强度。在中观企业群落层次上表现为按照工业生态理论的原理，建立群落的物质集成、能量集成和信息集成，建立企业与企业之间废物的输入与输出关系。在宏观国民经济层次上表现为实施生活垃圾的无害化、减量化和资源化，即在消费过程中和消费过程后实施物质和能量的循环（冯之浚，2004）。所以循环经济是在工业生态学的基础上，对工业生态理论的拓展，是实现工业生态化新的方法和途径。

（三）系统论理论

系统论是认识复杂系统的有效工具，取得许多可喜的成就。系统论认为，整个人类社会是由经济系统、政治系统、文化系统、军事系统等构成的大系统，经济系统又由农业系统、工业系统、商业系统和交通系统等子系统构成。每一个子系统还可以进一步细分。各种系统各不相同，但各种系统均具有整体性、层次性、开放性、目的性、稳定性、突变性、自组织性和相似性八个特征。发展循环经济实际上是在一个复杂的巨系统中进行的，必须以动态的、复杂的观点来研究循环经济系统，即将经济系统作为过程依赖、并不断演变的有机体系来进行研究。在研究过程中，本书以系统论为基础，系统地研究循环经济发展过程中人类社会巨系统中，人、社会、经济、自然环境各子系统之间相互作用、相互影响的关系，定位了系统要素，确定了系统功能，完善了系统结构，理清了系统联系，探讨了经济系统可持续发展的演化规律。

三、本书的研究方法与框架结构

循环经济是一种综合化的发展趋势，需要研究方法上的继承与整合，以及在继承与整合基础上的方法创新。研究循环经济必须以系统分析方法为基础，综合物理学、生态学、经济学、公共管理学的相关理论与方法。对于循环经济的国际比较研究，更需要在原有的基础上，通过比较的研究方法，系统研究各国循环经济的发展战略、模式与制度。

（一）研究目标

以比较经济学的研究方法与系统论的研究方法为基础，通过比较研究各国发展循环经济绩效、国际循环经济发展战略、国际循环经济政策、国际循环经济发展模式，探索我国发展循环经济的有效路径，为我国发展循环提供理论参考。

（二）研究方法

具体而言，本课题运用的研究方法主要有：

（1）比较研究方法。本书研究采用比较经济学的比较分析方法。把比较法系统地运用于国别循环经济的比较研究，对在不同体制、不同模式下发展的各国循环经济，通过比较进行研究，鉴别长处和短处、优点和缺点、经验和教训、共性和个性，阐明它们在经济运动中的共同规律，特别是共同规律在不同国家、不同体制条件下的不同表现形式与作用形式，以及在不同国家起作用的一些特殊规律。在此基础上，寻求适合我国的发展道路。

（2）实证研究与规范研究相结合。本书相当一部分内容是对世界有代表性的国家发展循环经济的经验总结，但也不乏逻辑判断与推理。在研究经济的演变趋势、循环要素、循环链、循环经济复杂系统的协调性、演化性等方面，运用了规范研究方法，从已有的价值判断标准出发，进行严密的逻辑判断与数学推理，从而发现其中的客观规律。同时在比较各国的循环经济措施政策时，运用了实证分析方法，运用大量丰富的统计资料，借助一定的数理统计方法和图表，对国际循环经济的发展状况、实施效果等进行描述和分析判断。只有将规范研究和实证研究结合起来，才能全面探讨循环经济发展的各种情况。定性与定量分析相结合，力图做到言简意赅，清晰完整地说明问题。

（3）系统论研究方法。本书研究，拟以系统科学的系统研究方法，借鉴物理学、生态学、经济学的思想，构建循环经济发展的理论模型。以动态的、复杂的观点来研究循环经济系统，即将经济系统作为过程依赖、并不断演变的有机体系来进行研究。循环经济作为社会经济发展的总体谋划，需要一个有效的工具来分析和指导。系统论是认识复杂系统的比较有效的工具，取得了许多可喜的成就。有许多方法论可供循环经济的研究和实践所借鉴。在研究过程中，系统地研究循环经济发展过程中人类社会巨系统中，人、社会、自然环境各子系统之间相互作用、相互影响的关系，定位系统要素，确定系统功能，理清系统联系，探讨经济系统可持续发展的演化规律。系统分析方法将贯穿整个研究过程之中。

此外，本书采用的研究方法还包括定性与定量研究相结合、数据分析等方法。

（三）主要内容

本书共分七章，分别就循环经济理论研究现状、循环经济系统结构、国际循环经济发展战略比较、国际循环经济政策比较、国际循环经济发展模式比较、我国发展循环经济的背景以及我国循环经济发展途径及政策选择七个方面探讨了循环经济发展问题。

第一章系统梳理了有关循环经济的相关理论，对于传统经济学存在的理论缺陷进行了探源，对现有经济增长理论困境进行了剖析，从新制度经济学的角度分析了循环经济市场失灵问题、产权问题等，并对循环经济的内涵、理论发展脉络、国内外研究现状、研究程度进行了系统论述，作为课题研究的理论铺陈。

第二章采用系统论、比较经济学和国际比较的理论与方法对整个循环经济巨系统的系统构成、逻辑结构、物理特性进行分析。首先阐述了循环经济系统与传统经济系统的区别，然后对循环经济系统的概念、构成、设计进行了分析，最后对循环经济系统的特征进行了探求，并进一步阐述制度要素在循环经济系统中的地位与作用。本章对循环经济在总体上、宏观上加以论述，为后文系统比较各国发展循环经济的战略、政策与模式提供理论前提与依据。

第三章在充分研究各国发展循环经济背景的基础上，系统地比较了各国发展循环经济的战略模式。各国发展循环经济的背景具有相似之处，发达国家如美国、德国、日本均是在发展经济的过程中，遭遇了资源瓶颈，而且环境污染问题日益突出。从各国具体情况来看，德国等欧洲发达国家在发展经济的过程中本身一直具有强烈的环保理念；日本则由于国土面积不广阔，资源有限，发展经济必须提高资源的使用效率；美国是在可持续发展的理念的指导下，倡导发展循环经济。背景不同，所以各国在发展循环经济过程中采取的战略不同。德国、日本以建立循环型社会为本国发展循环经济的战略选择，而美国实施的主要是"自治型"循环经济发展战略（由于美国是发达的市场经济国家，在发展循环经济的过程中更注意发挥市场机制，主要在生产领域与消费领域大力推进循环经济）。本章系统比较了发展循环经济代表性国家的战略动机、战略模式与战略目标，并对国际循环经济发展现状进行了国别阐述。

第四章进行国际循环经济政策比较。在不同发展战略的指导下，各国采取了不同的制度安排，研究过程中进一步对各国发展循环经济政策进行比较。本章首先论述了宏观经济政策工具——财政政策与货币政策对发展循环经济的有效性，通过IS－LM－CE曲线对财政政策、货币政策与生态质量之间的关系进行了理论分析，在此基础上，介绍了世界发展循环经济的税收政策、金融政策、产业政策、消费政策、贸易政策等经济政策，之后对国际上促进循环经济发展的主要法律政策进行了比较研究，同时对发展循环经济的国民经济核算体系进行了论证。

第五章对国际循环经济发展的微观、中观、宏观模式进行比较研究。由于各国发展循环经济政策不同，导致各国发展模式上各具特色。研究过程中从微观、中观、宏观三个层次对世界发展循环经济的模式进行了分析。在微观上发展循环经济主要表现为企业清洁生产模式，（清洁生产指的是人类进行工业生产活动时，要充分合理地利用资源和能源，把整个预防环境污染的战略，持续地应用到产品生产全过程和产品生命周期全过程中，以减少或避免对人类和环境的危害。对企业来说就是使用清洁的能源和原辅材料，通过清洁的生产过程，生产出清洁的产品）这一模式以澳大利亚的邦莱克公司为代表，此外，在发展清洁生产的同时，必须注重企业绿色管理，建立绿色营销体系、绿色会计与审计框架以及绿色企业组织机制；中观上主要表现为建立生态工业园，通过物流或能流传递等方式，把不同工厂或企业连接起来，形成共享资源和互换副产品的产业共生组合，使一家工厂的废弃物或副产品成为另一家工厂的原料或能源，模拟自然系统，在产业系统中建立"生产者—消费者—分解者"的循环途径，寻求物质闭环循环、能量多级利用和废物产生最小化，在美国、加拿大、日本、欧洲等发达国家和地区，生态工业园建设已经取得了一定的进展，发展中国家也正在积极规划和筹建适合本国国情的生态工业园，其中丹麦的卡伦堡模式最为典型；宏观上主要表现为循环型社会，以德国、日本为代表。本章对各层次循环经济发展模式加以分析比较，通过比较总结出相应规律，为我国发展循环经济提供参考。

第六章对我国发展循环经济的国情进行了论述。首先对我国发展循环经济所面临的经济背景进行了剖析，分析了目前我国所处的经济发展阶段，并对此阶段我国社会呈现的若干特点进行了阐释，在此基础上，对我国今后经济发展对资源与环境的需求进行了预测，并探讨了我国经济发展在环境与资源方面面临的问题，最后在借鉴发达国家经验的基础上，提出了我国经济发展的可行性选择。

第七章对我国发展循环经济提出政策建议。认为我国发展循环经济，必须重新构建一种新的制度框架，对人与自然的关系和人类社会生产关系进行新的制度安排。2005年，国务院颁发了《关于加快发展循环经济的若干意见》，提出"建立和完善促进循环经济发展的政策机制"，"加大对循环经济投资的支持力度"；"利用价格杠杆促进循环经济发展"；"制定支持循环经济发展的财税和收费政策"；"加强法规体系建设"等措施。本章在此主要针对《关于加快发展循环经济的若干意见》，从宏观措施（包括战略规划、价格政策、财税政策、产权政策、科技政策、投资政策、消费政策）、重点行业（包括钢铁、有色、煤炭、电力、化工、建材等）、重点领域（包括再生资源回收利用、废旧金属再生利用、废旧家电回收利用）等方面对发展循环经济的政策进行了研究。

本书希望对循环经济理论和实践问题进行系统梳理，但由于研究内容涵盖面较广，过于注重系统和全面性，因此在力求结构完整的基础上，仅针对几方面进行了重点研究，难免在某些问题上研究不够深入。

（四）研究重点

（1）重点研究循环经济发展代表性国家循环经济战略模式、制度以及具体措施，并将其进行横向与纵向比较。通过比较，对于不同体制、不同模式下各国循环经济加以研究，鉴别长处和短处、优点和缺点、经验和教训、共性和个性，寻求它们经济运动中的共同规律，特别是这种共同规律在不同国家、不同体制条件下的不同表现形式与作用方式，以及在不同国家表现出的某些特殊性。在此基础上，研究适合我国发展循环经济的有益模式。

（2）重点研究循环经济系统持续发展问题。研究循环经济必须坚持系统的观点。我国目前正处于库兹涅茨曲线的第一、第二阶段（如图1所示），环境退化程度已经远远高出西方国家同等收入水平时的退化程度，如果沿袭发达国家的发展路径，很可能被锁定于 AXDC 的系统发展路径轨迹，经济系统难以持续发展，同时生态系统将陷于崩溃。目前，大部分对于循环经济的研究，采取的是零打碎敲式的方式，而循环经济最为经济的发展模式，应该是系统的跃进。系统的跃进需要综合的考虑，其发展需要有逻辑的一贯性。

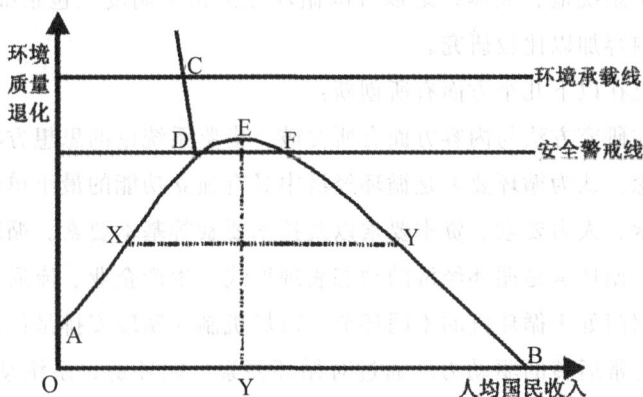

图1 环境库兹涅茨曲线

本书以系统观点为基础，将人的系统、社会系统、自然环境系统、以及狭义的经济系统全部纳入循环经济整体系统中加以研究，重点研究和探讨整体系统中各子系统之间的相互关联、相互影响、相互作用的方式及其后果。因为发展循环经济的目的就是实现整体系统的非加和性（即整体系统的性质和功能不等于各个要素系统的性质和功能的简单加和，是只有整体才有的、孤立的部分及其总和不具有的特性，也即所谓的 1+1>2），从而实现经济的可持续发展。

（3）重点研究我国发展循环经济政策措施。理论研究的最终目的是为了对实践进行指导。对于各国循环经济，尤其是发达国家的循环经济进行比较研究，最终是希望在对比、总结循环经济在各国发展的一般规律的基础上，为我国发展循环经济、实现经济可持续发展提出可行性政策建议。本课题要重点研究国家在政策导向方面如何制定相关的经济政策（包括相应的财政政策、消费政策、价格政策、产权政策、投资政策、贸易政策、国民经济核算体系等）；在制度建设方面如何建立适应于我国国情的战略发展体系，在战略规划层面上对我国循环经济发展提出建议；在公众观念改变方面，如何发挥导向作用，提高广大公众的参与意识与参与能力。

四、本书主要创新点

从目前国内研究情况来说，还没有学者对于循环经济进行国际比较方面的研究。发展循环经济，在我国刚刚起步，虽然目前有一些有关循环经济方面的研究论文，但是内容大致仅涉及相关理论、个别国家的具体措施、我国发展循环经济的必要性以及国内目前发展现状等内容。研究的内容相对零散，还没有一篇论文真正系统地、成体系地以各国循环经济相关制度（包括战略、政策、模式等）为内容加以比较研究。

本书研究在以下几个方面有所创新：

第一，在研究方法与内容方面有所突破。借鉴系统论的思想方法，引入循环要素的概念。认为循环要素是循环经济中具有独立功能的最小单位，它可以包括资源要素、人力要素、资本要素以及技术要素等基本要素。循环要素在循环链中循环，循环链是循环经济的动态表现形式。生产企业、流通企业、消费者以及公共部门处于循环链的不同环节，市场机制与制度安排是促进循环要素在循环链中正常运转的驱动力。通过对循环要素、循环链、系统动力的研究，寻求循环经济系统的有效协同的路径。

第二，在对循环经济微观发展模式研究方面具有新意。目前大部分研究对循环经济的微观模式定义为清洁生产。但清洁生产仅局限于生产环节，不能全面涵盖企业层面发展循环经济的整体行为。企业作为自然社会经济复合系统中的一个组成部分，保护生态环境、促进经济与生态的协同发展，既是企业自身生存与发展的需要，又是企业不可推卸的社会责任。企业是经济系统的微观要素，也是发展循环经济的微观主体，在企业内部发展清洁生产还不足以在微观层面实现循环经济。循环经济的微观模式不仅仅指清洁生产。所以本书将清洁生产作为循环经济微观模式的主要研究内容，在此基础上，还纳入了企业绿色营销、绿色会计、绿色审计等内容，认为只有全面实现企业绿色管理，才能真正在微观层面贯彻实施循环经济。微观循环经济模式是一个综合体系，缺少任何一个环节，都会使循环经济在微观层次上的实施效果不尽人意。

第三，对国际代表性国家发展循环经济的背景、战略、政策、模式进行了系统的梳理和提炼，体现了集成创新的特点。通过比较研究，认为日本和德国虽然在总体战略上都选择了建设循环型社会的模式，但是具体形式并不相同。日本采取的是"强势政府"的循环型社会战略，而德国采取的则是"政府与市场相结合"的循环型社会战略；同时认为美国的循环经济战略模式是"自治型"战略模式，即"市场主导"型循环经济战略，它没有在国家层面上制定明确的循环经济总体战略与循环经济基本法律，而主要是依靠市场的力量实现循环经济发展。在系统比较各国情况，综合分析我国国情的基础上，得出结论，认为中国在整体战略的制定上可以借鉴日本模式，如制定循环经济发展规划，编制"循环经济基本法"等；在具体政策措施的实施上，可以借鉴美国成功经验，如鼓励排污权交易，完善环境、资源税收体系等。

第四，在规范分析与实证分析的基础上，对我国循环经济的发展度、容许度、支持度进行了测算。本书借鉴了国家自然科学基金（批准号 79770034）《区域经济、社会、资源与环境系统协调发展衡量》中的数量分析方法，以及中国科学院"可持续发展战略指标体系"的指标选取规则，以我国循环经济系统发展为例，根据近五年的统计数据，对循环经济各子系统的贡献程度，各子系统之间的动态与静态协调性，以及循环经济系统的发展度、支持度、容许度等进行了简要实证测算，这种研究角度与方法比较新颖。但是，由于循环经济在我国尚处于探索阶段，整个社会范围内还没有建立起完整的循环链，所以目前衡量循环经济发展程度的很多重要指标没有统计数据，这给研究工作带来了困难，测算结果可能也会由于关键指标的缺失而有所偏差。

第一章 循环经济理论研究综述

循环经济是在资源与环境约束下追求有效经济增长的一种新的经济发展模式，是实施可持续发展战略的正确选择。目前，中国已经将发展循环经济作为一项基本国策，但是在实施过程中由于缺乏相应的政策安排，遇到很多困难。这既有现实层面的问题，也存在理论层面的问题。本章力图从经济理论出发，挖掘传统经济学对解释循环经济的理论缺陷，阐述当前循环经济理论研究成果，探索循环经济发展理论规律，以期对实践进行指导，建立起符合循环经济发展规律的制度框架。

第一节 现有经济增长理论的困境

随着人类社会经济发展的突飞猛进，经济活动与生态环境之间的矛盾日益激化，人类谋求生存与发展的空间逐渐缩小，可持续发展的目标难以实现。在这种情况下，过去的经典经济理论那种将资源与环境置于研究视野之外的做法，已经不适应经济发展的要求，在理论上必须进行新的探求。

一、传统经济学缺陷探源

从经济理论来看，西方主流经济学认为，只有进入市场体系的资源才是真正的经济资源，才具有经济分析意义。那些市场上难以计量的东西，如环境服务、自然资源、生态功能等即使很重要，但由于无法通过价格机制进行配置，就无法进行经济分析，也就当然被排除在经济理论考察范围之外了。这种观念从斯密、李嘉图开始一直延续到现代经济增长理论之中。在研究现代经济增长的许多有影响的经济学家的观点中，他们无不忽视资源与环境的地位和作用。他们只是根据报酬递减现象进行表面化的经济分析，只注重对资源与环境可以纳入市场核算的经济价值部分分析，从未深究报酬递减的原因是什么。其实正是由于对土地等自然资源要素的过度使用超过了自然资源原生的生产力阈值，才导致边际报酬递减现象的发生。而自然力服务并非是通过狭隘的经济核算就可以完全计量的。很显然，在西方主流经济学狭隘的崇尚市场机制的视野之内是无法看到自然资源与环境对经济增长的重要性的。难怪西方学者艾尔斯不无嘲讽地指出，"看不见的手"没有绿拇指。

环境与资源在传统经济理论中，仅被视为经济活动所需的工业原材料和能量的来源，其在经济增长中所起的包括生产和生活废弃物容纳场所以及生活支持与服务等功能是不在理论考察范围之内的。20 世纪 60 年代，发达国家进入了现代工业化时期，经济得到迅猛发展，这也导致人类面临着日益严重的、累积性的、源于工业经济行为的环境污染、资源衰竭问题，生态平衡遭到了严重破坏，人类生存面临威胁。环境污染、资源耗竭这一特征对传统经济理论提出了挑战。现在人们已经普遍意识到，稀缺的环境资源具有三类重要的经济功能[①]：

第一，环境资源提供了人类生产所必需的原材料和能源，包括不可再生资源和可再生资源。

第二，生态环境具有吸收、容纳、降解工业生产过程所排放废弃物的功能，这一功能具有公共特征，环境有限的承载能力表明了这一功能也具有稀缺性。

第三，环境与资源向个体和工业生产系统提供一种自然服务流，这涉及工业生产过程和环境间物质和能量的直接物理性交换（生态和气候保护、物质材料的循环和能量流动、生物差异性等）和个体直接的福利效益（休闲、健康、美学等）。

当环境提供的物质资源和能量超过了环境的再生能力和容纳的废弃物超过了其承载能力时，环境必然要经历生态损害和恶化的过程。如果普遍的全球的环境质量的下降问题长期得不到解决，成为累积性的问题，从长期来看就将永久地破坏生态稳定性和恢复力，从而导致对经济持续发展的绝对稀缺性约束，最终破坏经济生活的稳定和人类的福利。

国内外已经有一批经济学家发现了现有的经济理论对于解释循环经济、自然环境与资源稀缺性的缺陷。我国经济学者吴季松指出"西方传统经济学已经

---

① 蓝虹．环境产权经济学［M］．北京：中国人民大学出版社，2005：36.

无法解释循环经济的发展（吴季松，2005）"。更有学者认为循环经济对于现代经济学的挑战主要集中在四方面：挑战现代经济学的思维和理念；挑战既有的市场规律；挑战现代产权理论；挑战现有的环境政策（刘学敏，2004）。还有学者认为"古典经济学批评重商主义视财富为在交换流通过程中产生的信条；而新古典经济学提出的边际效用和个人偏好主观判断的交换价格理论……强调通过交易来实现资源的最优配置，从中忽略了或放弃了古典经济学生产成本和劳动价值理论，这就导致了依据个人偏好主观判断而形成对自然资源与生态环境评价的市场交换价格远远低于其实际价值，致使资源循环利用率低、环境污染严重，资源短缺与生态环境恶化成为人类社会经济发展的瓶颈（吴玉萍，2005）"。这些思想都体现了国内学者对于传统经济学在某些方面难以对循环经济做出合理解释的深刻思考。到底是什么导致传统经济学存在缺陷？归纳国内各种学术观点，其核心点在于，传统经济学忽视了环境与资源的稀缺性。这一点也是导致传统经济学在其他方面难以对循环经济特征提供有效理论阐释的根源。稀缺性作为一种客观事实，具有自身的特征与表现形式：

第一，稀缺具有相对性。某种物品，或某种资源是否是稀缺的，主要是相对于人类社会对他的需求与索取而言。自然界中的任何资源与财富都是有限的，而随着人类社会的进步，人们的需求与欲望不断膨胀，必然导致原本被认为无穷无尽的资源与环境出现稀缺。如果人类发展不再需要消耗资源与环境，那么它们相对于人类的需求与欲望来说就不具备稀缺性。

第二，稀缺具有绝对性。毫无疑问，自然界所提供的各种资源与能源以及环境承载能力，不论多么富裕与丰厚，在数量上和质量上总会存在一个极限边界，而人类的欲望却是无止境的，旧的欲望被满足了，又会出现新的、不同的欲望。与人类不断增长的欲望相比较，任何资源与能源都是稀缺的，任何环境的承载能力都是有限的。西方经济学曾经把资源分为生产资源和自由资源，认为生产资源（如矿产、木材等）是有限的，它随着生产规模的扩大消耗数量逐渐增加；而自由资源则丰富得可以自由免费获取，如阳光、空气和水等。但现在的事实是，由于人类对自然资源与环境的任意索取与破坏，致使符合环境标准的清新空气越来越少，明媚灿烂的阳光在污染严重的城市已难得一见，都不能再免费"自由"取用了。因此，可以说资源的稀缺是绝对的。

第三，稀缺具有差异性。这种差异性表现为在地球上不同的地区，资源总量或某些资源、能源、矿产等的丰裕与稀缺程度不尽相同。例如，美国、澳大利亚、中东地区等就是资源相对比较丰富的国家和地区，而埃塞俄比亚、日本等则是资源稀缺程度相对比较高的国家。有的地区富蕴大量的石油等矿产，紧依靠自然资源的挖掘与出口，就可以聚集大量财富；而有的国家则穷山恶水，生产、生活用的资源只能依靠进口，尤其是非洲内陆一些国家与地区，人民生活非常贫困。可见，稀缺的差异性是由客观地理条件的不同而导致的资源分布不均决定的。

第四，稀缺具有瞬变性。稀缺的瞬变性是稀缺资源在特定的经济关系中或特定的时点内所表现出来的特征，是在供给和需求一定的情况下，由于供给和需求强度的变化而导致的各种资源相对稀缺程度的变化，它是由供给和需求强度的变化决定的。以我国为例，我国在进入重化工业发展阶段以前，石油资源稀缺性并不高，但随着重工业的发展，目前石油资源成为我国极度稀缺资源，直接影响国家安全。

总之，一方面，随着人类社会的进步，对自然资源与环境的需求激增；另一方面，由于人类的大量浪费与破坏，自然资源与环境的供给锐减。这造成自然环境与资源严重供需不平衡，稀缺性逐步提高。

国外经济学家早已经发现了这一问题。1789 年，托马斯·马尔萨斯（Thomas Malthus）在《人口原理》一书中提出：资源具有物理数量上的有限性和经济上的稀缺性，这两个性质不会因为技术进步和社会发展而改变。如果人类不认识到自然资源的有限性继续大量消耗自然资源，就会使自然资源与环境遭到破坏，从而导致人口数量灾难性的减少。[1] 李嘉图也曾认为：自然资源的相对稀缺来自于自然有限的再生能力。[2] 1848 年，英国经济学家约翰·斯图亚特·穆勒在《政治经济学原理》中认为：资源绝对稀缺的效应会在自然资源的极限到来之前就表现出来。但是社会进步和技术革新不仅会拓展这一极限，而且还会无限推迟这一极限。[3] 查文斯认为"不可再生资源构成对经济增长的绝对稀缺性约束"。虽然这些观点对自然环境与资源的稀缺性在某种程度上做出了精辟的论述，但是由于当时人类生产能力有限，环境与资源一直被认为是"大自然赋予的财富"，是取之不尽的，致使这些观点被淹没在传统主流经济学的强大声音之中。

直至 20 世纪末，随着人类的生产能力不断扩张，资源被大量消耗与浪费，

---

① 观点转引自：Barbier, E. B. (1989). Economics, Natural Resource Scarcity and Development. Conventional and Alternative. London：Earth Scan.

② Richardo David (1973). The Principles of Political Economy. London：J. M. Dent & Sons.

③ 观点转引自：王常文. 资源稀缺理论与可持续发展 [J]. 当代经济，2005 (4).

环境遭到严重破坏，环境与资源从供给不稀缺发展到开发能力稀缺，又发展到潜在供给稀缺。这时，它的有限性与稀缺性才在世界范围内被广泛关注与重视。过去有两种主要观点认为环境与自然资源的稀缺性问题可以自然而然被解决，无须过于紧张。一种观点认为通过市场机制自发解决。价格会对资源的稀缺程度做出灵敏的反应，一种资源愈稀缺这种资源的价格就会愈高，从而增加了使用该种资源的成本，市场规律就会起作用。价格上涨，会促使人们寻找这种稀缺资源的替代品。

笔者认为：环境与资源一直以来作为人类共有的财富，被认为是"取之不尽，用之不竭"的，其稀缺性长期被忽视，致使环境与资源没有明晰的产权，没有真正作为一种生产要素、产品或商品进入市场并在市场中流动，市场缺乏对环境与资源的各种相应制度安排与运作规则，这导致环境与资源没有市场价格或市场价格严重不能反映其真正价值，在这种情况下，市场规律无法自发对其进行调解。另一种观点认为可以通过技术进步与创新解决问题。技术可以提高生产效率，通过提供替代产品，维持甚至改善现有环境与资源水平。科技确实可以提升生产能力，对自然环境与资源使用效率提高的作用是无可置疑的。但是笔者认为从理论上讲，科技进步与创新可以解决环境与资源问题，而在实际中，存在科技进步与创新的速度能否超越自然资源与环境消耗的速度这一问题，如果在科技创新创造出相应的可能性之前，自然环境与资源就已经消耗殆尽，系统已经崩溃，生产能力已经毁灭，则这一命题便不成立。所以承认环境与资源的稀缺性，制定相应的规则与制度，拓展环境与资源对生产、消费、生活等支持力的阈值，延长环境与资源对社会、经济系统的支撑时间，是科技进步、创造新的替代能力的前提。

基于以上分析，可以得出结论，正是由于对自然资源与环境的稀缺性认识的不足致使传统经济理论没有将其纳入市场要素加以分析，进而导致在其他方面对循环经济的解释力存在缺陷。下文，笔者将从经济增长理论与产权理论入手，进一步探究循环经济对传统经济理论的挑战。

二、现有经济增长理论困境

现代经济增长在带给人类高度发达的物质文化生活的同时，也使得人类赖以生存的生态环境日益恶化、自然资源日益枯竭。保罗·霍根（Paul·Hawken）在《自然资本论》中指出："自18世纪中期起，自然界受到的损害比整个史前时代造成的损害还要大。在工业达到极高的水平，集聚和累积人工资本的成就到达巅峰之时，人类文明赖以创造经济繁荣的自然资本（这里的自然资本是指由土地、矿藏、水源、大气和生态环境构成的总体）却正在减少，而这种损失的速率正与物质福利增长成正比例地增长。"① 尽管众多经济增长理论都对经济增长过程进行了颇有见地的分析，对经济增长规律进行了有益的总结，对经济增长路径进行了深入的探索，但是，我们不能否认在诸多经济增长理论指导下的各个经济体的增长实践都或早或晚地、程度不同地遭遇了经济增长的困境。那么，现代经济增长理论如何面对经济增长的自然资源与生态环境灾难呢？很显然，在现代经济增长理论框架内是无法解释这一现实与理论之间的矛盾的。因为经济增长理论至今仍缺乏对资源与生态环境的应有关注和研究。致使经济理论与经济增长现实相背离，出现了经济上的物质财富剧增，而资源被耗竭性利用以及生态环境加剧恶化的局面。

纵观经济增长理论的发展脉络，面临着如下理论困境：

（1）经济增长理论从理论研究出发点来看，其对于经济增长现象的分析只是单纯从经济维度加以考虑的，且把经济增长仅仅看作是物质财富的线性增加过程，没有探讨自然资源与生态环境要素对经济增长产生的基础性制约关系。经济增长与资源、生态环境破坏之间存在内在、必然的关联。经济增长过程不仅仅是单纯的人类活动过程，还与自然系统存在着许多非线性的相互耦合关系。舍弃了经济增长的资源与生态制约维度的考察，经济增长理论就是不完整的。从理论研究视野来看，经济增长理论主要将经济系统作为一个孤立的、封闭的系统加以把握，而在现实中，经济增长过程是经济要素同自然资源、环境要素有机整合的过程，经济活动不是在一个独立的经济系统中就能够全部完成的。传统经济增长理论，试图在封闭的经济均衡条件下求得经济增长的最佳路径，在这种理论的指导下，即使社会实现经济均衡，也无法解决日益严重的资源与环境问题。因此，经济增长理论在考察物质财富增长规律的同时，必须关注和研究自然环境系统规律对经济系统的制约特征。其具体表现就是自然资源的有限性导致人类经济活动的限度，环境生态承载力的极限就是经济增长的极限。

（2）经济增长理论中对于经济增长的衡量标准缺乏生态维度。目前，国际上将 GDP（GNP）视为衡量经济增长的一个公认指标。然而这一指标在衡量

① ［美］保罗·霍根等. 自然资本论［M］. 上海：上海科学普及出版社，2000：2.

经济增长效果时并未能准确地区分成本与收益、福利与损害的差别。具体表现为[①]：第一，无论在交易过程中是增加社会财富还是减少社会财富，它并不能加以辨别，结果将真实和虚幻的产出一并算在 GDP 之中；第二，从自然资源角度看，它没有考虑资源的质量下降和资源的枯竭，高估了当期经济活动中新创造的价值；第三，从环境角度看，没有扣减环境污染的代价和环境保护的投资支出；第四，从经济角度看，GDP 只统计了可价格化的劳务，而没有统计如家务劳动等非市场经济行为。所以，可见原有 GDP（GNP）将许多对人类生态和自然环境的损害都当作经济增长的成果纳入核算。因此，GDP（GNP）已经严重扭曲了经济增长的真实尺度，掩盖了社会物质财富增长与严重的自然资源消耗、生态环境危机并存的困境。必须要修正现存 GDP（GNP）核算方法，使它能反映自然资源耗减和环境污染损害程度，从而充分地、准确地反映经济增长的有效成果。

（3）经济增长理论中的制度变量虽然已经被制度经济学家定义为内生变量，但是，经济增长理论仍缺乏对自然资源代际产权的分析。自然资源产权的制度形式，决定着自然资源的配置方式与使用效率，从而决定着这些资源的可持续利用问题。代际产权之所以空缺，主要是由于传统理论更注重人创造的物质的产权，而且认为可以通过产权转移和遗传来替代代际产权。传统的经济增长的制度分析，主要局限在代内产权安排的研究，这虽然可以在一定程度上缓解眼前资源与环境的配置与利用问题，但是对于自然资源与环境永续的可持续利用与发展问题未能给出制度分析和提供相应的制度安排。可持续发展理论认为，每代人对资源只有使用权和保值增值的权利，而没有亏损权。如果舍弃代际共有产权的制度分析，也就难以看到自然资源与环境对现代经济增长的强约束性，结果是必然出现经济增长与生态环境危机并存的严峻现实。

（4）传统经济增长理论的分析方法基本上是局限于线性分析方法，即只要增加一定的资源、资本、劳动、技术等要素就一定会促进经济增长。其实，各个经济体的增长实践已经证明，即使具备了经济增长的各要素，经济增长也未必出现。因为各个经济增长要素是具有演化特征的，它们之间的关系不是线性的，它们组成的经济增长系统是一个必然性与偶然性共生、确定性与随机性交织、稳态与动态并存的演化系统。例如古代四大文明古国，均曾经绚烂辉煌一时，囤积了巨量财富，如果按照经济增长理论的观点，它们具备充足的经济增

① 解明三. 绿色 GDP 的内涵和统计方法 [J]. 调查·研究·建议，2005-3-14.

长所需的各种要素，但是，最后它们有的国家因战争而灭亡，有的国家因制度落后而衰退，都没有实现所谓的经济增长。人类经济史的发展与演化历程已经表明，在自然资源与生态环境被严重破坏的情况下，即使是再繁荣的经济体也会走向衰落与崩溃。

第二节　循环经济的新制度经济学剖析

新制度经济学认为"制度是社会游戏的规则，是人们创造的、用以约束人们交流行为的框架。……决定了社会和经济的激励结构"。[①] 作为经济理论的基石之一——制度，是经济增长与发展重要的内生变量，土地、劳动、资本、技术等要素只有在有效的制度框架下才能发挥作用。循环经济作为一种有别于传统经济的经济运行模式，需要改变原有的制度安排。它要求把自然资源和生态环境看成稀缺的社会大众共有的自然福利资本，因而要求将生态环境纳入到经济循环过程之中参与定价和分配。它要求改变生产的社会成本与私人获利的不对称性，使外部成本内部化；要求改变环保企业治理生态环境的内部成本与外部获利的不对称性，使外部效益内部化。最终实现经济增长、资源供给与生态环境的均衡，实现社会福利最大化和社会公平（齐建国 2004）。这就要求在理论上对其进行更深入的探析。一方面，从制度经济学的角度对循环经济加以分析，可以很好地解释目前发展循环经济出现的市场失灵等问题；但是另一方面，循环经济所涉及的资源与环境的产权是一种代际共有、国际共有的产权，它的代际分配特征与科斯定理相矛盾，对制度经济学的产权理论提出了挑战。

一、发展循环经济的市场失灵问题

我国发展循环经济是在市场经济条件下进行的，市场经济中，市场机制在社会资源配置中起到基础性作用。然而，事实上市场也存在着一些自身无法克服的缺陷，主要是市场机制的自发性、盲目性及其功能的局限性、信息的不对称性与不完全性、不完全的竞争性市场等，所有这些都会导致市场失灵。市场

---

① 卢现祥.《西方新制度经济学》. 北京：中国发展出版社，1996：17.

机制对资源与环境进行有效配置的能力更是有限的，主要源于以下几方面因素：

（一）资源与环境的公共性

环境资源一向被视为公共财产，具有公共产品的属性。这种公共性表现为非排他性、无偿性、强制性和不可分割性等特征。每个个人对资源与环境的消费取决于它向社会提供的总量。虽然它的生产包含着失去生产其他产品的机会成本，但对其进行消费却没有机会成本。例如一个人对自然风景的欣赏（这也是一种消费）并不影响其他人对同一景色的消费。资源与环境的另一个特性是供给的不可分性。在许多情况下，个人不论付钱与否都可以对其进行消费（如对空气、阳光的消费）。既然不能被排除出去，消费者就不会为消费这类物品而付费，即所谓"免费乘车"。如空气、阳光、水、土地、矿产等，都在不同程度上具有公共物品的特性。正是由于这些公共资源的上述特性的存在，使得资源被使用过度，环境被破坏，并造成生态失衡。以我国草场为例，由于牧地是公共财产，牧民可以随时到牧场去免费使用牧草，随着进入牧场牲畜数量的增加，当被吃掉的草量超过其再生能力时就会导致草场退化。

（二）外部性问题

理论界一般把发展循环经济的资源与环境问题归结为资源、环境外部性造成的资源使用浪费，环境退化等后果。所谓外部性是指私人边际成本和社会边际成本之间或私人边际效益和社会边际效益之间的非一致性，即某些个人或企业的经济行为影响了其他个人或企业，但都没有为之承担应有的成本费用或没有获得应有的报酬。外部性分为正外部性与负外部性两种，资源与环境具有公共物品的特征，因此具有西方福利经济学所定义的外部性特征，而且大部分表现为负外部性。比如工厂排放脏水而污染了河流，将有害气体直接排放到空气中，农药与化肥污染了农作物与土地等，但这却又很少体现在生产者的成本中。上述的各种外部性可以说是无所不在的。尽管就每一个单个生产者或消费者来说，他造成的外部经济或外部不经济对整个社会也许微不足道，但所有这些消费者和生产者加总起来，所造成的外部经济或不经济的总的效果将是巨大的，使得资源配置严重偏离帕累托最优状态。

（三）市场不完善

很多自然资源与环境的市场还没有发育起来，或根本不存在，而且自然资源与环境的价格存在严重扭曲的现象。实际上资源与环境不是无限供给的，它是否会对人类经济活动的扩展起到限制作用，某种程度取决于其是否有反映自身真实成本的价格。随着经济的发展，人口的增加，资源被大量消耗，环境遭到严重破坏，资源与环境日益稀缺，而且稀缺程度不断增加。由于过去一直没有注意到资源与环境的稀缺性，更由于其产权不明确，难于定价等因素，在过去的经济理论研究中，很少将其纳入生产要素，对其进行分析。虽然庇古、科斯等人在此方面从不同角度在理论上提出了解决方案，但由于资源与环境在产权等方面的特殊性质（下文将深入阐述），致使这些理论对于解决实践问题具有局限性。资源与环境价格严重偏离其真实价格。这一点是资源无偿占有、无偿使用、加速耗竭，环境不断恶化的主要原因。此外，资源与环境市场不完善还表现为市场垄断与不完全竞争，这是导致效率低下的根源。以我国为例，长期以来政府一直是资源与环境市场的垄断者，既是监督机构，又是管理部门和执行部门，主要费用由政府拨款，责任政府承担，缺乏竞争机制而产生低效，造成资源浪费越来越严重，废弃物排放量越来越大，污染越来越严重等问题。

二、循环经济中资源与环境要素合理定价分析

实现资源与环境的有效配置与合理使用，关键要解决环境资源的合理定价和有偿使用问题。目前，资源与环境被过量开发与严重污染的根源在于环境资源的价格没有能够正确反映环境资源的稀缺程度，所以不能通过有效的市场机制实现环境资源的优化配置。

环境资源合理定价的基础应该是由其稀缺性决定的相对价格，只有当资源与环境的市场价格等于其相对价格时，价格机制才能发挥作用。这其中，有效的资源与环境产权制度是价格机制正常发挥作用的前提和保障。环境资源的市场价格应该是环境与资源的产权价格，产权明晰是环境资源市场价格等于其相对价格的必要前提，产权交易是纠正环境资源市场价格与其相对价格偏离的重要途径（蓝虹，2005）。

（一）资源与环境合理定价是实现有效配置的途径

市场经济是迄今为止实现资源有效配置最有效的经济制度。微观经济学认

为，价格对资源配置起着至关重要的作用。市场通过价格机制对个人及企业的各种经济活动进行协调，影响各个经济主体的决策，使消费者的购买量与厂商的产量之间达到均衡。那么，在市场机制完善的情况下，作为生产与生活要素的资源与环境是可以通过在市场内的有效流动实现优化配置的，其合理定价是实现稀缺资源有效配置的关键。资源与环境的价格没有正确反映资源与环境的稀缺程度是造成目前资源与环境使用效率低下、破坏严重的根源。正如前文所论述的，由于人类对于资源与环境的需求与索取大量增加，导致资源与环境稀缺程度不断提高，而在这种情况下，资源与环境的价格仍保持在很低的价位不变，造成资源与环境的过度消费，从而出现能源危机、资源浪费、环境污染、生态破坏等一系列严重问题。所以，解决这些问题最好的方法就是通过资源与环境的合理定价和有偿使用，通过市场中价格机制发挥作用，实现资源与环境的有效配置。

（二）资源与环境的相对价格是合理定价的基础

在市场经济条件下，价格由消费者与生产者之间的供求关系决定，它反映商品的稀缺程度。物品的供给相对于需求越稀缺，物品的价格就越高。资源与环境也是一样，当消费者或生产者对某种资源存在需求时，如果这种资源的数量相对于需求可以得到充分满足，不存在限制就可以随意索取到，则即使我们非常需要这种资源，但它也不具有价格，因为它不具有稀缺性，如阳光、空气等。但是如果这种资源可以供给的数量相对于人类的需求是有限的，则这种资源具有稀缺性，就必须进行合理定价，稀缺性就是这种资源合理定价的基础。资源与环境为什么会稀缺？因为它们相对于人类的需求越来越少，如果价格不能正确反映资源的稀缺程度，则错误的价格信号就会导致市场混乱，资源配置不当。目前自然资源与环境问题产生的根源，就在于资源与环境的价格不是相对价格，没能反映其稀缺程度的改变，没有随着需求的增加和供给的减少而变化，呈现一种低位价格刚性。当资源与环境已经日益稀缺时，其市场价格与相对价格严重偏离，导致资源浪费严重。资源与环境合理的市场价格应该是资源与环境的相对价格，即由它的边际成本与边际效用决定。以水为例，在沙漠地区，水的边际成本与效用都很高，它的市场价格也很高；在水源充足的地方，水的数量可以充分满足人们除生存需求的其他需要，水的价格自然会降低。

（三）产权明晰是资源与环境合理定价的前提

在产权经济学家看来，市场经济的本质就是交换经济，而在市场中的商品交换实际上是产权的交换。当一种交易在市场中议定时，就发生了两种权利的交换，权利束常常附着在一种有形的产品或服务上，但是，正是权利的价值决定了所交换的物品的价值。① 产权影响物品的价格这是产权经济学的一个基本概念。例如，如果某人对一片土地的产权束中包含了不允许在它附近排污、释放噪声的权利，那么这片土地的价值就较大，这就使投资者在进行决策的过程中对资源中所包含的各种产权都会进行充分考虑。科斯指出，产权制度安排是价格机制正常发挥作用的前提，只有确立了明晰的产权关系，明确了可交易产品归谁所有、由谁使用、划分清物品的经营与处置权限边界，而且这些权利被全社会所接受和承认，交易才能顺利进行，人们才能够以相应的费用换取所需的产品。如果不能建立合理、明晰的产权制度安排，则资源可以被任何人无偿占有，这会导致价格机制无法发挥作用，市场交易也无法进行。

目前资源与环境产权的不明确、非专属和非排他性导致了环境资源稀缺程度、相对价格与市场价格相脱节，从而导致了资源与环境生产与消费中成本与收益、权利与义务、行为与结果的背离，这是资源衰退、环境恶化的根源。过去，由于资源储备与环境容量充裕，企业无偿占有资源、向环境排放污染，不会导致外部性的产生，在这种情况下，不存在稀缺性、不存在相对价格、不存在市场交易，也就无所谓进行产权安排。然而随着人口的增长，对资源与环境的需求增加，而资源与环境的供给是有限的，此时，其稀缺程度不断上升，相对价格不断提高，企业如果仍然无偿使用资源与环境，会导致资源与环境的边际成本与市场价格（此时市场价格为零）之间的差值，这一差值就是外部边际成本，它是资源的市场价格与相对价格之间的差距，就是产权不曾明晰的部分。产权明晰的作用就是使资源与环境相对价格在市场交易中反映出来，使资源的市场价格等于相对价格，从而使外部性成本内部化，纠正价格扭曲，降低交易成本。

（四）产权交易是纠正资源与环境价格偏差的手段

资源与环境产权安排与设计不合理导致资源与环境市场价格与相对价格的

---

① 蓝虹．环境产权经济学 [M]．北京：中国人民大学出版社，2005：104．

严重偏离，造成了资源与环境在市场配置中出现很强的外部效应，使资源与环境外部效应内部化最有效的途径是通过产权交易优化环境资源的产权安排与设计，从而减少资源与环境市场价格与相对价格之间的差距，校正价格扭曲。确立明晰的产权制度，不仅要强调产权的排他性，而且最终目的是为产权的载体——实物进行交易服务的。现代产权经济学把生产要素视为权利要素的实物，交易在形式上是实物的交换，事实上是一种权益的交换，当然他交换的不一定是所有的权益。按照现代产权经济学的观点，制度化的交易比非制度的交易成本低。市场是一种组织化、制度化的交换，包括契约协议和产权让渡。稀缺的资源与环境通过市场进行优化配置的过程就是其在价格机制的调解下不断地在各经济部门、经济主体间流动的过程，只有通过产权交易，才能实现这种稀缺资源的有效流动。在交易的过程中，存在高昂与巨大的交易成本。

上文已经论述，资源与环境的市场价格是资源与环境的产权价格，如果资源与环境产权安排与设计不合理时，就会导致资源与环境的市场价格产生扭曲，导致市场失灵。而合理的产权结构是需要通过产权交易，在市场的选择过程中不断完善的。最初进入市场的资源与环境的初始产权结构可能是不合理的，在交易的过程中，可以公开价格和其他相关信息，人们通过交易，认识对自己不利时，可以自由提高价格或降低价格，或改变原有产权安排，或退出交易，从而实现博弈均衡。产权交易既是在市场中对各种产权结构进行选择的过程，也是资源市场价格不断调整的过程。正是由于市场竞争的优胜劣汰机制，才能保证通过多次交易重复博弈后所选择的产权合约具有竞争优势，所形成的市场价格具有合理性，即与相对价格相一致。可以认为，资源合理定价最有效的途径就是产权进入市场进行交易，在重复多次的博弈过程中，获取做出正确决策所需的各种信息，逐渐修正不明晰的产权边界，不断对不合理的产权合约进行纠正，对扭曲的市场价格进行调整。价格机制有效配置资源的基础，就是在明确合理的产权安排下，产权主体可以对不同产权合约拥有自主选择的权利，使以产权为载体的资源与环境在市场中能够自由流动，从而使其市场价格在不断选择的交易过程中达到反映其稀缺性的均衡价格。因此，产权交易是纠正资源与环境市场价格与相对价格偏离的重要途径。

三、循环经济资源与环境公共产权特性分析

自然资源与环境产权除具有一般公共产权的特征外，还具有以下特征：

（一）自然资源与环境公共产权具有代际分配特性

从本质上看，自然资源的产权结构具有复杂性，既有私有产权，还有公有产权。其私有产权部分主要指由私人占有经营的财产，如西方国家已被私人实际占有的可耕地、森林、湖泊、水源等，我国只是在使用权与经营权层次为私人实际占有和使用；其公有产权不仅包括被某些经济体所共同占有的财产部分，还包括属于国家占有的公有财产，以及国际共有财产——即人类共同财富如大气层、公海、极地乃至太空、月球等。总之，凡是人类社会经济活动涉及的，对人类经济活动产生影响的环境资源、空间领域均为自然资源与环境，其财产关系——产权结构是一种复杂的、多层次的混合结构（毕秀水，2003）。

从自然资源与环境的产权主体来看，它不仅被当代人所拥有，也且也属于后代人，其产权结构具有代际分配特性。洛克曾认为只要付出劳动，则其产品或资源就应属于劳动者，即其所谓的劳动所有权思想。如果按此逻辑，那些无劳动能力的人（包括丧失劳动能力的人和尚未具备劳动能力的人及尚未出世的人）对于资源与环境就没有所有权。所以当代具有劳动能力的人就可以对自然资源与环境享有充分而完整的产权，其中包括占有、使用、处置、收益权利等一切权利，那么在这种情况下，自然会造成当代人对自然资源与环境的过度使用与索取，导致资源衰竭、生态失衡，危及后代人的生存基础。显然，这种理论观点对于后代人是不公平的。在地球上生存的人类经过繁衍生息到今天，当代人对自然界索取的资源是祖祖辈辈遗留至今的财富，人类需要继续延续，那么当代人也必须为后代人保留生存与发展所必备的资源与环境。因此，必须树立自然资源产权的代际公平观念。在此观念的指导下，美国哈佛大学哲学家罗尔斯（John Rawls）提出了正义论。他讨论的均等、正义，不仅涉及自然资源与环境，作为一般原则也适于分析自然资源与环境产权。"社会正义问题既在一代人之中出现，也在代与代之间出现……例如……自然资源和自然环境保护问题。至少说在理论上也有一种合理的遗传政策问题。"[①] 罗尔斯认为，"作为替代，我将做出一种动机的假设。各方被设想为代表着各种要求的连续线……这样，处在邻近的时代的代表就有一种重叠的利益。……对下一代的任何人，都由现在这一代的某个人在关心他。这样，就使所有人的利益都被照顾到了，

---

① ［美］约翰·罗尔斯.《正义论》.中国社会科学出版社，1988：136.

在无知之幕的条件下，全部的线头都接到了一起"。[①] 因此，自然资源的代际分配应当是公平分配。19世纪末美国发起自然资源保护运动，明确提出了将资源留给子孙后代。

在当今生态环境危机这样一个特殊的历史条件下，自然资源代际公平分配具有现实和历史意义。当代人必须考虑后代人的生存基础和福利，这是可持续发展及经济有效增长的基本伦理前提。邓小平也提出了要造福后代人的思想。[②] 既然自然资源要求代内及代际公平分配，必然涉及如何才能实现这一伦理目标，这就涉及自然资源的产权问题，尤其是自然资源代际产权问题。

资源与环境代际产权是对于涉及人类（包括当代与后代）整体利益的自然资源与环境产权界定的一种制度安排。它的内涵可以概括为对于资源与环境的包括所有权、使用权、收益权、管理权、规划权等在内的产权，不仅当代人具有享有的权利，而且后代人也拥有同样的权利。每一代人保持资源与环境的多样性并且传递给后代人，同时，每一代人也享有与前代人至少相同的权利。当代人对于资源与环境的产权的行使，不能危害后代人的利益。在代际传递的过程中，自然资源与环境的质量应得到保持，当社会发展过程中已经出现前代人对当代人的利益损害时，当代人不应该把损失扩大并传递给下一代，而是要把通过利用资源所获得的经济收益进行适当扣除后，补偿到后代人的损失中去。即不能以损害后代利益来谋取当代人经济福利。代际公平状态实际上是要维持"帕累托改进"的代际关系，当代人在不损失自己收益的前提下，使后代人的福利增加。

产权是西方新制度学中的核心内容，它是一个多维度定义的概念，角度不同，对于产权的定义也不同。关于产权形式，大部分人认为主要存在私有产权与公有产权两种形式，在理论界被讨论最多的也主要是这两种形式。实际上在这二者之外还存在政府产权、非实在产权等产权形式。[③]

"政府产权"是指："一个民主社会的政府产权类似于股东分散的公司产权，他们应该能产生类似的结果。"[④] "政府，公众或共同体产权的性质确实依赖于政府的形式。"[⑤] 非实在产权，其产生主要是由于某些资源与环境不能由某

① ［美］约翰·罗尔斯.《正义论》. 中国社会科学出版社，1988：128.

② 邓小平.《邓小平文选》第三卷. 人民出版社，1993：21.

③ R. 科斯等著：《财产权利与制度变迁》，上海：上海三联书店，2000：173.

④ R. 科斯等著：《财产权利与制度变迁》，上海：上海三联书店，2000：173.

⑤ R. 科斯等著：《财产权利与制度变迁》，上海：上海三联书店，2000：173.

个经济所控制，它既不属有私有产权，也不属于公有产权。如空气、水、电磁发射、噪音、风暴等物品的产权就具有非实在产权性质。具有这些产权性质的资源与环境，如果每个使用者都可以自由获取，就会导致使用过度。额外的使用会导致所实现的总价值的增加低于成本的追加值，这样，社会产品的价值就不是最大的。原因在于边际产量要低于每个使用者平均产量，从而使每个使用者做出这种反应。这样，使用者会直到平均产量降低到边际成本那一点。结果是边际产量低于边际成本。如公路及公地的过度拥挤就是例证。

"公有产权"的特征是，"它不允许对其他方面的私有产权的利益实行匿名的让渡，一个'共有'成员只有在得到其他共有成员或他们的代理人的许可后才能将他的利益转让给其他人"，公有产权的形式之所以被人们所采用，主要由于"它能使每个共有成员的平均价值最大化"，"或能保证现有成员中获得更大的团体价值"。[①] H. 德姆塞茨认为，"共有制与'完全'私有制之间有一个巨大的范围。在这两个极端之间，所有权的残缺在一定意义上限制了可让渡性而保留了排他性。"[②] 自然资源与环境的产权形式极为复杂，既有私有产权部分（如绿地、私人林地等），也有公有产权部分（如国有土地、原始森林等）。此外，还包括大量其他形式的产权形态。由于资源与环境使用与消费的不可分性、非排他性等因素，导致这些产权安排存在着某种程度的差别乃至冲突。以私有产权形式界定下来的资源与环境，其外部性可以被内部化，所以对他的使用能够达到帕雷托最优状态，而以公有产权形式界定的资源与环境，则往往会出现被过度使用与污染的情况。这也是为什么至今资源与环境"局部改善、整体恶化"现象难以避免的产权根源。

树立代际资源与环境产权理念，建立代际资源与环境产权制度，是发展循环经济，实现可持续发展目标的重要制度基石。对于资源与环境的不可分部分如空气、海洋、流动的生物资源（候鸟、马哈鱼、野牛等）确立十分清晰的私有产权是不可能的，这主要是因为对其进行产权界定的成本过于高昂，而且目前的技术水平也无法达到。但是产权的界定不清又会导致资源与环境利用效率低下。而且现有的产权一般仅指被当代有行为能力人所属的一种制度设计。这实际上排除了未成年人及后来出生的后代人应得的权利要求。现代资源与环境产权安排隐含的前提是：即使赋予他们一定的产权，由于他们没有行为能力也

---

① R. 科斯等著：《财产权利与制度变迁》，上海：上海三联书店，2000：176.
② R. 科斯等著：《财产权利与制度变迁》，上海：上海三联书店，2000：193.

不会充分有效地行使属于自己的权利。这种产权立论基础是值得深刻反思的。因此，建立一种具有一定约束力的自然资源代际产权不失为一种可行的制度安排。

(二) 自然资源与环境公共产权具有国际分配特性

自然资源与环境产权除具有代际性外，还具有国际性。资源与环境的特殊属性往往决定其外部效益具有超越一个国家或地区的属性，如某一国产生的酸雨会随着气流飘到另外的国家，某一地域的沙化引起的沙尘会传播到其他国家，河流上游国家对水质的污染会对下游国家产生危害等等。总之，资源的枯竭与环境的污染具有国际传播机制。所以某些资源与环境的产权具有国际性。这种国际性又表现为一定的融合性，既在现实上为某一国家或地区所有，其占有权和使用权以及经营权等属于某一国家或地区，同时在功能发挥上又具有一定的国际性，属于整个国际社会。这主要是由于资源与环境产权中的使用权、处置权与其所有权相分离造成的。那么，由于资源与环境此时作为公共品，其外部性具有国际传播特征，所以必须受到国际社会的一定约束（通过国际条约、国际组织协调）。承认与实现资源与环境产权的国际性，才会使资源与环境的使用具有可持续性。资源与环境的国际代际产权的主体可由国际权威机构来承当，如联合国环境规划署、WTO 中的有关环境与贸易机构等。它们对国际范围出现的资源与环境问题均具有一定的监督、干预能力。当然为有效地遏制当今资源与环境危机，应当进一步强化它们在资源与环境方面的职能和权力。

产权在经济增长过程中的作用是十分重要的。在经济增长方程的生产函数中，产权是重要经济变量。因此，有如下经济增长生产函数：

$Y = P \cdot F$ (L, K, H, N, A) 式中，Y 为国民收入，P 为产权（既包括企业产权又包括自然资源产权），L 为劳动力，K 为物质资本，H 为人力资本，N 为自然资源，A 为技术。

这个公式是根据曼昆的生产函数表达式修改的。[①] 然而与曼昆生产函数不同的是，曼昆认为资源与环境并不是对经济增长具有限制作用的要素，他认为市场机制的作用会使新的替代品出现，因此，"市场价格使我们没有理由相信，

---

① ［美］曼昆：《经济学原理》，北京：生活·读书·新知三联书店，1999：151.

自然资源是经济增长的限制。"① 曼昆没有考虑产权 P，更未将技术 A 内生化，其生产函数的理论前提是传统 GNP 范式，也并未考虑到自然资源及环境的损耗和保护，在这里予以纠正。产权在经济增长中的作用是至关重要的，所以上面的经济增长生产函数表达式将产权作为核心变量。产权作为影响经济增长的重要变量，早已为新制度学派所证明。其实所有增长要素均与产权有联系。生产要素的能力或效率的发挥在很大程度上是产权激励的结果。从经济有效增长来看，产权，包括资源与环境产权对经济增长——绿色 GNP 增长的制约作用是至关重要的。在后工业社会的生态经济时代，强调自然资源与环境产权的重要作用是具有现实意义和历史意义的。

四、循环经济与人类行为假设

任何一种理论分析都要以一定的经济活动主体——人的行为假定为前提和基础，在大力提倡发展循环经济的过程中，必须总结与归纳经济学中对"人的行为"的研究，在此基础上将其同社会经济制度的选择与安排结合起来，寻求有效的发展路径。

在经济发展过程中，保证经济系统中五流（物质流、能量流、信息流、价值流、人力资源流）在市场经济条件下自动运行的动力应该是经济利益，因为各经济实体在参与市场竞争过程中是以追求自身利益最大化为目标的。但是由于缺少相应的制度安排，使市场机制无法发挥作用。对企业而言，废弃物既不处理也不综合利用而直接向环境排放是最经济的；对地区而言，将污染型企业转移到外地是减轻环境压力的最经济途径，对消费者而言，不对消费品的回收问题负责是成本最低的。这其中存在"经济人"与"道德人"之间的矛盾。市场经济实质上是靠利益驱动来配置资源、实现经济快速增长，在这种市场经济活动中，利益主体以"经济人"的面貌出现，"经济人"追求的是当前的利益最大化。而发展循环经济要求人们在追求经济发展时不能影响周边地区的人们的发展，也要为未来人口的发展承担责任。这一责任是道德的，无法通过"看不见的手"来自发地实现，这要求改变我们现有的经济理念。所以说市场经济中的"经济人"与循环经济要求的"道德人"之间存在矛盾，这也是发展循环经济的障碍之一。

然而，新制度经济学表明，人类行为动机是双重的，一方面追求财富最大

---

① ［美］曼昆：《经济学原理》，北京：生活·读书·新知三联书店，1999：149.

化，另一方面又追求非财富最大化。人类历史上制度创新的过程，实际上就是人类这种双重动机均衡的结果。制度在塑造人类双重动机方面起着至关重要的作用。自亚当·斯密以来，经济学家就把人类行为界定为追求财富最大化，实际上人类行为远比传统经济理论中的财富最大化的行为假定更为复杂，非财富最大化动机也常常约束着人类行为。诺斯把诸如利他主义、意识形态和自愿负担约束等其他非财富最大化行为引入个人预期效用函数，建立了更为复杂、更接近现实的人类行为模型。非财富最大化动机往往具有集体行为偏好，人们往往要在财富与非财富之间进行权衡。发展循环经济必须承认人类行为的寻利动机，尤其是在我国市场经济不发达，人民生活还处在求温饱求小康的现实中，这种动机更加明显。但事实上，现实生活中的人既是新古典式的理性"经济人"，又是康德式的理性"道德人"；这种存在于人本性中的双重人格会在行为主体的任何选择与行为中体现出来。这双重行为的人格化都是理性的，理性不单纯是指自利最大化，利他行为也并非是"非理性"。所以对于发展循环经济问题上的"人类行为分析"应尝试运用理性"经济人"（对自利最大化的追求）与理性"道德人"（对团体、社会利益最大化的追求）回复人类在现实中的双重人格探究解决问题的方法。这就需要规范和约束经济人寻利行为的制度设计与制度安排，并且使这种制度化的力量逐渐内化为道德的力量，在循环经济发展的过程中，使人们追求自身利益的行为客观上有助于社会整体目标的实现。

第三节　循环经济理论综述

自然资源与生态环境对现代经济增长的约束，不仅仅涉及一个国家或地区的可持续发展问题，而且涉及全球人类的共同生存与发展问题。这是人类历史上从未遇到过的现实问题，任何经济增长理论对这一问题的回避与敷衍，都不仅是不完整的，而且是危险的。从 20 世纪开始，已经有一些经济学家关注到经济增长与资源、环境的相关性了。经济增长理论家 R. 索洛，虽然最初在其经济增长模型里未能给予资源与环境应有的位置和关注，但在美国未来资源研究所 40 周年纪念会上的演讲中，他明确地表示，经济增长理论应关注资源与环境的可持续性问题。发展经济学家刘易斯也在其著作《经济增长理论》中提到了人口、资源、环境与经济增长的关系问题。[①] 英国斯特林大学的伊恩·莫法特博士更直言警示，"在许多国家，经济增长是喜忧参半。……增长的物质财富是以劳动力和环境为代价来换取的。"[②] 瑞典发展经济学家安德斯·维克曼也尖锐指出，"GDP……另外一个弱点是其忽略了环境因素。……对于一些国家，尤其是南方国家，如果他们仍旧忽略环境代价，其后果将是国民生产净值的负增长"。[③]

经济学家更多的是关心人类发展过程中物质财富的增长，社会学家与自然科学家在关注物质财富增长的同时，也考虑到了自然资源与生态环境的有效利用与保护问题。在20世纪60—70年代以艾里克（Ehrich）的《人口爆炸》和罗马俱乐部的《增长的极限》为代表，自然科学家就对新古典经济理论因缺乏对支持人类经济系统的自然环境系统研究而进行责难和抨击。1972年巴巴拉沃得出版了《只有一个地球》的报告，这一报告被认为现今系统地研究生态系统对人类发展制约的起源。[④] 同年，联合国第一次人类环境会议通过了著名的《人类环境宣言》，它向全世界的人们发出了郑重告诫："如果人类继续增殖人口，掠夺式地开发自然资源，肆意污染和破坏环境，人类赖以生存的地球必将出现资源匮乏，污染泛滥，生态环境破坏的灾难。"[⑤] 克拉克（Clark）于1973年在强调可更新资源生产方面的同时，指出资源保护也是资源群体在一定时间内的最优利用问题，并将资源保护理论建立在动态数学模型基础上，并与动态最优问题联系起来，奠定了可更新资源管理的理论基础。[⑥] 1986年，从维多赛克（Vitousek）把自然界系统的初级生产能力和承载能力结合起来以后，人类社会的承载力问题进入研究视野。[⑦] 20世纪80年代末50多位科学家组织在一起，成立了ISEE（国际生态经济学会缩写），自此有组织地研究人类与生态系统关系进入了新阶段。

经济增长的衡量指标GDP（GNP）不考虑资源与生态环境损益的物本范式缺陷引起了众多生态经济学家、环境经济学家的关注和批评。1991年皮尔斯（Pearce）针对自然资产和人造资产处理方法不同，将发展分为强、弱可持

① W. 阿瑟·刘易斯. 经济增长理论 [M]. 上海：上海三联书店，1996：406.

② [英] 伊恩·莫法特. 可持续发展 [M]. 北京：经济科学出版社，2002：199.

③ 安德斯·维克曼. 发展经济学新方向 [M]. 北京：经济科学出版社，2001：5.

④ 金岚等编. 环境经济学 [M]. 北京：高等教育出版社，1993：19—21.

⑤ 转引自：佚名. 人类危机在线 环境 战争 艾滋病 [Z]. www.ykhuanbao.cor.cn/rlwj/article. 2005-11-29.

⑥ 克拉克. C. W. 数学生物经济学 [M]. 北京：北京农业出版社，1983：144—147.

⑦ Vitousek. P, Ehrlichp, Eurich. A, etal. Human appropriation of the products of photosynthesis. Bioscience, 1986，36：pp. 368—373.

续性两大类，这是可持续发展指标研究的一个里程碑。[①] 1997 年康斯坦扎 (Costanza)等 13 位生态经济学家根据已出版的研究报告和原始数据，提出全球生态系统服务的价值最低估计平均值为 33 万亿美元。[②] 至此，经济理论开始关注自然资源与生态环境的经济功能及其他功能对人类可持续发展的意义，在世界范围内将发展循环经济提上议事日程，并且此时也形成了一套完整系统的循环经济战略。它强调源头预防和全过程管理及控制以防止环境破坏和控制、改善环境质量以及提高资源利用效率。罗伯特·艾尔斯为代表的学者指出了传统经济学中环境与自然资源在生产函数中被严重忽视的问题，提出了生态重构思想："这需要做出重大努力（政府必须扮演领导者角色）来封闭物质循环。资源廉价而劳动力稀缺的'牧童经济'是一种过去的事物，我们必须快速转向资源被重复使用的'飞船经济'"。

一、国际循环经济理论综述

循环经济的思想萌芽可以追溯到环境保护兴起的 20 世纪 60 年代。1962 年美国生态学家卡尔逊发表了《寂静的春天》，指出生物界以及人类所面临的危险。"循环经济"一词，首先由美国经济学家 K. 波尔丁提出，主要指在人、自然资源和科学技术的大系统内，在资源投入、企业生产、产品消费及其废弃的全过程中，把传统的依赖资源消耗的线形增长经济，转变为依靠生态型资源循环来发展的经济。其"宇宙飞船理论"可以作为循环经济的早期代表。

循环经济概念的提出促进了 20 世纪 70 年代关于资源与环境方面的国际研究，将循环经济与生态经济联系起来。1972 年，美国麻省理工院教授米尔斯等人发表《增长的极限》，警告人口、粮食生产、工业生产、资源消耗以及环境污染的增长都存在极限。这一时期，巴里·康芒纳提出了"封闭的循环"的概念，加勒特·哈丁经过长期的研究，提出了传统线性经济中"公共食堂的悲剧"的命题，丹尼斯·米都斯亦指出"一个人的眼界局限于太小的领域，是令人扫兴而且危险的。一个人全力以赴，力求解决某些刻不容缓的局部问题，结果却发现他的努力在更大范围内发生的事件面前失败了……"。这些观点显示了对传统"单程经济"的猛烈抨击，将环境问题纳入经济活动加以充分考虑时方可实现，认为发展循环经济是最终途径。但是，在 20 世纪 70 年代世界各国

---

① Pearce D., Markandya A. and Barbier E. B. (1989) Blueprint for a Green Economy. (London: Earthscan).

② Costanza R, d'Arge R, etal. The value of The world's ecosystem Services and natural capital·Nature·1997. 387: pp. 253—260.

关心的问题仍然是污染物产生后如何治理以减少其危害，即环境保护的末端治理方式，尚未充分认识到环境问题与经济增长相互作用和影响的关系；地球资源和环境容量的有限性等问题。

20 世纪 80 年代，学术界将循环经济与生态系统相联系，拓宽了可持续发展的研究。克尼斯等人关于经济系统物质平衡的理论明确指出，为了保证在经济不断发展的同时，减少经济系统对自然系统的污染，最根本的办法是提高物质和能量的利用效率，降低污染物的排放量，为发展循环经济、促进生态经济系统良性循环开拓了唯一可行的路径。美国环境生态学家费鲁士不仅对经济系统的生物物理基础，即与人类经济活动有关的物质和能量流动与储存的总量进行研究，而且还坚持用非物质化的价值单位来考察实现系统良性循环中的经济现象，这对建立循环经济理念与探索循环经济模式有重要的意义。这一时期，人们注意到采用资源化的方式处理废弃物，思想上和政策上都有所升华。但对于污染物的产生是否合理这个根本性问题，是否应该从生产和消费源头上防止污染产生，大多数国家仍然缺少思想上的洞见和政策上的举措。总的说来，20世纪 70 至 80 年代环境保护运动主要关注的是经济活动造成的生态后果，而经济运行机制本身始终落在他们的研究视野之外。

时至 20 世纪 90 年代，可持续发展战略理念已成为广泛接受的选择，源头预防和全过程管理及控制从真正意义上取代末端治理而成为防止环境破坏和控制、改善环境质量的现代途径，零敲碎打的废物回收利用和减量化的做法才开始整合成为一套系统的、以避免废物产生为特征的循环经济战略。罗伯特·艾尔斯指出了传统经济学中环境与自然资源在生产函数中被严重忽视的问题，提出了生态重构思想："这需要做出重大努力（政府必须扮演领导者角色）来封闭物质循环。资源廉价而劳动力稀缺的'牧童经济'是一种过去的事物，我们必须快速转向资源被重复使用的'飞船经济'……取而代之的是物质密集型产品将不得不为了修理、再利用、革新、升级、再生产和再循环而被重新设计。"此外，知识经济研究成为经济研究领域的热门课题，这使循环经济研究又包含了高科技产业化和学习型社会等内容。源头预防和全过程治理替代末端治理成为国家环境与发展政策的真正主流，提出以资源利用最大化和污染排放最小化为主线，以科学技术为依托，以绿色理念为指导，逐渐将清洁生产、资源综合利用、生态设计和可持续消费等组合成一套系统的战略模式。目前，这种理论的转变表明，发达国家的循环经济理论已经从20世纪80年代的微观企业层面到 20 世纪 90 年代区域经济的新型工厂——科技工业园区层面，进入了第三阶段——21 世纪宏观经济立法研究阶段。如德国于 1996 年颁布了《循环经济与废物管理法》。日本也相继颁布了《促进建立循环型社会基本法》《资源有效利用法》等一系列法律法规。

二、国内循环经济研究现状

早在 20 世纪 90 年代起，我国便引入了关于循环经济的思想。此后对循环经济的理论研究和实践不断深入。

1998 年引入德国循环经济概念，确立 3R 原理的中心地位。认为发展循环经济是以减量化、再循环、再利用为指导原则的。同年提出循环经济是环境与发展关系的第三阶段。从理论上阐释了发展经济与保护生态之间的三个阶段，第一个阶段是发展经济以牺牲环境为代价的阶段，第二阶段是发展经济的过程中对环境进行末端治理的阶段，第三阶段即经济发展与环境保护并重，也就是发展循环经济的阶段；1999 年从可持续生产的角度对循环经济发展模式进行整合，主张从企业、园区、回收（社会层次）三个层面发展循环经济。主要是对清洁生产、建立生态园区、废弃物回收利用相关方面进行研究；2002 年从新兴工业化的角度认识循环经济的发展意义，实现经济、社会、环境三赢的经济发展模式。认为中国发展经济不能再走西方国家先污染、后治理的老路，必须走可持续发展的工业化道路，既要经济发展，又要生态环境保护，实现生产发展、生活富裕、生态良好三位一体的发展目标。所以要大力发展循环经济，用信息技术和绿色技术改造传统产业，走一条新型工业化道路；2003 将循环经济纳入科学发展观，确立物质减量化的发展战略。同年从可持续生产与消费层面对发展循环经济进行整合。理论研究认为科学发展观要求发展社会生产力与自然规律相协调，坚持可持续发展，改变经济增长的价值观念和增长方式，循环经济就是一种可持续发展的科学发展观，它可以使人类实现可持续发展的目标；2004 年，提出从不同的空间规模：城市、区域、国家层面大力发展循环经济。同时深化了对发展循环经济的支持体系（技术体系、政策体系等）的研究。

从国内目前的情况来看，由于"循环经济"在我国还属于一种新兴的经济形态，经历了一个从最初各方对其存在争议，到现在逐渐被普遍接受的过程。我国对于循环经济的研究理论上还没有形成统一的认识。目前国内有关循环经济方面的专著出版最近两年呈上升趋势。

在我国迄今已发表的关于循环经济的文章中，均或多或少地讨论了循环经济的定义。现有关于循环经济的内涵，主要是从人与自然关系、技术范式、经济形态等方面表述的；从经济学角度研究循环经济的文章不多。我国虽然没有形成一个关于循环经济的公认定义，但对含有"资源—产品—废弃物—再生资源"的物质反馈过程这一循环经济的实质，国内基本达成了共识。我国"十一五"规划中将循环经济定义为：循环经济是以"减量化、再利用、再循环"为原则，以提高资源利用效率为核心，以资源节约、资源综合利用、清洁生产为重点，通过调整结构、技术进步和加强管理等措施，减少资源消耗、降低废物排放、提高资源生产效率，促进资源利用由"资源—产品—废弃物"线性模式向"资源—产品—废弃物—再生资源"循环模式转变，以尽可能少的资源消耗和环境成本，实现经济社会可持续发展，使社会经济系统与自然生态系统相和谐的一种经济增长方式。[①]

从目前我国对于循环经济的最新研究动态来看，我国生态建设、环境保护与循环经济科技问题战略研究专题报告已经完成。该报告是国家中长期科学和技术发展规划战略研究专题报告的重要组成部分之一，规划内容涉及 20 个相关重点领域和专题。国务院主要领导亲自担任规划领导小组组长。生态建设、环境保护与循环经济科技问题被列为第十个专题。专题小组由 23 名资深专家组成，其中有 9 人是两院院士，中国科学院原副院长孙鸿烈院士任组长。并获得国务院有关领导的肯定。该报告在全面总结和分析我国生态与环境现状、全球生态与环境科技发展的趋势以及我国所存在差距的基础上，提出了我国生态建设、环境保护与循环经济的科技发展战略思路、目标、重点领域和优先主题等。

三、已有研究的不足

当前国内对于循环经济的研究不足主要表现在以下三点：

（1）对于循环经济国际发展情况，大部分文章以介绍国际循环经济实践、立法现状为主，很少有对各国循环经济发展模式、制度、战略进行系统比较的文章。

（2）从目前研究成果来看，对于循环经济的研究大部分局限于改善生态环境的层面。改善生态环境的确是循环经济的题中应有之意，但是若将循环经济的范围局促在生态经济的范围之内，研究思路未免过于狭窄。对于循环经济的研究应大胆超越生态经济学、宏观微观经济学以及社会学的范围，应从环境—

---

① 《中共中央关于制定国民经济和社会发展第十一个五年规划的建议》辅导读本：575.

经济—社会的大系统出发，对五流（物质流、信息流、能量流、人力资源流、价值流）的循环导致社会财富的增长与社会可持续发展进行理论的研究。

（3）目前对于循环经济的研究大部分从微观、中观、宏观三个层次展开。对于微观层次的研究主要表现在企业层面，本人认为研究还可以继续深入到产品的层次，从产品的循环过程研究设计、生产、消费流程的缺陷。对于宏观层面循环经济的研究目前世界各国还只是局限于国家的范围，而没有将之上升到国际的高度。在经济全球化与一体化的背景下，在世界范围内寻求发展循环经济的整体发展战略与发展模式，才能避免各国发展循环经济过程中各自为政、以邻为壑的行为发生。

第二章　循环经济系统论分析

循环经济问题实际上是一个复杂巨系统的演化问题，研究循环经济系统必须持有动态的、复杂的观点，即将经济系统作为过程依赖、并不断演变的有机体系来进行研究。在研究过程中，必须运用系统论分析工具，系统地研究在循环经济发展过程中，人类社会巨系统包括的人、社会、经济以及自然环境等各子系统之间相互作用、相互影响的关系，定位系统要素，确定系统功能，完善系统结构，理清系统联系，探讨经济系统可持续发展的演化规律。

第一节　循环经济系统与传统经济系统的区别

循环经济是一种遵循可持续发展规律的经济发展模式，与传统的经济发展模式相比，其根本区别就是摒弃传统线性经济的大量浪费资源、效率低下、污染和破坏严重的粗放型发展模式，而转为与环境协调友好、资源最优循环利用的集约型发展模式。因此，以循环经济理念推动社会经济发展模式转变，是实现可持续发展的重要保证。

一、由传统经济到循环经济

（一）人类经济系统演化阶段分析

纵观人类经济系统的演化过程，大致可分为以下几个阶段：

第一阶段，原始经济阶段。在这一阶段，由于人类智力水平与认知水平相对低下，对自然界怀有崇拜与恐惧心理，生产力水平极低。人类几乎完全依赖大自然，没有能力支配、改造、征服大自然。这一时期，人类只是作为自然界的一个物种，人类活动被纳入自然生态系统食物链的良性循环。

　　第二阶段，农业经济阶段。其基本生产要素是农业人力、农业科技、土地资源等，其核心要素是土地；其集成方式是个体式的、手工作坊式的、本土区域性市场，其组合理念是天人相依、人人相助、田园式的经济生活；其总体特征是彼时的物质生活与精神生活的相对统一、平静和恬淡。此时人类已经能够利用自身力量去影响和改变局部的自然生态环境。生态系统的自然食物链局部被打破，人类开始构建自己的食物链，开始以自身的生产活动影响自然生态系统的良性循环。但此时人类对自然界的影响还很微弱，经济活动在生态承载能力以内，没有打破生态系统的良性循环，人类仍然能与自然界较为和谐地相处。

　　第三阶段，工业经济阶段。自 18 世纪后半期的工业革命后，人类社会经济系统进入了以现代化大工业为主的包括以纺织、轻工、钢铁、汽车、化工、建筑等为主要产业的经济时期。其生产基本要素是工业、人力、工业科技、自然资源、资本等，其核心要素是资本；其集成方式是集合式的、机械式的、自动化式的、非区域性的与跨地区、跨国界的大市场，其主要商业模式是大批量生产，其组合理念是人对大自然的征服、人与人的激烈竞争、城市化世俗化的经济生活；其总体特征是物质生活的多方满足与精神生活的相对贫乏。在这一阶段，人类对于自然的知识逐渐增加，对自然的认识发生了重大的变化，认为可以凭借自己的知识和智慧战胜自然、改造自然、并获得巨大的经济效益，为人类福利的不断增长服务。人类开始对自然进行过度开发、掠夺和破坏，生态系统的平衡受到严重干扰甚至被打破，造成生态退化和失调。工业社会科技的快速进步更强化了人类征服自然、改造自然和破坏生态平衡的能力。导致了自然生态系统的良性循环被破坏，生态系统开始严重退化，环境日益恶化，人类整体生存环境受到威胁。

　　第四阶段，后工业经济阶段。后工业社会是以知识为轴心，其产业结构是第三产业、第四产业甚至第五产业，主要从业人员则是各类专业人员、技术人员和科学家。后工业社会的概念是一个广泛的概念，可以用五个方面的特征来加以说明：第一，经济方面，从产品生产经济转变为服务性经济；第二，职业分布，专业与技术人员阶级处于主导地位；第三，中轴原理，理论知识处于中心地位，它是社会革新与制定政策的源泉；第四，未来的方向，控制技术发展，对技术进行鉴定；第五，制定政策，创造新的"智能技术"。①后工业经济

──────────

① 贝尔. 后工业社会的来临——对社会预测的一项探索 [M]. 北京：商务印书馆，1999：14.

形态的出现主要是在可持续发展战略的指导下，在第三次浪潮的新技术革命推动下，提出了生态经济理论，进而开始了对循环经济的探索和实践。社会发展呈现以节约资源、提高科技含量来减少资源消耗，产品和服务的全过程实现清洁、无污染化，以资源循环利用为导向改造传统产业，以节约化生产服务模式替代粗放型生产和服务模式的发展趋势。

（二）传统经济系统的弊端

（1）传统经济系统的系统理念。传统经济系统在发展理念上追求高增长、高消费，忽视自然生态的客观规律和人类代际公平的原则，以人类为中心，认为生态资源与环境是取之不尽、用之不绝的，可以随意开发与利用，一切自然资源与生态系统均应为人类而服务。人类可以无限度地利用一切资源与环境牟取自身福利的最大化，使物质享受无限度地达到人们想达到的程度。在这种错误的发展理念和生态伦理的指导下，随着人类征服自然、改造自然能力的不断提高，人类开始对自然资源与环境进行掠夺性的开发，只追求当代人利益的最大化，物质至上主义盛行，从而形成了这一时期相应的系统发展目标、系统模式和社会经济特征，造成人类社会经济发展与生态环境的矛盾和冲突不断升级，环境污染、资源短缺、生态失衡、城市臃肿、交通混乱、人口膨胀等一系列问题严重困扰着人类。这种不正确的系统发展理念是不正确的系统目标、系统模式等的根源。

（2）传统经济系统的系统目标。传统经济系统是以追求经济高增长、高消费，社会物质财富最大化为发展目标的。这种系统目标显示出极大的弊端，即将社会、经济系统与生态、环境系统割裂开来，以人类社会、经济系统为核心，将生态、资源、环境系统作为可以随意索取的仓库，造成资源的极大浪费和环境污染、破坏。在人类与自然的矛盾与冲突中，人类的认识不断得到提高，从而系统发展目标和战略也随之得以转化。

（3）传统经济系统的系统模式。传统经济系统的系统模式忽略自然环境、生态、资源系统对人类经济、社会系统作用与反作用规律，无视生态环境与资源的价值，是一种典型的单向型线性系统发展模式。其经济活动具有"高开采、低利用、高排放"的特征。由忽略生态环境价值而自然产生的环境成本的外部化，一方面有效刺激了基础资源的开采、加工和分配，另一方面对排放到公共资源中的废弃物却无能为力。表现为对于环境价值的考虑不能正常地纳入到经济体制之中，造成市场与政府的双重失灵。结果环境资源被过度使用、滥用和误用，质量不断退化。对于生态环境保护建设上的投资不足，缺乏管理，生产技术落后，致使产生和排放到环境中的污染物数量过大，生态破坏严重。人们的生产消费活动缺乏物质再循环和能量回收的工艺和绿色产品设计，很少考虑对生态的建设和修复。传统经济系统对资源的可再生、可再利用、再循环和生态服务了解甚少，虽然已经从末端治理阶段发展到注意源头预防阶段，但对于如何使经济活动全过程与生态系统的冲突得到协调的激励和规律了解不够，导致生态系统、资源系统对经济系统和社会系统支持能力下降。

（4）传统经济系统的系统结构与功能。传统经济系统的系统结构从资源流动的角度看是一种以"资源—产品—废弃物"为主要形式的多重线性结构，不是闭环反馈流程。传统经济系统存在着结构缺损，即资源再回收、再循环、再利用的渠道不畅通，产业生态链、产业生态网不健全。这种经济系统结构不能达到资源高效利用，使有限的生态资源与环境难以支撑经济的高速增长，社会系统与生态环境不能达到协调。经济运行存在着许多与生态、环境、资源相抵触的方面。因此，必须改变原有的系统结构，通过发展循环经济，使经济系统变成闭环系统。

（三）从传统经济系统转换到循环经济系统的关键制约因素

目前，从传统经济系统向循环经济系统转换的最主要的制约因素被认为是制度因素。由于传统经济系统认为环境与资源是无价的公共资源，使得生态环境与资源的价值游离于经济系统的市场价值体系之外，造成市场失灵；而且在不正确的系统理念的指导下，社会经济发展偏离了与生态环境相和谐的正确轨道，政府的控制与治理措施也体现出失灵与被动的特征。市场失灵是加剧政府制度失灵的重要因素，政府失灵则更加剧了市场失灵的程度。根源在于，长期以来政府、社会没有相应的制度安排，主要体现在：

（1）线性的系统模式和传统经济产业结构特征，是造成资源浪费、污染严重的根源，有市场失灵与政府失灵的存在，使被动预防与控制污染的各种手段难以奏效。

（2）传统经济系统产业结构和生产布局很少考虑自然生态环境与资源的特点，较少将区域之间的生产结构和经济功能的相互协调纳入规划考虑范围，各自为政，优势难以体现，劣势强硬发展，造成生态严重失衡，污染恶性循环、资源巨大浪费的局面。

（3）传统国民经济核算体系没有将资源与环境成本计算在内，造成资源与环境成本外部化。

（4）不重视废弃物管理，产生的废弃物多被简单处理，较少进行综合利用，废弃物再回收、再循环、再利用渠道不畅，回收网络不健全。

（5）科学与技术的发展与创新很少从可持续发展战略的角度考虑资源与环境因素，缺乏以生态型的科技发展观为指导的相关政策和机制的引导。

（6）对于循环经济系统的物质循环和产业生态链的研究与实践还处于探索阶段，有利于循环经济发展的市场机制不完善，对企业清洁生产缺乏有力贯彻措施。

（7）缺少资源最优利用和再生循环的配套政策、法规等管理措施；缺少促进资源循环的激励机制，未建立和发展起生态型的绿色服务体系和市场体系。

（8）消费行为追求超高消费、一次性消费，极大浪费资源，缺少在绿色消费观念指导下的消费制度。

二、循环经济的系统构成

循环经济系统相对于传统经济系统，不仅仅是经济发展战略和经济发展模式转变等问题，它涉及社会政治、经济、科技、文化教育等各个方面，通过社会发展战略、政策、法律、科技等各个方面的转变，切实将社会、经济发展模式和人们行为方式转移到可持续发展的方向上来。目前学术界对循环经济的研究主要有三个方向：生态学、社会学与经济学。这三个学科均从不同的角度、不同侧面、不同维度对循环经济的有关问题加以解释与论述。实际上循环经济在本质上是"自然—经济—社会"这一复杂巨系统运行机制的深刻反映。循环经济系统涉及人口、资源、环境、生态、经济、社会等诸多因素，规模庞大，其内部结构复杂，功能综合，各元素之间关系较为模糊，因此是一类开放的复杂巨系统。在这个复杂巨系统中，自然规律应被充分的认识，人文规律应被充分地表达，自然要素与人文要素的耦合规律应被充分地体现。所以，无论是生态学方向、社会学方向，还是经济学方向都不能对循环经济给予完满的表达。对于循环经济的研究必须站在一个更高的层次上去归纳和演绎这个广博、多彩而复杂的理论体系。系统论是认识复杂系统的比较有效的工具，有许多方法论可供循环经济的研究和实践所借鉴。

（一）循环经济的系统构成

系统是指一组结构有序、功能独特、对外部激励产生响应、有一定自我调节能力和自组织能力的要素、属性或对象的集合。系统把事物之间的复杂联系（外部联系和内部联系），事物之间的包容特征（等级有序），事物之间的定量关系（从逻辑关系向函数关系的演进），事物之间存在的可调、可控、可测的特点（互相作用，互相制约的总体把握）等，以理性的深度和在抽象的意义上进行表达和判断，从而把事物之间存在的综合性与分析性，分层次地统一在一个完整的图式或模型之中。而且，越是复杂的事物集合，应用系统的概念或系统分析的方法，就越能揭示出比其他理论和方法更好的结果。

遵从系统论的一般理论和原则，对循环经济的本质要素进行深入的分析与研究，可以认为循环经济巨系统构成主要包括：经济子系统、生态环境子系统、社会子系统、自然资源子系统、人口子系统、与智力支持子系统等一级子系统，每个一级子系统下又包括若干次级子系统。

（1）经济子系统是人类由生存走向发展的动力源泉，循环经济反对重数量、轻质量的经济增长，强调在保持自然资本不下降的前提下经济收益的极大化。根据西方经济学理论新古典的结构主义观点，在经济子系统中，经济增长是结构转变的体现，在确定的经济资源要素生产率下，经济增长率主要由经济资源要素的投入量及其在部门之间的配置和再配置效率来决定。配置和再配置效率取决于诸资源要素对优化目标函数的边际贡献率。

（2）生态环境子系统是人类赖以生存的基本支持系统，如果不能提供这个最基础的支持系统，人类的正常延续将得不到保障。发展循环经济就是力求该系统避免短期性的环境污染和长期性的生态退化。在生态环境子系统中，对于大气污染物排放，水污染物排放，固体污染物排放，都必须作以定量分析。可以根据投入产出理论，假设产出与污染物排放的关系是比例关系，为对各种污染物排放造成的环境影响的效果进行综合描述和评价，以对生态环境子系统进行随时监控。

（3）自然资源子系统是人类改造生存环境，得以发展的源泉。发展循环经济强调对不同属性的资源要采取不同的对策。增加非可更新资源利用率，限定可更新资源再生能力的阀值，提高其替代率，维护代际公平。在资源子系统中，资源要素的再生产具有独特的性质，资源要素的新增为其再生产周期内各年度资金投入经过一段时滞逐步形成，诸资源要素的存量状态的变动由经济过程中的要素损耗和新增决定。

（4）社会子系统是人与人之间各种关系的总和。在科学发展观指导下，不断改革，以人为本，构建和谐社会是发展循环经济在这一层面上的宗旨。经济子系统为循环经济提供动力，生态环境子系统为循环经济提供空间，资源子系统为循环经济提供能量，但是，如果社会子系统出现了问题，诸如分配不公、贫富差距过大、社会保障不完善、道德体系混乱、战争威胁等，那么发展循环经济的整体规划将陷入僵局。

（5）人口子系统中人口数量与人力资本要素是决定人与自然之间的互为调适和协同进化的必要条件。而人类对自身的再生产未能达到自控自律，与物质再生产没能有机地统一起来。在人力资源子系统中，人口与劳动可能存在矛盾：人口数量多与技能水平低，低素质劳动力大量过剩，形成沉重的就业压力，高素质劳动力和劳动技能严重短缺，人才供给不足，会严重约束经济增长。

（6）制度支持子系统主要包括政策、法制、管理和决策等组成部分，其中，法制是基础，政策是核心，管理和决策是系统的灵魂。制度子系统是循环经济整体系统综合能力的限制因子，必须从宏观与战略层面对其进行规划与运筹。

任何一个国家和地区发展循环经济，实现可持续发展绝不是复杂巨系统中任何一个子系统的单独作用，它所表现的是整体支持系统的共同作用和综合作用。其中任何一个子系统出现失误与崩溃，都会最终使循环经济整体系统毁坏。即任何一个单独系统虽不可能代替综合能力，但却可以毁掉整个综合能力。只有"人口、资源、环境、经济、社会"各系统在相互作用、相互影响、相互制约中达到动态平衡，循环经济整体系统才能健康发展。

（二）循环经济的系统性质

从系统学的角度，循环经济复杂巨系统具有以下特征：

1. 开放性

循环经济系统是一个更加开放的非平衡复杂系统，其中各个子系统都有边界，通过边界与更大的系统、旁系统进行资源交换、信息交换、物质交换和能量交换、价值交换等等，相互影响、相互作用。因为循环经济系统具有耗散结构，必须不断从系统外部引入负熵流，以抵消内部熵增。这种交换贯穿循环经济各种活动的规划编制、控制全过程，如果停止，系统便停止运行。

传统经济学的循环流程表中，"体现在从公司到用户的种种商品和服务流程中的交换价值被称作国民产值，从用户到公司流程中的其他生产因素之中的交换价值则被称为国民收入"①。这表现的是一种孤立封闭的系统，在这个循环中，并没有将与环境相关的输入和输出考虑在内。既然不存在与环境的置换，那么这种输入必然是自我补充，输出必然是自我消耗。由于这种经济系统把环境的因素排除在外，使人们只考虑到对低熵态物质—能量的吸收而未考虑到高熵态物质—能量可能会对生态系统造成的伤害。发展循环经济就是要将生态与环境因子纳入经济运行之中，重视系统的开放性尤其关键。也就是说，要充分利用内部和外部两方面的优势资源，发挥某一国家或区域的比较优势。由于资源禀赋的不同，每个国家、地区都具有自身得天独厚的优势，但同时在某些方面又处于劣势。在单个经济系统内部注重发展循环经济，在系统内建立生态产业链，注重打造系统内部自身的资源—产品—弃物—再生资源链条，在以单个经济系统为单位的系统内部实现物质、能量、人员、价值、信息的循环流动固然重要，同时也必须重视系统开放性，发挥比较优势，充分利用一个国家或区域的内外资源，明确本国或本地区在整个世界循环经济系统产业链、产品链、资源链等方面所处的地位，根据自身特点，采他山之玉，为我所用，提高自身持续发展能力。

2. 整体性

循环经济复杂系统是由其组成要素（各个子系统）组成的具有新功能的有机整体，它具有独立要素（子系统）所不具有的性质和功能，从而体现出其不等于各个经济子系统的线性加和。循环经济复杂系统整体性的产生来源于各个子系统之间的非线性相互作用。每个子系统都不可能在不影响整体系统、其他子系统的情况下发生变化；各个子系统之间相互影响、相互制约，形成了一个非线性作用的网络；部分影响整体，整体制约部分，从而体现出循环经济复杂系统的整体大于各个子系统的线性加和。

循环经济复杂系统整体性的表现形式有静态整体性和动态整体性两个方面。复杂系统的静态整体性指的是循环经济复杂系统在某一个时点上所表现出来的结构性。它包括系统的构件（各个子系统）及其相互关系。它是循环经济复杂系统发展过程中在某一时间的映射和外在表现形式。复杂系统的动态整体

---

① ［美］赫尔曼·E. 达利. 稳态经济：治疗增长癖的后现代良方［A］. 见：［美］大卫·雷·格里芬编. 后现代精神［M］. 王成兵译，北京：中央编译出版社，1998：166.

性指的是循环经济复杂系统不论其构成有多么复杂都是作为一个整体进行演化和发展的。由于各个经济子系统之间的非线性相互作用，某一个子系统的发展和演化必然会引起其他子系统发生相应的变化，从而造成系统范围内的变化与调整。

3. 复杂性

将循环经济作为一个整体系统进行研究，其复杂性主要表现为以下几点：（1）自组织。循环经济系统独立元素彼此进行着相互作用，这些作用并没有特意地进行策划、组织、控制，而是个体之相互依赖、自然演化的结果。（2）适应。复杂的、具有自组织的循环经济系统可以自我调整。在自我调整过程中，各子系统不是被动地对所发生的事件做出反应，而是积极的试图将一切转化为有利因素。（3）动态。循环经济系统会经历一个发生、发展、老化、突变的过程，整体性能改变并不表明一定有外力作用存在，也可能是系统中部分与整体的关系在变化。研究循环经济系统所涉及的问题既有自然科学的问题，也有工程技术学科的问题，还有人文与社会科学的问题。循环经济系统的复杂性决定对其研究必须超越学科的界限，进行多学科交叉研究。

4. 层次性

系统结构的根源在于系统的层次性。由于组成循环经济系统的诸要素的种种差异，包括结合方式上的差异，使系统组织在地位与作用、结构与功能上表现出等级秩序性，形成了具有质的差异的系统等级。整个系统一方面把自己各部分的行为结合成内聚的齐心合力，形成统一的整体，同时又把这种共同的努力扩展，以同其环境系统内其他组成部分的行业结合在一起，从而成为更大系统的一个要素。这所表现出的系统的协调界面作用，是矛盾的对立统一，同时又体现了事物的普遍联系性，使得循环经济复杂系统处于普遍的层次包含和交叠之中。

5. 进化性

循环经济系统有趋于成熟的倾向，即我们常说的"进化"，在进化的过程中，系统有简单的状态变为较复杂的状态。关于循环经济系统进化的模式为我们提供了认识现代经济社会和思考其未来发展的理论基础和视角。从目前的理论研究来看，循环经济系统"进化"会经历三个阶段：废弃物综合利用阶段；限制废弃物排放，综合、高效利用资源阶段；资源循环利用，废弃物零排放阶段。第三个阶段的循环经济系统没有资源与废弃物之分，只要系统保持平衡，可以长期稳定地存在下去。

（三）循环经济系统的构建与设计

开放的循环经济系统的特征主要表现在高层次、多回路、非线性以及子系统的数量巨大，类别繁多，多重反馈，结构复杂。在设计过程，就表现为涉及学科知识多种多样，信息来源各不相同，有的定量，有的定性，而且信息精度不均衡，系统参数敏感性很不一致，系统高层次结构较清晰与低层次结构难描述。处理这样一个开放的复杂巨系统的方法是从定性到定量的综合集成法，以及从定性到定量的综合集成研讨厅体系（张文红，2004）。

钱学森指出，处理复杂巨系统的方法论是"从定性到定量综合集成方法"（meta-synthesis）。[①] 1992 年钱学森教授进一步扩展了从定性到定量的综合集成法，提出了"从定性到定量综合集成研讨厅"体系的思想[②]。研讨厅体系的思想核心是把专家头脑中的知识同系统中的数据库、模型库和知识库等有关信息结合起来，发挥综合系统的整体优势去解决实际问题。它是一种指导分析复杂问题的总体规划、分步实施的方法和策略。这种思想、方法和策略的实现要通过定性定量相结合、专家研讨、多媒体及虚拟现实、信息融合、模糊决策及定性推理技术和分布式交互网络环境等技术的综合运用。

把循环经济系统作为一个整体去构建和设计，主要考虑各级子系统之间物质流、能量流、信息流、价值流和人力资源流的交换，对层次集成"组"进行"宏观性"处理，用一定近似程度的仿真模型代替或视为整个系统的一组参数。设计思想是把循环经济系统设计成一个开放的系统，在环境中保持稳定，易于适应变化，且能够在全球化市场中保持竞争力。这样做，得到的好处需要用一个长期的眼光来看。[③] 主要步骤如图 2-1 所示。

对于这一方法，在此仅作以概要综述性介绍，主要步骤如下：

（1）相关领域专家参与系统的建立与规划，确定系统的总体要求和目标。分类和确定设计参数（控制因子、噪声因子和响应）及其范围，根据范围定义一个初始探索空间。

（2）根据智能控制系统自适应、自组织、自学习的特点，设计一个智能控制器，可以采用模糊神经控制器，确定控制因子的作用和噪声因子的效果，建立仿真程序。

---

① 钱学森. 发展地理科学的建议 [J]. 大自然探索. 1987，（1）：1—5.
② 戴汝为，王珏，田捷. 智能系统的综合集成 [M]. 浙江：浙江科学技术出版社，1995.
③ 设计步骤主要借鉴张文红博士对生态工业系统的设计步骤。

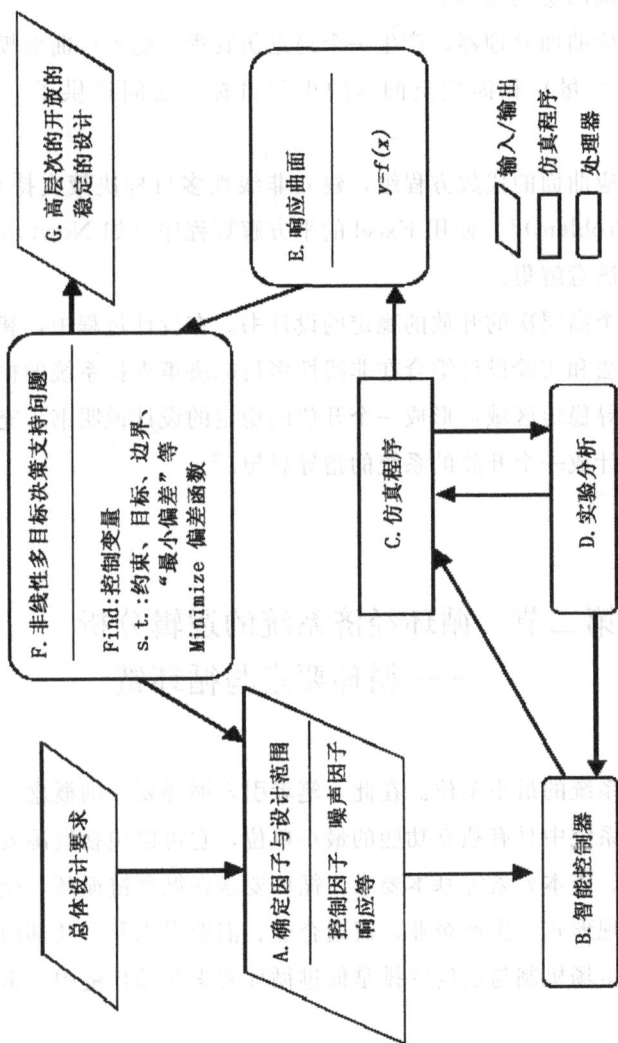

图2-1 循环经济系统的构建与设计步骤

（3）通过实验分析处理器，调查实验结果，明确重要的控制因子，除去不重要的因子。如果有必要，设计和构造更高阶的实验（实验的数值和阶数增加而问题的规模减小）。把分析结果反馈到智能控制器，在 BCD 之间形成迭代，直到产生一个准确的仿真模型。

（4）使用响应曲面处理器，产生一个逼近仿真程序的响应曲面模型，它在设计空间（系统变量）和渴望空间（约束和目标）之间提供了一个快速的映射。

（5）使用响应曲面的代数方程组，建立非线性多目标决策支持系统（Decision Support Problem)[①]，使用 Excel 的平方解算程序（如 Newton 方法等），求得控制因子的满意解集。

（6）输出一个高层次的开放的稳定的设计书。在设计过程中，智能控制技术、响应曲面方法和实验设计综合在非线性多目标决策支持系统的框架中，探索设计空间，搜寻稳定区域，形成一个开放的稳定的设计说明书，充分体现把循环经济系统设计成一个开放的系统的指导思想。[②]

第二节　循环经济系统的逻辑分析
——循环要素与循环链

要素是构成系统的最小单位。在此，笔者引入循环要素的概念，认为循环要素是循环经济系统中具有独立功能的最小单位，它可以包括资源要素、技术要素、人力要素、资本要素等基本要素。循环要素在循环链循环，循环链是循环经济的动态表现形式。生产企业、流通企业、消费者以及公共部门处于循环链的不同环节，市场机制与制度安排是促进循环要素在循环链中正常运转的驱动力。

---

① 图中响应曲面的代数方程 $y = f(x)$ 可以借鉴美国得克萨斯大学 Kamal S Z. Ph. D. 的博士论文 "The Development of Heuristic Decision Support Problems for Adaptive Design" 中的数学公式 $y = \beta_0 + \sum_i \beta_{ii} x_i + \sum_i \beta_{ii} x_i^2 + \sum_{i<j} \beta_{ij} x_i x_j$，建立非线性多目标决策支持系统（也可以采用其他方法）。

② 张文红，陈森发. 生态工业系统——一个开放的复杂巨系统 [J]. 系统仿真学报，2004（3）.

一、循环要素分析

系统是由若干要素组成，为了完成（或具有）某一目标任务（或功能）而存在的整体。要素是构成系统的最小单位，在循环经济开放复杂巨系统中，相互独立、相互联系具有不同性质的循环要素是构成整体系统的基本单位。各种循环要素虽然都有各自的领域和构成，但是在循环经济大系统中却相互不可分割，即使是各自的层次结构，在总体上同样呈现一种多向交叉和耦合递变的状态。从寻常考察的层次看，至少可分为宏观、中观和微观三个不同的体系，具体考察，构成了循环经济发展的三种模式（在第五章将详细阐述）。不管情况如何变化，这三个层次在质的规定性及结构的合理性与有序性方面总会保持一致，只是量的规定性和表现形式有时并不全然相同。

（一）循环要素的内容

循环经济复杂巨系统的基本单位——循环要素到底包含哪些内容？各种要素之间的结构如何？对整体系统又会产生哪些影响呢？对于这些问题的回答，必须首先从经济学中的要素论入手。对要素的探讨，既是经济学的核心问题，又是经济思想史上最悠久、争论也最多的论题之一。当经济学家努力解释人类生产率和收入方面持续增长的现象时，他们发现，为了把握这一复杂现象，必须将越来越多的要素纳入分析框架。

在 20 世纪 40 年代，经济学家强调资本对于长期增长的重要性。他们假设，增长依赖于资本积累；50 年代，经济学界开始不满于狭隘地以资本聚集来解释经济发展过程，并提出了总量生产函数的概念，这个概念反映如资本、劳动力、技术一类投入与预期产出量之间的一种关系。这一阶段，劳动对经济增长具有积极影响的理论开始复活（其实，19 世纪的一些理论就曾断言人口增长是影响经济增长的关键因素），并且，经济学家也不再从一个既定生产函数的角度来思考经济增长问题，而是认识到更优良的技术会提高生产函数的水平。至此从 60 年代起，技术创新就成了探索经济增长原因的核心问题；70 年代末，经济学家开始强调更好的教育和技能培训对经济增长的重要影响，这一研究思路突出了一种深刻的认识：保证不断增多的存量资本在应用中具有不断上升的资本生产率，就必须具备较好的技术知识和较好的技能。即"发展的软件（技能、技术知识和组织知识）能确保发展硬件（资本、劳动）变得更有效率"；[①] 80 年代中期，伴随着新制度主义思路的兴起与发展，制度理论与经济发展理论融为一体，制度学派认为"不涉及制度就不可能解释经济增长率上的持续差异"，[②] 而诸如储蓄率高、教育程度高、技术创新活跃等因素，是与经济增长相伴随的发展的表征，是经济发展理论所要解释的事实，而不是发展的原因。经济学中各种要素内生化的过程如图 2-2 所示。

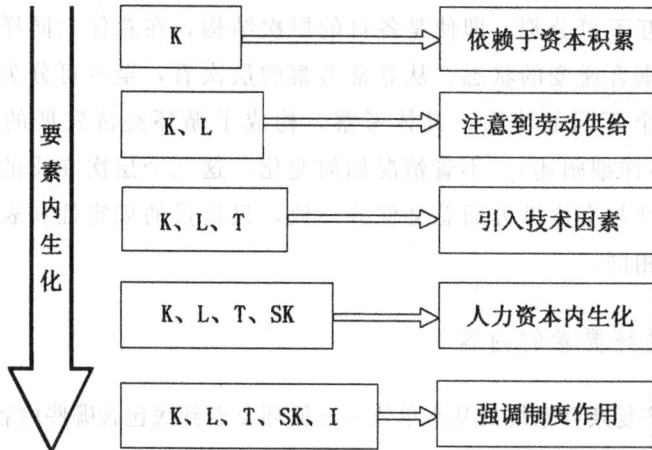

图 2-2　经济学中要素内生化过程

对于循环要素的考察，在充分肯定传统的资本、劳动、技术进步、人力资本与制度因素对经济增长作用的基础上，还必须要纳入自然资源与环境这两个要素，特别是 20 世纪 90 年代以来，伴随着"可持续发展"概念的提出，在对经济长期持续增长的分析中，将资源与环境纳入分析框架已成为建立经济可持续发展理论的必然要求。具体来看循环要素所包括的内容，可以高度概括为六大要素：资源要素、环境要素、人口要素、制度要素、资本要素、技术要素。如果进一步细分，循环要素还包括更多要素（如图 2-3 所示）。

（二）循环要素的属性

1. 资源要素属性

资源是由人类发现的，可以应用于生产和生活中的有用途和有价值的物

---

① ［德］何武钢著. 制度经济学［M］. 北京：商务印书馆，2000：18—19.

② Olson, M, "Big Bills Left on the Sidewalk: Why Some National are Rich, and Others Poor", Journal of Economic Perspective, vol. 10, pp. 3—24.

图 2-3 循环要素构成图

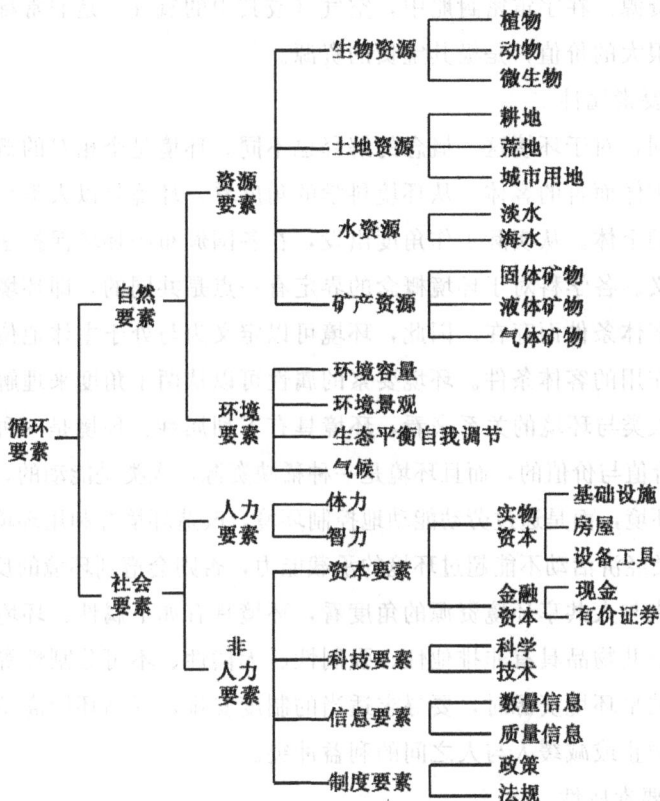

质。资源要素具有如下属性：

（1）资源是一个与人类文明发展程度紧密相连的概念。只有那些已经被人类发现并被人类所利用，而且能够创造经济价值的物质才能称之为资源。没有被发现，或尚未探明用途的物质不能称之为资源。

（2）资源是一个动态概念，随着科技的进步与信息流通，以前认为没有价值的物质也会变成宝贵的资源。

（3）人类通过将资源、资本、科技和劳动等要素结合起来进行生产，生产出来的物质产品，虽然其中含有资源的成分，但是也不能称之为资源。

（4）资源有量、质、时间和空间等多重属性。某些资源由于稀缺度的提高，其作为资源的性质也会有所改变。如空气，在绝大多数地方，它的数量极大，成为一种可任意取用的物品，而不是一种资源。但是在有些地方空气质量遭到了某种程度的破坏，需求量急剧提高，那么，高质量的空气此时就有了价值，便成了资源。在宇宙密封舱中，空气（或其中的氧气）是非常稀缺的，因而也就有了很大的价值，是极其宝贵的资源。

2. 环境要素属性

角度不同，对于环境这一概念的解释也不同。环境是个相对的概念，即它是一个对于主体而言的客体。从环境科学的角度看，环境是以人类社会为主体的外部世界的全体。从实际工作角度出发，在各国颁布的环境保护法中，都提出了工作定义。各学科对于环境概念的界定有一点是共同的，即环境总是作为主体的外在客体条件而存在。因此，环境可以定义为与处于主体地位的要素相联系和相互作用的客体条件。环境要素的属性可以从两个角度来理解：

（1）从人类与环境的关系来看，环境具有下列属性：环境是一种资源，它是存在使用价值与价值的，而且环境是一种稀缺资源，人类是能动的，人类不是消极地适应环境，而是通过劳动能动地控制环境，改造环境并利用环境为人类服务。但是人类经济活动不能超过环境的承载能力，否则会遭到环境的反作用。

（2）从人与人共享环境资源的角度看，环境具有如下属性：环境属于公共物品范畴，公共物品具有非排他性、强制性、无偿性、不可分割性等特征。因而，人类在共享环境资源时，要寻求适当的制度安排，提高环境商品的生产和使用效率，防止或减缓人与人之间的利益冲突。

3. 制度要素属性

制度是一种行为规则，这些规则涉及社会、政治及经济行为，它们被用于支配特定的行为模式与相互关系。它通过提供一系列规则界定人们的选择空间，约束人们之间的相互关系，从而减少环境中的不确定性，减少交易费用，促进生产性活动。制度要素具有以下属性：

（1）制度与人的动机、行为有关。人们的任何社会经济活动都离不开制度，因为人是理性地追求效用最大化的，这种行为必须在一定约束下进行，如果没有制度的约束，那么人人追求效用最大化的结果，只能是社会经济生活的混乱或低效率以及环境的严重退化。

（2）制度是一种"公共品"。制度不是针对某个人制定的，它是一种公共规则。它是人的观念的体现以及在既定利益格局下的公共选择，或者表现为法律制度，或者表现为规则及其规范，或者表现为一种习俗。

4. 人口要素属性

人口是指生活在一定社会制度和一定地域范围内的，具有一定数量和质量的人口总称。人口与人力资源有着密切的联系。从广义上讲，所有人口都可称之为人力资源，具有劳动能力的人是人力资源，未成年人是潜在的人力资源，老年人是已经耗尽劳动能力的人力资源等。但从严格意义上讲，人力资源仅指人口中那些已经成年并且具有和保持着正常劳动能力的人。人口要素或人力资源具有如下属性：

（1）人具有主观能动性，不仅要受外部环境的制约，同时也有能动性，可以适应环境、改造环境，使环境为人类服务。

（2）人口要素是循环经济系统中的核心要素，人力资源是社会资源中的核心资源。只有通过人口要素，或人力资源要素，资本、技术、制度等要素才能发挥作用。

（3）人口是生产者和消费者的统一体。

（4）人具有再生性和可塑性。

（5）人口要素既要遵循自然规律，还要遵循社会经济规律。因此，人口多少以及数量增长的类型，一方面要受自然力量控制，另一方面又要与生产力发展水平相适应。

5. 资本要素属性

资本是一种重要的经济资源，它具有一般要素所具有的稀缺性、用途可选择性和生产要素性等性质，可以直接进入生产过程，并将其价值转移到产品和服务中去。资本要素具有如下基本特征：

（1）资本既是生产要素，又是劳动产品。马克思认为资本是人类劳动的凝结，它不同于普通商品。我们在将资本作为循环要素来考察时，注重的是其作为生产手段的性质，它是进行物质生产和服务的必要条件，它不像普通商品一样，以交换为目的，它是以价值增值为目的的。资本处于流通状态时，它是普通商品，但当企业或投资者通过购买而形成实物资本时，它便作为生产要素，用来生产产品或提供服务。

（2）资本损耗可以分为有形损耗和无形损耗。资本在生产过程中，由于机械的自然磨损，不断地损耗，直到报废，这是有形报耗。资本在使用过程中还会发生无形的损耗，使其原有的价值逐步丧失。如货币资本由于通货膨胀会发生贬值，或机器即使不用，没有发生实际的物质磨损，但由于技术进步或需求变化等原因，也会被淘汰。

（3）价值形成和转移过程的分离。资本的形成是以牺牲等价的货币为代价的，最终以通过其在生产过程中凝结在产品中的资本价值来补偿。但资本不同于石油、矿产等自然资源，其价值不是必然在一个生产过程中向产品转移。根据马克思的资本论，资本一般要服役于若干个生产周期，其价值的转移，是在服役的时间段内逐步地转移到产品中去的。

6. 技术要素属性

技术要素在此可以理解为科学与技术。科学是关于自然、社会和思维的知识体系，技术是指依据科学原理发展而成的各种操作工艺和技能。这一要素具有如下属性：

（1）技术要素并不是作为生产力的一个独立的要素而存在，技术要素必须与劳动者、劳动资料和劳动对象相结合才能发挥巨大作用。技术要素在人与自然之间进行的物质、能量和信息变换过程中起着十分重要的作用，也就是说，只有通过"经济系统—科技手段—生态系统"的复合作用，才能推进循环经济系统的发展。

（2）科学技术的两重性。随着科技的进步，给人类带来了现代文明，但同时也伴生着环境污染。因此，既要反对技术主义的倾向，又要反对生态终极论的倾向。

（3）虽然科技进步可使几年前人们还难以想象其利用价值的自然物成为今天宝贵的资源。但科技进步要受时间因素的限制，科技成果的取得和推广并非一朝一夕之事。所以在分析技术进步可能对资源与环境提供的替代功能时，必须考虑技术进步的速度与时效问题。

以上六种要素对循环经济发展的促进作用，或者说不同要素对循环经济系统的作用效果是可以分为不同层次的。对任何社会形态而言，人力要素、资本要素、自然资源要素、环境要素这四大要素都对经济增长起着最基本的作用，这四大要素构成了经济增长的基础要素层。其他要素（技术进步与制度）对发展循环经济，促进经济增长的影响最终都必须反映到这基本层次上来：技术进步与制度构成了循环经济系统的核心要素层。技术进步与制度要素不仅解释了基础要素层次条件并不出色的国家，如何在核心要素层次上取得长足的进步从而带动了经济的增长，而且，从长期看，技术创新是经济持续增长的发动机，制度创新是经济持续增长的重要保证。

循环经济复杂系统的以上各构成要素之间是非线性的，也就是各要素之间相互干扰、相互依赖，能够产生协同效应。一个循环要素发生了变化，必然会引起系统内其他要素的变化。在这种情况下，系统的运行必然要受初始条件的影响。一个微小的变化，常常会导致循环经济系统的无法预料的变化。因为影响循环经济系统演化的诸要素既能增加物质财富，促进经济增长，又会产生一些负面效应，阻止经济发展。由于循环系统要素之间的非线性相互作用，会使整个系统对内部要素的变化非常敏感。这也就使得系统的行为很容易受到外界条件变化的干扰，从而导致循环经济系统行为的不可预测。

二、循环链分析

循环链是循环经济的动态表现形式。循环经济系统是一个开放复杂的巨系统，循环要素在系统内是依据"组织联系"而相互作用、相互依存并始终处于动态变化之中的，这一"组织联系"在循环经济系统表现为"循环链模式"。

（一）循环链中的循环要素链接模型

本书将采用结构解析法分析循环链中循环要素的链接关系。结构解析法是美国 Bottlle 研究所为分析复杂社会系统问题而提出的一种分析方法。这种方法在调查研究的基础上，运用结构矩阵的方式，来描述系统要素及其相互联系。采用这一方法来分析循环要素在循环链中的相互关系的基本原理是通过建立结构矩阵来描述循环要素及其相互关系，然后经过矩阵运算来判断要素间联系的紧密程度，以及循环链的结构。

首先，根据循环要素间的联系找出系统的结构矩阵。循环链结构是构成系统全部要素及其相互关系的内在表现。所以，首要的问题就是要明确系统组成要素之间的链接关系。如用 S_i 表示系统组成的要素，用"→"表示要素之间的关系，用 C_{ij} 表示链接状态，C_{ij} 称为链接系数，要素间有联系时 $C_{ij}=1$，无联系时 $C_{ij}=0$。循环经济系统是交叉的立体的关系，有很多条循环链，下面假设要素 S_1、S_2 构成循环经济经济了系统 P_1；要素 S_3、S_4、S_5 构成循环经济制度子系统 P_2。两系统要素交叉关系如图 2-4 所示。

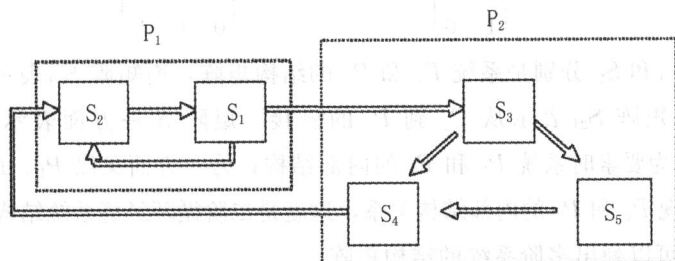

图 2-4　要素交叉关系图

系统 P_1，P_2 又是构成循环经济系统的要素，二者关系表现为 P_1 作用于 P_2，P_2 作用于 P_1。如果不是以 P_i，而是以 S_i 为要素，将 P_1，P_2 的关系表现为要素 S_i 的链接，这种系统称为循环经济二阶系统。若用结构矩阵形式表示，则有：

$$\text{第 } S_1 \text{ 到 } S_2 \text{ 到 } S_3 \text{ 到 } S_4 \text{ 到 } S_5$$

$$\begin{array}{c} \text{从 } S_1 \\ \text{从 } S_2 \\ \text{从 } S_3 \\ \text{从 } S_4 \\ \text{从 } S_5 \end{array} \begin{bmatrix} 0 & 1 & 0 & 0 & 0 \\ 1 & 0 & 1 & 0 & 0 \\ 0 & 0 & 0 & 1 & 1 \\ 0 & 0 & 0 & 0 & 1 \\ 0 & 0 & 0 & 0 & 0 \end{bmatrix} = S$$

因为 S_1、S_2 是循环经济经济子系统 P_1 的要素，S_3、S_4、S_5 是循环经济制度子系统 P_2 的要素，所以可以把矩阵 S 分为如下四个部分：

$$S = \begin{bmatrix} 0 & 1 & 0 & 0 & 0 \\ 1 & 0 & 1 & 0 & 0 \\ 0 & 0 & 0 & 1 & 1 \\ 0 & 0 & 0 & 0 & 1 \\ 0 & 0 & 0 & 0 & 0 \end{bmatrix} = \begin{pmatrix} S_{11} & S_{12} \\ S_{21} & S_{22} \end{pmatrix}$$

式中：

$$S_{11} = \begin{bmatrix} 0 & 1 \\ 1 & 0 \end{bmatrix} \qquad S_{12} = \begin{bmatrix} 0 & 1 & 0 \\ 1 & 0 & 0 \end{bmatrix}$$

$$S_{21} = \begin{bmatrix} 0 & 0 \\ 0 & 0 \\ 1 & 0 \end{bmatrix} \qquad S_{22} = \begin{bmatrix} 0 & 1 & 1 \\ 0 & 0 & 1 \\ 0 & 0 & 0 \end{bmatrix}$$

矩阵 sS_{11} 和 S_{22} 分别是系统 P_1 和 P_2 的结构矩阵，而矩阵 S_{12} 表示从 P_1 到 P_2 的链接，矩阵 S_{21} 表示从 P_2 到 P_1 的链接。矩阵 S 一方面表示了以 S_1、$S_2 \cdots\cdots S_5$ 作为要素时系统 P_1 和 P_2 的内部结构；另一方面又以 P_1、P_2 作为构成要素来表现 P_1 和 P_2 的内部结构关系，这就是二阶循环经济系统结构矩阵。

同理，可以列出多阶系统的结构矩阵。

循环经济系统是由大量要素组成的多层次的复杂系统，在循环经济系统结构分析中，通常要将系统分解为多个要素子系统，先对子系统进行分析，列出子系统结构矩阵，然后再分析要素子系统间的关系，这就会涉及子系统矩阵的运算。在此以布尔矩阵运算法则进行运算。

只有 0 或 1 的二值矩阵，称为布尔矩阵。布尔矩阵运算，根据布尔运算法则进行。

设 A、B 分别为布尔矩阵，a_{ij}、b_{ij} 为其构成要素，主要运算法则有：

逻辑和：
$$A \bigcup B = [a_{ij} \bigcup b_{ij}]$$
$$= \max(a_{ij}, b_{ij})$$

逻辑交：
$$A \bigcap B = [a_{ij} \bigcap b_{ij}]$$
$$= \min(a_{ij}, b_{ij})$$

A 与 B 的乘积：
$$A \times B = \left[\sum_{k=1}^{n} a_{ij} \cdot b_{ij} \right]$$
$$= \{\max[\min(a_{ij}, b_{ij})]\}$$

布尔矩阵的积：
$$A^n = A \times A \times \Lambda \times A$$

A^n 表示在有向图中，存在步长为 n 的路径，A^1 表示步长为 1，即要素间的直接连接，A^2 表示步长为 2，即要素间的间接连接，A^3 表示步长为 3，即要素间的再间接连接。如果我们需要知道从某一要素 S_i 出发，可能到达哪一些要素，则可把 A^1、A^2、A^3……结合在一起研究，即：
$$M = A^1 \bigcup A^2 \bigcup A^3 \bigcup \Lambda \bigcup A^n$$

式中，M 称为可达矩阵，其每个要素 M_{ij} 表明 S_i 是否能到达 S_j。

若认为 S_i（$I = 1, 2, 3, \cdots\cdots n$）可以从自身达到自身，则有：
$$M = I \bigcup A^1 \bigcup A^2 \bigcup A^3 \bigcup \Lambda \bigcup A^n$$

简化计算，可利用下式：
$$(I \bigcup A)^2 = [I(I \bigcup A)] \bigcup [A(I \bigcup A)]$$
$$= I \bigcup A^1 \bigcup A^2$$
$$(I \bigcup A)^3 = I \bigcup A^1 \bigcup A^2 \bigcup A^3$$
$$\cdots\cdots$$
$$(I \bigcup A)^n = I \bigcup A^1 \bigcup A^2 \Lambda \bigcup A^n$$

则有：
$$M = (I \bigcup A)^n$$

运用结构解析法，结合经济分析，能够把循环经济系统的诸循环要素在循环链中的相互关系及其关联程度准确地表述出来。

（二）循环链节点的柔性

循环经济系统循环链的特点决定体系中的各节点有机相连，这就使循环经济系统在运行中受到刚性的约束，即一旦系统内部或外部环境出现变化，整个系统将会趋于不稳定甚至系统崩溃。如在循环经济工业生态园中，如果产业链中一个企业出现问题，那么整个产业链将断裂，此工业生态园系统将难以维持。这样，循环链的节点是否具有柔性就显得十分重要。当循环经济系统内、外部环境出现变动时，节点的柔性能够使循环链维持稳定的状态，避免运行上出现大的波动和起伏。

系统分叉原理说明循环经济是一个开放的体系，体现了螺旋上升的发展模式，这个模型中存在多个循环交叉的节点，在循环经济系统开放性的运作模式下，在科技与制度的推动下，循环链将不断延长、分岔，体现出更多的"功效"，整个系统的循环绩效因此逐步提升，循环链就具备了更强的抗冲击能力。可以说循环经济螺旋上升的开放式运作模式，正是循环经济体系中节点的柔性不断提高的外在表现。

循环经济系统的整体有机性和循环链的节点柔性的能力决定了循环经济系统的动态稳定性。当系统内外部环境发生改变时，循环链原有的链接关系可能因此断裂，断裂后的节点需要重新组合，建立新的循环链接结构，才能保证循环经济系统的有机性，这个过程中系统处于不稳定状态；但节点的柔性能力可以促使循环链重建更趋合理的链接关系，并形成更富多样性的链网结构，从而使系统又回到稳定状态。这一稳定状态的不断演化、发展、进化，就使节点之间的链接得到进一步优化，使循环经济系统处于动态稳定之中，并逐渐趋于动态平衡状态，具有更强的抗冲击能力（张凯，2004）。市场机制与制度安排是促进循环要素在循环链中正常运转的驱动力，其中，制度安排是保证循环经济系统与循环链稳定性的重要因素。

从生产、流通、消费的经济运行过程来看，可以分为生产循环链、流通循环链、消费循环链。生产循环链可以理解为在企业微观层面，组织企业内部物料循环。将流失的物料回收后作为原料返回原工序；将生产中生成的废料经适当处理后作为原料（或替代物）返回原流程或厂内其他流程；实现清洁生产，减少物料和能源使用量、减排有毒物和废弃物；打造企业间的物料输入输出关系链条，建立产业生态系统的循环链。流通循环链可以理解为流通领域既要尽量减少商品流通中的物质消耗，还要将可再用的产品和包装物从消费者手中回收上来，返还到相关企业再加工利用。针对我国废品回收网点少，且对回收种类"挑肥拣瘦"（只回收利润高的废旧金属、报纸、饮料瓶等，不愿回收利润低的塑料包装袋、玻璃制品等）的现状，应大力发展静脉产业（旧物调剂和资源回收产业），在社会范围内形成循环经济环路。消费循环链可以理解为消费领域的废弃物主要是来自居民、机关、学校、商业、市场等的生活垃圾。塑造消费领域的循环链主要是将不同成分的垃圾放对地方，使其能够成为资源，重新参与到新的循环中去，关键是推行垃圾源头分类收集工作。

市场机制与制度安排是每一循环链得以正常运行的保障与动力。保证循环经济系统中的循环要素在市场经济条件下自动运行的动力应该是经济利益，因为各经济实体在参与市场竞争过程中是以追求自身利益最大化为目标的。但是由于缺少相应的制度安排，使市场机制无法发挥作用。对企业而言，废弃物即不处理也不综合利用而直接向环境排放是最经济的；对消费者而言，将废弃物随意扔弃是最方便的；对地区而言，将污染型企业转移到外地是减轻环境压力的最经济途径。只有完善相应的制度安排，将环境污染的外部成本"内在化"，才能促使各经济主体节约、综合利用资源，保护环境，发展循环经济。因此，制度要素在发展循环经济的过程中起着至关重要的作用，它是循环要素在循环链中顺畅流动的重要保证，这也是本书将制度作为研究重点的意义所在。

第三节　循环经济系统的特征分析[①]

一、循环经济的系统协调性分析

（一）循环经济复杂系统的子系统协调性衡量

循环经济复合系统的协调性将取决于经济、社会、资源、环境、人口、制度支持等各个子系统自身的发展及其相互协调水平。为了科学衡量，可用 I_E、I_S 分别表示循环经济复合系统中的经济、社会子系统的发展水平；用 I_R、I_{En} 分别表示循环经济复合系统中的资源、环境子系统的承载力水平；用 I_P、I_I 分别表示循环经济复合系统中的人口、制度支持子系统的支持力水平；并简称 I_E、I_S 为发展度，称 I_R、I_{En} 为容许度，称 I_P、I_I 为支持度。显然，I_E、I_S、I_R、I_{En}、

① 借鉴国家自然科学基金（批准号 79770034）《区域经济、社会、资源与环境系统协调发展衡量》中的数量分析方法。

I_P 和 I_I 的确定将建立在各子系统的评价指标群的基础上。为获得 I_E、I_S、I_R、I_{En}、I_P 和 I_I 的衡量算式，我们假设：评价经济子系统发展水平有 m 个指标（I_{E1}，I_{E2}，$\cdots I_{Em}$）；评价社会子系统有 n 个评价指标（I_{S1}，I_{S2}，$\cdots$，I_{Sn}）；评价资源子系统承载力水平有 l 个评价指标（I_{R1}，$I_{R2}\cdots$，I_{Rl}）；评价环境子系统有 k 个评价指标（I_{En1}，I_{En2}，$\cdots$，I_{Enk}）；评价人口子系统有 h 个评价指标（I_{P1}，I_{P2}，$\cdots$，I_{Ph}）；评价智力支持子系统有 g 个评价指标（I_{I1}，$I_{I2}\cdots$，I_{Ig}）。则 I_E、I_S、I_R、I_{En}、I_P 和 I_I 确定式为：

$$I_X = \sum_{i=1}^{p} f_{Xi}(I_{Xi}) W_{Xi} \tag{1}$$

式中：X 为子系统代号，它分别代表经济、社会、环境、资源、人口和制度支持子系统；p 则分别代表 m，n，l，k，h，g；W_{Xi} 为 I_X 的权重，且 $\sum_{i=1}^{p} W_{Xi} = 1$；$f_{Xi}(I_{Xi})$ 是评价指标 I_X 对子系统 X 综合评价贡献大小的一种度量，并满足 $0 \leqslant f_{Xi}(I_{Xi}) \leqslant 100$。

（二）循环经济复杂系统协调发展的几何描述与评价

（1）循环经济复合系统中两子系统 X 与 Y 协调发展空间描述的静态评价。假定在某一时期（t），循环经济复合系统运行至某一状态，且其两子系统 X、Y 发展度（容许度，支持度）分别为 $I_X(t)$、$I_Y(t)$，即两子系统 X、Y 处于空间几何位置为 $[I_X(t), I_Y(t)]$，则评价这两个子系统的静态协调发展定量算式可定义为：

$$I_{XY}[C(t)] = 1 - \sqrt{\alpha_1 [I_X(t) - I_{XY}(t)]^2 + \alpha_2 [I_Y(t) - I_{XY}(t)]^2} \tag{2}$$

式中：$I_{XY}(t) = \frac{1}{2}[I_X(t) + I_Y(t)]$ 为两子系统发展（承载能力或支持能力）的平均水平，即平均值；$I_{XY}[C(t)]$ 称为两子系统 X、Y 在 t 时期的静态协调度；α_1，α_2 为权值，且 $\sum_{i=1}^{2} \alpha_i = 1$，一般地，$\alpha_i$ 取值应依据循环经济复合系统及其子系统 X、Y 运行的水平和发展所处的层次，这里 X、Y 仅作为经济、社会、环境、资源、人口、制度子系统的代号。

（2）循环经济复合系统协调发展几何描述的静态评价。假定在时期（t），循环经济复合系统运行所处的空间状态位置为 $[I_E(t)$、$I_S(t)$、$I_R(t)$、$I_{En}(t)$、$I_P(t)$、$I_I(t)]$，则循环经济复合系统的空间描述的静态评价定量算式为：

$$I[C(t)] = 1 - \sqrt{\begin{array}{l} \alpha_1[I_E(t) - I_t]^2 + \alpha_2[I_S(t) - I_t]^2 + \alpha_3[I_R(t) - I_t]^2 + \\ \alpha_4[I_{En}(t) - I_t]^2 + \alpha_5[I_P(t) - I_t]^2 + \alpha_6[I_I(t) - I_t]^2 \end{array}} \tag{3}$$

式中：$I_t = \dfrac{1}{6}[I_E(t) + I_S(t) + I_R(t) + I_{En}(t) + I_P(t) + I_I(t)]$，为循环经济复合系统发展平均水平；$I_{XY}[C(t)]$ 为循环经济复合系统在 t 时期的静态协调度；$\alpha_i(i = 1, 2, 3, 4, 5, 6)$ 为权值，且 $\sum\limits_{i=1}^{6} \alpha_i = 1$。

（3）循环经济复合系统协调发展几何描述的动态评价。定义：设 $I[C(t-T+1)]$，$I[C(t-T+2)]$，$\cdots$ $I[C(t)]$ 为循环经济复合系统从 $t-T+1 \sim t$ 时期的静态协调度，则循环经济复合系统从 $t-T+1 \sim t$ 时段内的协调发展空间描述的动态协调度 $[I_b(t)]$ 和发展度 $[I_d(t)]$ 可定义为：

$$\begin{cases} I_b(t) = \sum\limits_{i=1}^{T} \beta_i[I(t-T+i)] \\ I_d(t) = \dfrac{1}{6T} \sum\limits_{i=1}^{T}[I_E(t-T+i) + I_S(t-T+i) + I_R(t-T+i) \\ \qquad\qquad + I_{En}(t-T+i) + I_P(t-T+i) + I_I(t-T+i)] \end{cases} \tag{4}$$

式中：$\beta_i(i = 1, 2 \cdots, T)$ 为权值，且 $\beta_1 \leqslant \beta_2 \leqslant \Lambda \leqslant \beta_T$，$\sum\limits_{i=1}^{T} \beta_i = 1$，$\beta_i$ 为下标 i 的增函数。

这里要求 β_i 单调上升，是因为人们在研究与考察发展循环经济问题时，将会用动态的眼光去审视各个时期循环经济复合系统的静态协调度，并寻找促使循环经济得以发展的推动力，在这个意义上，人们将对单调递增的 $I[C(t)]$ 更加偏好，而将不愿看到 $I[C(t)]$ 逐减的状况发生，也即人们将偏好于 $I[C(t-T+1)] \leqslant I[C(t-T+2)] \leqslant I[C(t-T+3)] \leqslant \Lambda \leqslant I[C(t)]$，而不偏好于 $I[C(t-T+1)] \geqslant I[C(t-T+2)] \geqslant I[C(t-T+3)] \geqslant \Lambda \geqslant I[C(t)]$。

（三）循环经济复合系统协调发展的弹性分析与评价

1. 循环经济系统中 X、Y 两子系统协调发展弹性分析的静态评价

不失一般性，我们把 Y 系统的变化对 X 系统的影响与制约关系定义为 $I_X = f(I_Y)$ 的函数关系，并用弹性分析来衡量它们之间的关系，即：

$$E_{I_X I_Y} = \frac{\Delta I_X}{\Delta I_Y} \cdot \frac{I_Y(t)}{I_X(t)} \tag{5}$$

式中：$\Delta I_X = I_X(t+1) - I_X(t)$，$\Delta I_Y = I_Y(t+1) - I_Y(t)$；$I_X(t+1)$、$I_Y(t+1)$、$I_X(t)$、$I_Y(t)$ 分别为 X、Y 系统第 $t+1$ 期与第 t 期的综合评价值（发展度、容许度或支持度）。$E_{I_X I_Y}$ 描述 Y 系统综合评价值变化对 X 系统综合评价值的影响，即 Y 系统发展变化对 X 系统发展变化的影响，我们称这种影响关系为 Y 系统运行对 X 系统运行的弹性，它将刻画 X、Y 两系统运行中的协调与否。

2. 循环经济系统协调发展弹性分析的静态评价

下面以循环经济系统的发展度与容许度为例，考察循环经济系统的协调度。

（1）循环经济系统的发展度确定。循环经济系统的发展度是指循环经济系统的经济、社会整体发展水平的一种度量。依据人们在不同时期对循环经济系统的经济、社会发展的不同要求，取权值 d_1、d_2，且 $\sum_{i=1}^{2} d_i = 1$，定义：

$$I_D = d_1 I_E + d_2 I_S \tag{6}$$

称 I_D 为循环经济系统的发展度。显然，I_D 越大表明循环经济系统的经济、社会综合发展水平与层次将越高，反之将越低。

（2）循环经济系统的容许度确定。循环经济系统的容许度是指循环经济系统的资源、环境整体的承载力和容许临界值水平的一种度量。人们可在不同时期对循环经济的资源、环境的承载力水平的不同要求，取相应的权值 b_1、b_2，且 $\sum_{i=1}^{2} b_i = 1$，定义：

$$I_B = b_1 I_{En} + b_2 I_R \tag{7}$$

称 I_B 为循环经济系统的容许度。显然，I_B 越大表明循环经济系统的资源、环境总体承载力的水平越高，反之将越低。

（3）循环经济系统的支持度确定。循环经济系统的支持度是指循环经济系统的人口、制度整体的承载力和容许临界值水平的一种度量。人们可在不同时期对循环经济的资源、环境的承载力水平的不同要求，取相应的权值 c_1、c_2，且 $\sum_{i=1}^{2} c_i = 1$，定义：

$$I_C = c_1 I_P + c_2 I_I \tag{8}$$

称 I_C 循环经济系统的支持度。显然，I_C 越大表明循环经济系统的人口、制度支持力的水平越高，反之将越低。

（4）循环经济系统的可持续发展度的确定。不失一般性，我们以 $U_S = I_D \cdot I_B \cdot I_C$ 定义为循环经济系统的可持续发展度。人们追求可持续发展的实现将等价于寻求下述的最优化问题的最优解。

$$\max U_S = I_D \cdot I_B \cdot I_C$$

$$s.t \begin{cases} I_B \geqslant B_0 \\ I_D \geqslant D_0 \\ I_C \geqslant C_0 \end{cases} \tag{9}$$

式中：B_0 为循环经济系统的资源、环境的最低承载力限度；D_0 为循环经济系统的经济、社会的最低发展度要求；C_0 为循环经济系统的人口、制度的最低支持力限度；B_0、D_0、C_0 应与系统发展水平和层次相适应，依据不同的发展时期而作相应的调整。

（5）循环经济系统协调度的弹性分析。显然，循环经济发展度、容许度、与支持度其中任何一个变量的变化，都会制约与影响其他两个变量，即存在 $I_M = g(I_N)$ 函数关系，在此，M、N 代表发展度、容许度、支持度其中的两种，用弹性分析来衡量它们之间的关系，有：

$$E_{I_M I_N} = \frac{\Delta I_M}{\Delta I_N} \cdot \frac{I_N(t)}{I_M(t)} \tag{10}$$

式中：$\Delta I_M = I_M(t+1) - I_M(t)$，$\Delta I_N = I_N(t+1) - I_N(t)$；$I_M(t+1)$、$I_N(t+1)$、$I_M(t)$、$I_N(t)$ 分别为循环经济系统第 $t+l$ 期与第 t 期的发展度 或容许度（或者是发展度或支持度）。$E_{I_M I_N}$ 称为循环经济系统协调发展的发展度与容许度弹性。

同理可得循环经济系统的发展度与支持度弹性等。

3. 循环经济系统协调发展弹性分析的动态评价

定义：设 $I_D(t-T+1)$，$I_D(t-T+2)$，…，$I_D(t)$ 和 $I_B(t-T+1)$，$I_B(t-T+2)$，…，$I_B(t)$ 和 $I_C(t-T+1)$，$I_C(t-T+2)$，…，$I_C(t)$ 为循环经济复合系统从 $t-T+1 \sim t$ 时段内各时期的发展度与容许度与支持度。则称 $D(T)$、$B(T)$、$C(T)$ 为循环经济系统在 T 时期的动态发展度、动态容许度与动态支持度，其中，$D(T)$、$B(T)$、$C(T)$ 满足：

$$\begin{cases} D(t) = \sum_{i=1}^{T} D_i I_D(t-T+i) \\ B(t) = \sum_{i=1}^{T} B_i I_B(t-T+i) \\ C(t) = \sum_{i=1}^{T} C_i I_C(t-T+i) \end{cases} \tag{11}$$

式中：D_i，B_i，C_i 为权值，且 $\{D_i\}$，$\{B_i\}$，$\{C_i\}$ 为下标 i 的不减数列，且 $\sum_{i=1}^{T} D_i = 1$，$\sum_{i=1}^{T} B_i = 1$，$\sum_{i=1}^{T} C_i = 1$。

显然，在 T 期内，循环经济复合系统是否沿着可持续发展的轨迹运行将等价于最优化问题（9）式的最优化解的存在与否，即：

$$\max U_S(t) = B(t) \cdot D(t) \cdot C(t)$$

$$s.t \begin{cases} B(t) \geqslant B_0 \\ D(t) \geqslant D_0 \\ C(t) \geqslant C_0 \end{cases} \tag{12}$$

类似于上述的分析，可定义循环经济系统协调发展的动态弹性为：

$$E_{MN} = \frac{M(t) - M(t-T)}{N(t) - N(t-T)} \cdot \frac{N(t) + N(t-T)}{M(t) + M(t-T)} \tag{13}$$

式中：$M(t-T)$、$N(t-T)$、$M(t)$、$N(t)$ 分别为循环经济系统第 $t-2T+l$ ~ 第 $t-T$ 期与第 $t-T+1$ ~ 第 t 期中的动态容许度和动态发展度（或动态容许度与动态支持度，或动态发展度与动态支持度）。同样地，我们可通过动态弹性来衡量循环经济系统的协调发展水平。

二、循环经济的系统演化性分析

循环经济是在可持续发展战略的指导下，经济系统经过长期演化而形成的一种经济发展模式。循环经济系统中各要素本身变化及其相互之间的影响并非是线性关系。从其要素来看，物质资本、人力资本、劳动、技术、自然资源与环境、制度等要素变迁路径均存在着非线性演化特点。尤其自然资源与环境要素更具长期累积叠加的非线性和不可逆演化特征。同时，与之相关的制度因素，即自然资源与环境产权的性质和功能也成为影响循环经济发展的重要变量。

（一）循环经济系统演化论模型的构建思路

循环经济系统演化最重要的特征就是将环境与自然资源要素纳入系统演化分析之中。

在 20 世纪 60—70 年代以前经济学家对经济发展的理论分析局限在要素的三位一体模式（劳动、资本、技术）框架下，其前提假设是自然资源与良好环境的无限充裕性。此时，自然资源与环境处于研究经济系统演化的视野之外，因此包括 GDP 指标在内的增长核算体系是将自然资源与环境的损益排除在外的。所以原世界银行经济学家 H. 戴利（Herman Daly）认为人类正面临一个历史性的时刻："限制人类继续繁荣的不是人造资源的缺乏，而是自然资本的缺乏，这是从古到今第一次。"[1] 保罗·霍根在《自然资本论》中也指出，忽视资源与环境的研究，带来的后果是"长期以来把自然资本当作没有价值的东西来对待，也将人类带到了灾难的边缘。"[2] 保罗·霍根认为若将自然资源与环境因素纳入经济增长的评价中，美国的经济可能根本就没有增长。

同时就"增长"这一点而言，并不是指用美元来表示的国内生产总值（GDP），GDP 自 1973 年以来每年以 2.5％的速度不断增长。有效的"净"增长是指：生活质量、闲暇时间和家庭时间、更高的实际工资、更好的基础设施、更大的经济安全性的增长，在这方面已开始停顿。因此没有任何信心可以说美国经济正在增长，因为大多数工业的、环境的和社会的浪费都算作 GDP，这是一种"浪费的增长"。[3] 这是对以损害自然环境和生态为代价的现代经济发展现实的深刻警示，也同时是对忽略资源与环境的新古典增长理论及新增长理论的根本质疑。

自然资源及生态环境是人类社会赖以生存和发展的自然基础，是大自然赋予人类的宝贵财富，是历经几十亿年形成的天然储备，更是现代经济发展不可或缺的关键要素。因此，考察循环经济系统演化问题，不仅要像新增长理论和演化论经济增长学说那样要将技术进步内生化，还要将一直未被纳入经济发展模型的自然资源与环境要素作为重要变量，构建循环经济系统演化模型，来指导可持续的经济发展实践。在模型构建过程中：

第一，在方法上应摒弃新古典及新增长理论动态一般均衡方法，而应当采取演化论的非线性系统方法。自然资源与环境作为支持人类生命的基础，它不同于人造资本，它是无法通过人类创造出来的。因为"大气层、海洋、土地、植物和动物系统都在以无数复杂的方式相互作用，人类对其中的一些方式还一无所知，对许多方式的理解尚不充分。大多数相互作用是非线性的，有些方式似乎很不稳定。"[4] 人类可以创造出人造资本，但是人类无法创造出一个有着内

① Daly, H. E., 1994: "Oprationalizing Sustainable Development by Investing in Natural Capital," P. zz in Jansson, A., et al.

② ［美］保罗·霍根. 自然资本论 [M]. 上海：上海科学普及出版社，2000：2.

③ ［美］保罗·霍根. 自然资本论 [M]. 上海：上海科学普及出版社，2000：70—71.

④ ［美］保罗·霍根. 自然资本论 [M]. 上海：上海科学普及出版社，2000：285.

在循环机制的生态系统。20 世纪 90 年代初投资两亿美元的美国"生物圈"II 号工程失败就是一个例证。"如果有什么人造的替代品真正可以供给本内自然提供的多样化的益处，那也是极少的。我们无法制造分水岭、基因库、表土、湿地、河流系统……更不用说创造一个完整的生态系统"。[①] 可见，自然资源与环境具有自身内在的运行规律，它的变化以及它对经济增长的影响，并非是线性决定论的。因此，刻画自然资源与环境约束条件下的循环经济系统，就应当体现演化论的基本原理，因为，"突然的、戏剧性的系统变化的现实可能性，是我们应该能够理解的。我们的生活充满了这样的机制：一个微小的作用或力量就可引发急剧变化或突变"[②]。

第二，在对循环经济诸要素进行解析时，应注重系统综合分析。分析自然资源、环境与劳动、资本、技术及制度对循环经济发展的贡献，不仅要考虑每个因素对循环经济的作用，更应该分析各要素彼此间互动的综合效应与整体作用。技术进步与制度安排是诸要素中的关键因素。但技术进化路径和制度演化路径受自然资源与环境的制约。技术进步、制度变迁、劳动及资本只有在有利于自然资源有效利用及生态环境恢复及增长的路径上演化，经济发展才是可持续性的。自然资源与环境既是各要素及经济发展的自然基础，更是衡量综合效应的基本指标。所以在模型构建过程中，应体现系统观的思想。

第三，在模型的具体构建上，摆脱传统经济学的线性思维方式，以非线性系统动力学模型刻画自然资源与环境约束下的经济系统演化过程。市场经济中均衡经济学注重的是稳定性政策，而非均衡演化理论更关注增长与发展的自组织动态过程。循环经济开放系统的现代市场结构是一个多要素互动作用的一个远离平衡态的复杂的经济演化系统，其增长与发展的路径具备了演化自组织理论揭示的正反馈机制和时间不可逆性及其在非线性和非稳态经济开放系统中所起的建设性作用，所以经济演化模型的构建须纳入自然资源与环境因素。自然资源与生态环境要素与人类经济活动的其他要素如劳动、资本及技术进步和制度等存在着正反馈的互动机制，而且它在长期时间序列中是一个不确定变量，因此，纳入自然资源及生态环境后的循环经济系统演化模型的前提假设就不同于一般经济理论的诸多机械决定论式的约束限定条件。

总之，新古典经济学的研究方程具有线性的特征是脱离现实的，而且由

---

① ［美］保罗·霍根. 自然资本论［M］. 上海：上海科学普及出版社，2000：177.
② ［美］保罗·霍根. 自然资本论［M］. 上海：上海科学普及出版社，2000：177.

于舍弃了起基础制约作用的自然资源与环境要素，因而在生态上是不可持续的。只有将资源与环境要素这一系统观纳入经济演化模型，以非线性动力学为基础，探索经济演进增长的非线性、非均衡模型，才能充分认识影响循环经济系统发展的各要素所具有的演化特征，以及这些要素复合共生的动态演化过程。

（二）循环经济系统演化论模型[①]

1. 逻辑斯蒂方程对非线性问题描述的适应性

循环经济系统中的一些重要变量，如资本、劳动、技术进步、自然资源及其产权变迁等均具有很强的敏感性。根据这些特点，逻辑斯蒂方程较适合描述该系统的演化过程。

其基本方程结构是：

$$X_{t+1} = X_t \mu (1 - X_t) \tag{1}$$

其中 $X_t \in (0, 1)$，$\mu \in (0, 4)$，X_t 是一个混沌经济系统的内生变量，μ 是 X_t 的控制参数，t 是变换次数。该方程是 R. M. May 建立的，他证明了 X_t 具有倍周期分叉规律。[②] 菲根鲍姆（M. J. Feigenbaum）则发现 X_t 倍周期分叉通向混沌的道路，[③] 确定了菲根鲍姆常数 $\delta = 4.6692$，X_t 与 μ 之间的关系可用分叉图加以表示。

理查德·戴建立的以逻辑斯蒂方程为基础的经济演化模型，[④] 其简化形式如下：

$$X_{t+1} = \frac{SBX_t(1 - X_t)}{1 + m} \qquad \mu = \frac{SB}{1 + m} \tag{2}$$

方程（2）与方程（1）性质相同，X_t 代表经济增长率，SB 为科布—道格拉斯项，m 为人口增长率。

在此，可以根据研究需要将公式中的 m 替换为 GDP（GNP）污染弹性系数增长率，这样并不改变方程的基本性质。所以，根据混沌经济学原理，资本产出率、技术进步率、自然资源与环境变化率、资本—劳动力比率、GNP 污

① 本模型构建借鉴了吉林大学经济学院毕秀水博士的博士论文。

② May, R. M. "Simple mathematical models with very complicated Dynamics", Nature, vol261, pp. 459—467 (1976).

③ Feigen baum, "Quantitative univer sality for a class of Nonlinear Trans formations, Journal of statical physics, Vol19, pp. 25—52, and vol21, pp. 669—706. (1978).

④ Day, R. H. "Irregular Growth cycles" AmericanEconomicReview Vol, 72, pp. 406—414. (1982).

染弹性系数（指 GNP 变化率与其所引致污染变动率的比值）等变量均符合混沌经济演化的变换过程，为使用该模型提供了可靠依据。

2. 资源与环境约束下的循环经济系统演化模型

以 X_t 表示自然资源与生态环境约束下的经济效率，X_t 受与之相关的控制参数 μ 影响。μ 的含义是指在考虑自然资源与生态环境要素强约束下时相关因素对经济有效增长率的贡献。即当其他相关因素增长 1% 时，有效经济总量增长 X_t%。X_t 与 μ 之间的关系符合逻辑斯蒂方程的规律。这样根据方程（2），建立 μ 与其组成因子之间的关系式为：$\mu = R\gamma (a+\beta) / (1+m)$，这里 R 表示自然资源产权、制度以及技术进步等政府政策调控因子，γ 表示劳动投入增长率，a 表示专门技术进步增长率。β 表示社会一般知识增长率。$(a+\beta)$ 表示社会总体知识增长率。m 表示 GNP 污染弹性系数增长率[①]，至此，建立循环经济系统演化模型如下：

$$X_{t+1} = \frac{R\gamma(a+\beta)}{1+m} X_t(1-X_t) \qquad (3)$$

其中 $X_t \in (0, 1)$，$\mu \in (0, 4)$，$R \in (0, 100)$，$\gamma \in (0, 1)$，$m \in (0, 1)$，$(a+\beta) \in (0, 1)$。

方程（3）中的 X_t 与 μ 的关系可以用逻辑斯蒂方程的分叉图来表示。运用计算机计算得出在各种 μ 值的条件下，X_t 的多次迭代的周期以及 X_t 的各周期性态时的数值，然后以 μ 为横坐标，X_t 为纵坐标做出图形，如图 2-5 所示。

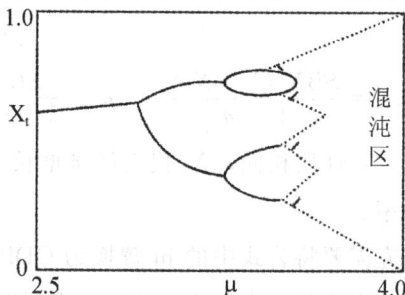

图 2-5 $X_t - \mu$ 的分叉图

关于方程（3）有如下特性：

（1）X_t 倍周期分叉和相应分叉值。所谓周期是指经济系统某种周而复始的循环变化。在控制参数 μ 一定的条件下，若知识积累及自然资源复合变量的

---

① 污染弹性系数是指国民经济总量增长率与污染总量增长率的比率。

状态是一个，那么就称该变量变换的周期是 1；若有几个状态则称为有几个周期，此时变量 X_t 在几个状态重复变换。从某一周期向另一周期变化的现象称为分叉，此时对应的 μ 值为分叉值。由图 2—5 可以看出，X_t 与 μ 值的对应关系如下：当 $\mu < 3$ 时，X_t 的周期为 1，迭代值 $X_{t+1} = X_t$，即知识积累及自然资源复合变量 X_t 的值为一确定值，换言之，就是知识积累与自然资源复合变量的增长率与经济总量增长率的比值为一个确定的数；当 $2.0 < \mu < 3$ 范围内，X_t 在（0.5，0.664）之间，当 $3 < \mu < 3.449$ 范围内，X_t 为 2 周期，即一个知识积累及自然资源复合变量的增长率对应有两个数值的经济总量增长率，此时，X_t 的两组值序分别是（0.664，0.85）及（0.664，0.44）；当 $3.449 < \mu < 3.544$ 时，X_t 为 4 周期，X_t 有 4 组数值序列，依此类推，当 $X_t = 3.5699459$ 时，X_t 的周期无穷大，此时混沌现象出现。对方程（3）进行迭代求值，列表如下：

表 2-1

i	分叉情况	分叉值 μ_i	时距比值 $\dfrac{\mu_i - \mu_{i-1}}{\mu_{i+1} - \mu_i}$	X_t
1	1 分为 2	3	—	0.664
2	2 分为 4	3.449	4.751	0.85，0.44
3	4 分为 8	3.544	4.656	0.83，0.82
4	8 分为 16	3.564	4.668	0.52，0.36
…	…	…	…	—
∞	混沌	3.56994	4.6692	—

（2）控制参数间距等比率缩减。当 X_t 出现倍周期分叉的现象时它的控制参数 μ 的间距比值的极限值趋于常数 δ，因 $\delta = 4.6692$，所以控制参数间距比值按等比率（4.6692）缩减。即 X_t 的周期越大，它的 μ 值变换的标度越小，只要对 μ 值稍加微调就有可能导致下一次分叉的出现，直至混沌现象的出现。这种等比缩减的特性说明，μ 越接近 μ^{∞}（混沌状态时的 μ 值），X_t 周期越大，越趋向于无穷周期，且周期变换得也越快，对 μ 微调的精度就越高。也就是说，随 μ 值的逐渐加大，X_t 的周期变换对 μ 的依赖程度越高。具体而言，当对一个接近 μ^{∞} 值的 μ 值稍做一下微调时，一个确定数值的 X_t 增量会产生无穷多个数值的经济增长状态，这就是充满不确定性的混沌状态，包含着经济增长过程的生态崩溃状态。

（3）对 X_t 周期性态的控制。

① μ 与其组成因子之间的数值关系。通过对方程（3）的结构和特性的分析，我们发现 μ 的取值范围能够确定 X_t 的周期性态，X_t 周期性态的变化率取决于 μ 的间距比值。实际上 μ 的组成因子才是导致 μ 复杂变换进而导致 X_t 产生倍周期分叉通向混沌的初始条件，所以弄清 μ 同其组成因子之间的关系是解决问题的关键。

已知：

$$\mu = \frac{R\gamma(a+\beta)}{1+m}$$

其中，当 $\mu=2.8$ 时，$\gamma/1+m=0.15$，则 $R(a+\beta)$ 的值等于 18.67，如果 $(a+\beta)$ 等于 0.3，则 $R=62.22$。

② μ 的微调与 X_t 的周期性态。若保持 X_t 有稳定的周期 1，且 X_t 在（0.5～0.664）之间，则应使 μ 的值保持在（2.0～3.0）之间。

假设 $\gamma/1+m=0.15$，$(a+\beta)=0.3$：

当 $X_t=0.5$，$\mu=2$ 时，则 $R=44.44$

当 $X_t=0.664$，$\mu=3$ 时，则 $R\leqslant 66.67$

这个数字说明 $X_t<0.664$ 时，R 应控制在 66.67 以下，若 $R>76.44$，则 X_t 出现 4 周期；当 $R>79.33$ 时，$\mu>\mu^\infty$（3.56994），则 X_t 出现混沌。以此类推，若给出另一组 $\gamma/1+m$ 和 $(a+\beta)$ 的值，会有另一组 μ 值，使 X_t 出现倍周期分叉，甚至混沌。

可见，$\gamma/1+m$ 和 $(a+\beta)$ 确定之后，政府调控参数 R 的数值决定 X_t 的周期性态，必须先测度 $\gamma/1+m$ 和 $(a+\beta)$ 的数值，然后按方程（3）微调 μ 的值，否则极容易出现复杂的周期变换，甚至出现混沌状态。

模型的意义：

第一，在逻辑斯蒂方程并借鉴新经济增长理论基础上，分析建立了循环经济系统演化模型，认为技术进步、制度安排及自然资源等复合变量变换的过程是一个倍周期分叉的演化过程。X_t 的周期性态取决于它的控制参数 μ 的值。确定 X_t 与 μ 之间的对应关系，指出 X_t 的值在接近且小于 0.664 时，如 $X_t=0.66$ 时，是 X_t 为单一周期的最佳值。并发现当 $\mu>3.0$ 时，X_t 出现分叉现象，即同一个数值的 X_t 增长率会产生两个甚至更多个经济增长总量增长的数值，即 X_t 与 μ 是一个非一对一的新古典范式决定论关系，而是一个不确定的、随机性的演化关系。

第二，μ 项作为模型的重要调控参数，其组成因子是决定 X_t 周期性态变化的初始条件。当 $\gamma/1+m$ 为已知时，R 和 $(a+\beta)$ 决定 μ 的数值，进而决定 X_t 的数值和周期性态，R 与 $(a+\beta)$ 负相关，表明对技术进步率、制度效率及自然资源与环境增长率较低的国家，政府政策函数即制度函数（知识产权、自然资源产权等变量组成的函数关系）在经济有效增长中的作用是至关重要的。而且政府的科技宏观调控力度应适当加大（R 值适当加大）。反之，则应减少调控力度。

第三，自然资源与环境变化对循环经济复杂系统发展的影响虽然是重要的，但绝不是无法改变的。按照现代非线性动力学的研究，在系统处于分岔点之间的时候，必然性的决定论机制起着主要作用；而在分岔点附近，偶然性的随机论机制起着主要作用，这就是发展循环经济过程中偶然与必然的发展机制之间的辩证关系。我们掌握了这一规律，就可以在促进循环经济发展的过程中，利用各种手段，选择各种政策组合来引导经济发展向着有利于生态可持续的方向发展。

第三章 国际循环经济发展战略比较研究

发达国家如美国、德国、日本等在社会发展的过程中，均遭遇了环境污染、资源衰退等问题，经济增长受到制约。20世纪90年代以来，在可持续发展战略的指导下，循环经济逐渐成为世界各国尤其是发达国家指导经济发展的共识。许多国家已经在节约资源、保护环境、提高效益方面取得了切实的成效。从各国具体情况来看，德国等欧洲发达国家在发展经济的过程中本身一直具有强烈的环保理念；日本则是由于国土面积不广阔，资源有限，发展经济必须提高资源的使用效率；美国是在可持续发展的理念指导下，倡导发展循环经济。背景不同，导致各国在发展循环经济过程中采取的战略不同。德国、日本以建立循环型社会为本国发展循环经济的战略选择，而美国实施的主要是"自治型"循环经济发展战略。本章系统比较了发展循环经济代表性国家的战略背景、战略模式，并对世界典型国家循环经济发展现状及特点进行了国别阐述。

第一节 发达国家发展循环经济的背景

长期以来，全球经济模式以市场需求为导向，以产品工业为主体，忽视基本的生态环境准则，市场信息对经济生活各个层次的错误引导，使得资源、产品与服务的内在价值无法得以完整体现，从而进一步导致扭曲发展的经济系统朝着与生态环境支撑系统背道而驰的方向演化，并逐渐呈现衰落的趋势。

一、发达国家发展循环经济的共同背景

（一）社会发展遭遇环境与资源瓶颈

人类社会经历了工业现代化的高速增长时期，创造了丰富的物质财富，但

与此同时，环境恶化、资源衰竭、生态失衡等问题正在阻止人类社会的前进脚步。

（1）环境污染席卷全球。在世界范围内，飘尘每年以 4% 的速率增长；工业生产的二氧化硫每年约有 1.5 亿吨排入大气，造成酸雨频繁；大气中的二氧化碳每年以 0.4% 的速度增长[①]，"温室效应"日趋明显；臭氧层变薄并出现空洞，从而使其吸收紫外线的作用降低；农药石油和重金属的排放或泄漏使海洋面临严重的威胁；噪声污染已成为除大气污染、水污染外的第三大公害；20世纪后半期，出现了震惊世界的八大污染事件。

（2）生态失衡日趋严重。作为生态系统中的重要组成部分，全世界森林由于滥砍滥伐，每年面积递减 2000 万公顷，全世界森林面积已从 19 世纪的 55亿公顷减少到 20 世纪末的 18 亿公顷。全世界每年有 600 万公顷土地被沙漠所吞噬，有 2100 万公顷的土地逐渐在沙漠化，有 500 万公顷土地每年被工业、交通及其他建设所占用[②]。生态失衡日益严重，致使人类社会赖以生存的许多物种濒临灭绝，珍稀动物日渐稀少，社会发展难以为继。

（3）世界资源逐渐枯竭。目前人类对于各种元素的利用几乎遍布整个元素周期表。尤以矿物能源和非能源矿物开采、利用量最大，且其开采利用的数量仍在快速增长。2000 年世界自然基金和联合国环境计划组织联合发表的《2000 年地球生态报告》指出，各国生产若按照目前的速度继续消耗资源，地球主要自然资源可能在 2075 年全部耗尽。此外，人口膨胀、粮食不足以及城市臃肿等一系列矛盾也日益突出。

在这种情况下，世界各国尤其是发达国家逐渐认识到人类的掠夺型经济增长模式已经对地球造成了巨大的破坏。人类不断地以生态环境资源为代价来满足社会经济发展的要求，从而使经济活动与生态环境之间的矛盾不断激化与尖锐化，生态环境资源由免费物品变成为稀缺的经济资源，且稀缺度随着人类要求的发展愈来愈大。只有转变经济发展模式，寻求与环境友好、和谐共处的经济发展模式，才能维持与促进人类社会的发展和进步。所以，在 20 世纪 90 年代，循环经济发展模式被越来越多的国家所接纳。

（二）经济增长阶段使然

20 世纪 60 年代中期，增长经济学家西蒙·库兹涅茨在统计研究中提出了

---

① 数据引自：冯之浚.循环经济导论［M］.北京：人民出版社，2004：4.
② 数据引自：冯之浚.循环经济导论［M］.北京：人民出版社，2004：4.

一个假设：在经济发展过程中，收入差异一开始随经济增长而加大；随后这种差异开始缩小。若以收入差异为纵坐标，以人均收入为横坐标，这一假设便呈现倒"U"型关系，这一关系被大量现实统计数据所证实，后人将这种反映人均收入与收入分配之间相关关系的曲线称为库兹涅茨曲线①。60年代以后，西方环境经济学家在考察工业化国家环境质量变化过程中，发现环境质量与经济增长之间也存在这种倒U形关系，由此提出了环境库兹涅茨曲线（EKC曲线）假说，认为在一国或地区的发展过程中，特别是工业化过程中，环境质量存在先恶化后改善的情况（如图3-1所示）。

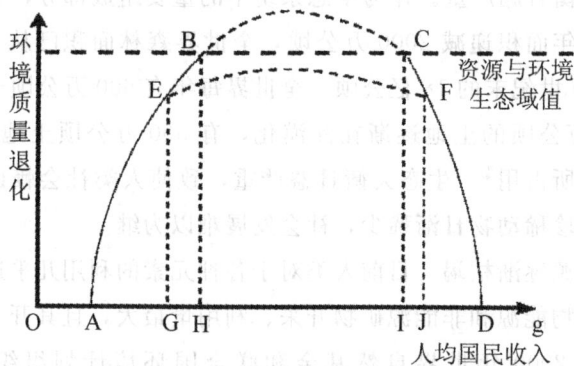

图 3-1　环境库兹涅茨曲线

如图3-1所示，在人均国民收入较低阶段，一般经济增长速度也比较缓慢，对自然资源和环境的损害较轻，经济负效应如污染排放、对资源的耗损都在自然资源及环境的生态阈值以内，这时，自然资源与环境存量依自身的恢复能力可得到较好的维持。但是，随着经济增长加速，人均国民收入提高，资源与环境耗竭速率超过其自身恢复能力，这时，自然资源与环境将出现加速的耗竭。当人均收入达到一定程度，随着人们生活水平提高，对资源与环境保护意识增强，各国开始重视在资源高效利用与环境保护方面的规制与投资，此时自然资源与环境耗竭速度得到遏制。之后，随着科学技术的进步和人们对资源与环境投资的增大，自然资源与环境利用率及其相关的保护技术被开发，自然资源与环境损耗出现降低，呈现出经济增长与自然资源、环境损耗下降并存的局面。经过大量统计数据证明，当人均GDP达到5000～10000美元左右时曲线

---

① Panayouto, Environmemtal Kuznets curves: Empirical tesis and policy implicationsmimeo. , Harvard Institute for International Development, Harvard University, 1993.

出现转折点。美国、德国、日本等发达国家在二十世纪八九十年代正处于这样的历史时期，进入环境质量改善与经济增长协调发展阶段。经济发展阶段促使这些国家注重生态，改善环境，发展循环经济。

（三）末端治理方式亟待升级

发达国家逐渐认识到不能片面强调经济增长，同时必须兼顾生态和谐，所以从 20 世纪 60 年代开始，发达国家普遍采用了末端治理的方法进行污染防治，并投入大量的资金与精力。末端治理主要是指在生产链的终点或者是在废弃物排放到自然界之前，对其进行一系列的物理、化学或生物过程的处理，以最大限度地降低污染物对自然的危害。[①] 但是随着经济与社会的发展，末端治理方式已经难以满足经济增长、人类生存与生态平衡的要求，主要表现在：

第一，末端治理方式不能使能源与资源得到充分利用，本可以回收利用的原材料变成废弃物被处理或排放掉，造成资源的浪费和环境的严重污染。

第二，末端治理需要很大的投资，项目运行费用高，建设周期长，经济效益小，企业缺乏积极性，需要政府加大强制性监管力度，社会交易成本极高。

第三，末端治理方式在废弃物排放标准上只注重浓度控制，忽视了环境容量，没有认识到环境质量是由污染物总量与环境容量共同决定的，致使环境问题难以从根本上解决，而是变得越来越不尽人意。

第四，总体来看，末端治理方法是将污染物从一种形式转化为另一种形式，对环境而言，污染物依旧存在。特别是有毒、有害的废弃物往往转化为新的污染物，对生态环境造成二次污染。

可见，末端治理模式关注环境，但眼光仅局限于生态环境一隅，而且过分地依赖技术，认为技术万能。实际上，技术不能解决生态阈值极限问题，所以末端治理方式不能从根本上有效协同人、自然、经济、社会之间的关系，有时甚至会产生反对经济增长的消极思想。

在可持续发展战略的指导下，发达国家继续寻求经济发展与环境友好的有效模式，循环经济成为继末端治理模式后的高效的经济发展模式。它不单强调技术进步，而且将制度、体制、管理、文化等因素通盘考虑，注重生产、消费方式的变革，转变经济发展理念，做到标本兼治、防微杜渐、从源头上防止破坏环境的因素出现。

---

① 冯之浚等．循环经济是个大战略 [J]．论循环经济 [M]．经济科学出版社，2003.23.

通过以上分析，可以看出，循环经济是世界经济社会发展、人类活动与生态环境之间矛盾发展到今天的必然性选择。所以，在 20 世纪 90 年代，发展循环经济成为世界潮流。

二、发达国家发展循环经济的国别背景

（一）日本发展循环经济的背景

在经历了大量生产、大量消费、大量废弃的经济发展阶段，日本实现了经济的高速增长和物质生活的极大丰富。然而，作为一个主要资源大部分依赖进口的国家，日本面临着持续 10 多年的经济停滞状态，与此同时承受着越来越突出的资源和环境制约。

（1）经济因素。二战后日本实行"追赶型"和"赶超型"经济，但经济的高增长却是以牺牲环境为代价的，同时日本作为岛国，本身存在着资源匮乏问题。日本是资源消费大国，但自然资源并不丰富，经济发展所需资源、能源的绝大部分依靠从国外进口，易受国外能源、原材料价格的冲击，近年来，日本每年需要投入的各种资源总量约 20 亿吨左右。几乎完全依赖进口的资源约占 30%，其中石油 2.2 亿吨，煤炭 1.5 亿吨、铁矿石 1.3 亿吨、其他矿产资源 1.5 亿吨；而由日本国内供应的主要是岩石、沙砾、石灰石等土木建材和粮食等资源，约占总量的 55% 左右。这 20 亿吨资源中还不包括在国内外资源采集过程中产生的以采集、挖掘废弃物等形式排放的所谓"隐性物质"。特别是 1990 年泡沫经济崩溃之后，日本经济产业结构转换迟缓、过分依赖国外原料和市场的矛盾日益突出。为了谋求环境和资源问题的有效解决，日本政府认为，应该抛弃传统的经济运行方式，代之以抑制废物产生、废物处理与资源再利用一体化的物质循环链条，并构筑起减少自然资源消耗、减轻环境负荷的循环型社会。

（2）社会因素。日本大量生产、大量废弃、大量消费的社会经济模式带来了诸多的环境问题。主要表现为：一是废弃物处理压力日益增大。一般废弃物（生活废弃物）排放量从 1985 年的 4300 万吨上升到 1996 年的 5100 万吨；产业废弃物（工业生产及建筑废弃物）则从 31 亿吨上升到 41 亿吨。大量废弃物的产生使社会处理成本不断加大。近十年来，日本一般废弃物（家庭生活排放的垃圾）大约增加了 20%，产业废弃物（产业活动发生的废弃物）大约增加了 30%，因此降低环境负荷成为日本经济社会迫在眉睫的问题。尽管采取了

大量减排处置方面的措施，但日本每年废弃物最终填埋量仍有 6000 万吨左右，导致废弃物填埋处置场所越来越紧张的局面，尤其在东京这一问题更为突出。同时，废弃物中不易自然分解、加工处置过程中容易产生有害物质的成分越来越多，对环境构成的危害越来越大。此外，日本在《京都议定书》中承诺削减6％的二氧化碳，也日益成为影响日本经济社会发展的一个重要制约因素。

（3）国际因素。在全球推行可持续发展战略的形势下，日本提出了发展循环经济、建设循环型社会战略。资源与环境保护与有效利用不再仅仅是一国自身的问题，世界各国都有义务维护环境和保护资源。尤其是日本作为二氧化碳国际排放大国，面对较大的舆论压力，如何解决承担国际义务与促进国内经济发展的矛盾，从根本上改善经济结构成为日本必须面对的发展难题。"环发大会"以后日本积极参与了可以说是所有环境领域的国际的协调工作，如地球温暖化问题，海洋污染问题，臭氧层破坏问题，有害废弃物越境问题，沙漠化问题，酸雨问题等。在这种情况下，构建循环经济社会成为日本建设经济强国的必然选择。

基于国内和国际各种因素，日本政府于 20 世纪末提出了"要创造出经济与环境的新关系——通过大量消耗资源来支撑的经济增长已经结束，今后的增长要靠资源循环利用来支持"。日本社会各界日益认识到应改变大量生产、大量消费、大量废弃型的经济社会发展模式，将其转变为可持续的生产、消费形态，在有效利用资源的同时，应努力解决废弃物排放问题。日本全社会达成了一个普遍的共识：建立一个控制天然资源消耗、降低环境负荷的"循环型社会"对日本的经济增长和社会发展是十分紧迫的。

（二）德国发展循环经济的背景

（1）良好的环保传统为德国发展循环经济提供了基础。德国作为欧洲代表性国家，具有优良的环保传统。二十世纪三四十年代，此时德国的自然保护是与保卫祖国密切联系在一起的，自然保护运动是作为保卫祖国运动的一部分出现的。自 20 世纪 50 年代以来，自然保护的"生态化"越来越受到人们重视。联邦政府一直把环境保护作为头等大事，而平民百姓则更是以维护生态平衡为己任，可以说德国人是世界上环保意识最强的民族之一。二十世纪七八十年代，德国意识到自然保护不能完全依赖生态学，环保理念逐渐与文化保护相结合，德国官员提出："自然保护就是文化保护。"德国环保理念由单纯地保护环境，逐渐发展为注重经济社会、生态环境的和谐发展。在超前的环保理念的指导下，德国出台了一系列的措施，1972 年德国政府制定了《废弃物处理法》，1977 年德国提出著名的"蓝天使"计划，1996 年，实施了在世界上具有广泛影响的《循环经济与废弃物管理法》。发展循环经济成为德国保护环境、促进社会发展的最重要手段。

（2）环境的恶化要求德国发展循环经济。尽管德国具有良好的环保传统，但是由于典型工业化国家的"大量生产—大量消费—大量废弃"的传统发展模式，使德国同其他工业发达国家一样，也出现了严重的环境问题。二战后，德国经济发展很快，创造了大量的物质财富，被世界誉为经济奇迹。但是在 20 世纪 60 年代末，工业的发展对德国土壤、空气、水造成的污染日益严重。70 年代初环境问题最为突出，主要表现在三个方面，一是德国二氧化碳的排放量达到每年 770 万吨；二是河流、湖海等水域中的生物多样性急剧减少，以莱茵河为例，原来水中有 200 多种鱼类，可是到了 70 年代初只剩下 80 多种；三是工业生产带来的有毒废弃物逐渐增多，严重危害了德国公民身体健康与生存环境。于是人们开始对经济发展的后果产生了疑问，原先盛行的消费主义也开始受到批判，德国不再过多地关注生活水平，而是更多地谈论生活质量，意识到环境已经成了最紧迫的问题。

（3）德国的自然地理国情决定选择循环经济发展模式。德国在大约 35.7 万平方千米的土地上（相当于我国一个福建省面积）拥有 9000 万左右人口，是欧洲人口最稠密的国家之一，人口总量增长的趋势要到 2020 年以后才有明显下降。德国高度发展的经济和较高标准的生活使得德国人耗费了大量能源和原材料，由于国土面积的限制，德国发展经济面临资源、能源短缺的问题日益突出。德国的经济发展高度地依赖能源、原材料和消费物品的进口，1993 年的统计表明，德国的一次能源输入依存率达 56.9%，为了摆脱对进口和传统能源的长期依赖，德国必须转变资源、能源利用方式，采取循环经济发展模式。德国近年的能源政策把重点放在了节约传统能源和发展新型能源两个方面，在如何提高能源利用率和大力开展节能方面做了大量的工作，采取了强化家庭节能、发展可再生能源发电、促进热电联产和提高发电厂热效率等措施。

（4）垃圾问题成为德国发展循环经济直接诱导原因。伴随德国工业飞速发展的是大量废弃物的产生。德国每年所产生的垃圾数量达一千多万吨，平均每个德国人每年要产生三百多公斤的生活垃圾，位于世界各国垃圾产生量的前十位。过去，在德国对垃圾的处理主要采用填埋式和焚烧式的处理方法。随着垃圾的数量逐年增长，这种处理方法已无法满足对大量垃圾的处理需要，使得垃圾问题越来越突出。同时，这些处理方法一方面给环境造成污染，占用大量的土地；另一方面其处理和管理垃圾的费用较高，能源消耗较大。早在20世纪80年代，德国在有关垃圾管理的法规中就明确提出：避免垃圾的产生，并将其定为垃圾环境管理的最高目标。经过十几年的发展，对垃圾的环境管理得以进一步完善和提高，从而形成现在的管理理念，即"避免—再利用—处理"。这种管理理念将垃圾的避免放在首位，即尽可能避免垃圾的产生。在无法避免的情况下尽可能对垃圾实施再利用，即循环使用。而只有以上两方面都无法起作用时，才对垃圾进行处理。德国的循环经济是从垃圾处理入手的，所以也有人将德国的循环经济称为垃圾经济。

（三）美国发展循环经济的背景

在美国，并没有明确地提出发展循环经济的战略，全国范围内目前也没有循环经济的法律。但是，美国作为世界第一经济大国，它的经济发展对全球具有重要的影响，而且它在环保、生态方面采取的政策措施非常具有代表性，很大程度上体现了循环经济理念的精髓，此外，在循环经济的理论研究方面，美国始终走在世界前列。所以本章将美国作为重点研究国家之一。

（1）美国一直注重环保理论研究。美国一直重视环境保护工作，当前环境保护几个观念的转变大都是美国首先提出来的。例如，从末端控制到源头控制；从局部管理到全过程控制；环境保护管理工作要用行政手段，但是也要用市场经济手段；环境保护涉及国家主权，美国首先提出环境安全的概念，并把环境问题作为美国外交工作的重要内容之一。而且循环经济的思想萌芽也在美国产生，这为全世界发展循环经济奠定了良好的理论基础。

（2）全球环境问题已威胁到美国的环境安全。美国经济强大最重要的一点是因为拥有丰富自然资源的支撑。由于美国地大物博，加之有良好的环保概念，虽然经济发展过程中也遇到了环境与资源问题，但是不像日本和德国那样迫在眉睫。这也是美国为什么没有在全国范围内明确提出循环经济战略的原因之一。但全球性环境问题并不能因美国有强大的经济、政治和军事实力而免疫于这些威胁。由于温室效应，美国在未来50年里可能逐渐丧失3.6万平方千米的土地，包括濒临大西洋和密西西比河、墨西哥湾沿岸的各州都将被吞没，而曼哈顿的低洼地区和华盛顿特区的国会山也难于幸免。[①] 如果潜在的威胁变

---

① 《解放日报》2001年11月20日，第4版。

成现实，美国维护经济繁荣的安全目标不仅受到威胁，而且会因此失去部分国土。

（3）维持大国的国际地位。众所周知，美国的发展的确对全球影响很大，它的未来、安全、繁荣、环境对人类的可持续发展起着不可估量的作用。这也是美国发展循环经济的因素之一，现在大多数美国人都认为，人类生存在同一个地球，美国有责任有义务关心和支持全球的可持续发展。因此，美国政府准备继续加大实施循环经济、可持续发展战略的力度。然而由于美国是崇尚自由竞争市场经济的国家，所以美国循环经济的发展更呈现一种"自治型"的特点，即充分发挥市场的作用。而且由于美国实行的是三权分立的政治模式，美国每个州均有立法权，致使美国虽然没有在全国范围内颁布有关循环经济的法规，但很多州均制定了本州的循环经济法。

第二节　发达国家发展循环经济的战略比较

通过对发达国家发展循环经济背景的研究，可以认为德国、日本等国家发展循环经济、建设循环型社会是在可持续发展理论指导下的后工业化社会发展战略的自然转型。"德国和日本等发达国家提出发展循环经济、建设循环型社会的战略背景实际上体现了其处理经济发展与环境保护关系的演变和重新定位"。从最初的以经济发展为绝对中心的战略，逐步向经济发展与环境保护并重的战略过渡。

一、日本循环经济战略

（一）日本发展循环经济的战略动机

（1）通过循环经济促进经济模式转型。日本在二战后，经济高速发展，创造了日本奇迹，并成为东亚经济增长"雁型模式"的领头雁。日本的经济发展模式与西方发达国家相同，都是以市场需求为导向，以工业经济为主体，忽视资源与环境对经济增长的限制作用，不遵循基本生态环境准则，单纯以市场需求为航标灯，使得资源、产品与服务的内在价值无法得以完整体现，经济不仅难以持续发展，并逐渐呈现衰落的趋势。日本逐渐意识到这种经济模式的弊端，在 20 世纪 80 年代末 90 年代初开始探讨经济模式向生态型循环经济的转型，从而提出了"环境立国"以及"循环经济"和"循环型社会"的发展战略。为了促进其战略的实施，日本政府提出了建立"环之国""ECO－TOWN"等工程，其宗旨是从源头控制废弃物产生，推进废物利用，靠环境产业振兴区域经济发展，创造资源循环型社会。

（2）以循环型产品赢得市场。日本在"建设循环型社会"战略的指导下，通过改变产业结构、技术创新、转变消费理念等办法大力发展循环型产品，减少资源等要素的投入量，降低生产、消费活动对环境的破坏。目前，环保及循环经济相关产业已经成为日本新的经济增长点。日本在 20 世纪 70 年代颁布了严格的汽车尾气排放标准，推动了日本汽车产业的转型。日本主要汽车公司在严格的环境标准限制下，均加大了研发力度，在提高燃油效率、降低尾气超标排放方面取得了突破性的进展，使日本汽车在 80 年代以环保型、经济型优势，率先抢占了欧美汽车市场。在全世界倡导可持续发展的背景下，产品供求市场重点发生转变，日本目前在战略上重视循环型产品的技术开发、市场培育，对产品的质量、使用寿命、易于分解及能源的回收利用方面提出更严格的要求，为赢得世界市场份额打下了坚实的基础。

（3）保持一定的国际竞争力。从目前国际形势来看，资源之争成为下一步国际竞争的焦点。科索沃战争、海湾战争的背后无不涉及世界各国对资源的争夺，体现了国际资源利益关系。发达国家早已经认识到资源、能源对一国发展的重要性。发展循环经济目的之一就是取得优质资源。所谓优质资源，一是资源的质量好，二是资源的可使用性好。日本发展循环经济，一方面是要进一步提高资源能源利用效率，努力保持和增加自己的优质资源总量、优质生态和环境总量；另一方面是降低单位产品资源能源消耗量以及生产成本，保障经济活动所需的优质生态和环境总量。只有保持与提高本国的资源、能源优势，才能在国际竞争中站稳脚跟。

（4）改善由经济增长带来的环境污染局面。日本在实现工业化过程中，同其他发达国家一样选择了一条以"大量生产、大量消费、大量废弃"为特征的线性经济模式，即"资源—产品—废弃物"单向流动的线性经济。这导致日本在实现经济高速增长的同时，也成为世界公害大国，这不仅给日本带来了难以处理的社会问题，造成日本经济可持续发展的瓶颈，而且日本的环境问题也给世界带来了危害。20 世纪发生的世界八大污染事件，日本水俣病事件、痛痛病事件、四日市废气事件、米糠油事件便被列入其中，占据八大污染事件中的四件。为了保证环境状况有所改善、经济健康良性运转，日本必须走以"最优生产、最优消费、最少废弃"为特征的循环经济发展之路。日本提出"环之国"的基本动机就是要彻底抛弃20世纪的"大量生产、大量消费、大量废弃的社会模式"，谋求建立"以可持续发展为基本理念的简洁、高质量的循环型社会"。

（二）日本循环经济战略目标

（1）促进经济发展模式转变。日本发展循环经济的战略目标之一就是彻底转变经济发展模式，从原来的"末端治理"模式转向以在生产和消费的源头控制废物产生的"管端预防"为主，配合废物回收再利用和减量化的方法，建立废弃物回收处理体系，形成一整套系统的避免废物产生的机制。以3R原则（减量化原则、再回收利用原则、资源化原则）为经济活动准则，在控制有害物质产生和减少废弃物的基础上，加强产品的多次使用和反复使用，提高资源利用效率，从而实现以物质闭环流动为特征的经济模式转变。

（2）改变原有生产模式和消费模式。日本依照循环经济的理念，在生产和消费领域中的不同维度设计三种循环模式：①通过实施清洁生产，实现企业内部的循环，促进原料和能源的循环利用；②通过企业间循环，延伸生态工业链条，把不同的经济组织联结起来，形成资源共享和副产品互换的产业共生网络，使一个经济单位的废弃物成为另一个经济单位的原料或能源；③通过建立循环型社会，大力发展绿色消费市场和资源回收产业，在整个社会范围内，完成物质的闭合回路。

（3）发展一种新兴产业模式。产业发展的集群化、融合化和生态化是21世纪国际产业发展的新趋势。其中，生态化是人类构筑经济社会与自然界和谐发展、实现良性循环的新型产业模式，是产业发展的高级形态。日本提出发展循环经济战略的目标之一，就是要建立这样一种新的产业模式，即使其产业依据自然生态的有机循环原理建立发展模式，在不同的工业和企业、不同类别的产业之间形成类似于自然生态链的关系，从而达到充分利用资源、减少废物产生、物质循环利用、消除环境污染、提高经济效益的目的。

（4）建立一种新的工业生产模式。由于传统的工业体系中各企业的生产过程相互独立，造成了环境污染严重和资源消耗过多的局面。日本发展循环经济的又一战略目标就是要改变传统工业生产模式，实现工业体系中物质的闭环循环，建立工业体系中不同工业流程和不同行业之间的横向与纵向共生。通过不同企业或工艺流程间的横向耦合及资源共享，为废弃物找到下游的使用者与消费者，建立工业生态系统的"循环链"和循环共生网络，达到变污染负效益为资源正效益的目的。

日本循环经济的具体战略目标主要体现在《第三次环境基本规划》和《循环经济计划》之中。可归纳为六方面的内容：

① 全面、协调、可持续发展。鼓励环境与经济、社会的协调发展，提倡企业开发环境友好产品。

② 从环保的观点出发，形成可持续的国土环境，尤其加强对农业、林业的环境保护力度。

③ 以技术开发为基础，以行政手段为保证，尽量降低环境的不确定性。对于环境问题，在没有明确科学依据的情况下，行政方面要采取措施，减少环境不确定性。

④ 国家、地方、公民都是环境保护、建设循环型社会的主体，大家应共同参与推动环保。

⑤ 加强国际合作，创造国际环境保护合作规则。

⑥ 着眼长远制定循环型社会政策。（具体内容见第五章）

二、德国循环经济战略

德国发展循环经济的总体战略是：以社会生态市场经济（Sicio-ecologi-calmarket economy）为框架，据此决定与循环经济、可持续发展相协调的生产和消费模式，同时促进工业及社会创新。战略的关键是要切断传统的经济增长和资源消耗之间的联系，因为这种联系越来越威胁到生命所依赖的自然基础。

（一）德国跨世纪经济发展战略构想中明确提出循环经济战略

德国跨世纪经济发展战略构想中，在发展循环经济方面明确提出两点：

（1）从原料消耗型增长转向效益型增长。德国国土面积不广，经济发展受到资源贫乏、人口稠密的限制，从生态保护目的出发，德国政府认为，德国更需要从大量消耗原料的"量"增长转向注重效益的"质"增长。其中最关键的是在保持高就业的同时，达到更新产品、提高生产率和改变生产方式。为此德国政府决定从资本投资、消费倾向、成本、利润、购买力的需求、货币量和国民收入等方面着手。同时，政府决定对国家的教育水平和教育体系进行相应改革，以适应这一发展进程。未来德国将走一条靠科学技术和效益，而不是靠追加原料投入促进增长的道路。

（2）从环境污染型增长转向生态保护型增长。德国环保部长莫科尔提出对德国经济制度——社会市场经济做重要改革，即实行新的"生态社会市场经济"，即在未来的经济发展和机构转换进程中以生态平衡为导向，把生态现代化作为德国新工业政策和科技政策的重点，使环境保护和经济增长协调一致。莫科尔强调，在制定环境保护的制度框架时，主要将采取市场导向的经济刺激措施，如税收和价格政策手段。环保市场现已经成为世界上最活跃的市场之一，每年以约 7.5％ 的速度增长。而德国的环保技术工业在国际上已居领先地位，大约占世界环保技术设备市场的 21％，高于美国（16％）和日本（13％）。在德国看来，确立"生态社会市场经济"是对未来经济政策决定性的挑战。德国民盟经济政策发言人魏斯曼说："在这方面德国必须领先，如果成功，东西方市场经济将共同发展成为整个欧洲的市场经济制度，为德国竞争地位开辟前景。"[1]

（二）德国循环经济具体战略目标

从具体的循环经济战略目标来看，主要包括：

（1）在自然环境保护方面，对于大气保护，以 1990 年参照值为基准，至 2005 年二氧化碳（CO_2）的排放量减少 25％；至 2005 年公路交通二氧化碳排放量降低 5％。以 1990 年为基准，至 2010 年减少过量施肥和酸性腐蚀排放，减少地下水和河流的污染。这方面涉及的指标有：二氧化硫降低 92％，氢氧（OH^-）化合物降低 59％，氨气降低 58％。降低施肥、农药和杀虫剂使用对环境的污染。

（2）在资源、能源利用方面，以再生资源替代不可再生资源，至 2010 年再生能源消耗由现在的水平提高一倍，尽量使不可再生资源、能源（如煤、天然气和石油）的消耗比例下降。至 2030 年，再生能源占自然能源消耗量的比例上升至 25％；至 2050 年上升至 50％。为达到这一目标，德国将重点置于改进建筑物隔热、利用热点合发述有效地支持可再生能源的利用。为促进可再生能源的开发和利用，德国决定逐步放弃已初具规模的核电，并以此为契机，调整能源结构，大力开发太阳能、风能、生物能等可再生能源。

（3）在物质闭合循环方面，以现代微系统及控制技术带动环境生产工艺的

---

① 孙晓青. 德国跨世纪经济发展战略构想 [J]. 现代国际关系，1996，(4).

提高。充分利用一体化环境技术提高空气和水的质量，优化材料和能源的利用。实施"物质闭合循环和废物管理方法"，通过"生态审计""环境统计"等手段确定环境保护投资所带来的节约潜力，促进循环经济技术与产品的开发。尤其在废弃物管理上，避免废弃物产生，在产品生产、使用和消耗三个环节，建立重点性垃圾避免政策；对于不可避免的废弃物，保证在产品生产过程中尽可能从这类垃圾中进行再次使用或从垃圾中提取原料；提高能源价格，迫使消费者使用循环产品，以税收作为经济杠杆迫使人们将更多循环原料变成产品；将不能被再利用的垃圾的回收与处理纳入商业运作模式，地方政府承担相应义务。

（4）在与环境协调的交通建设方面，加大铁路和水路的投资，制定包括公路、航空、铁路和水路全方位交通发展总体方案，改善动力燃料质量，降低动力燃料使用量和二氧化碳的排放量，对之规定相应的极限值，特别是载重车废气排放量的极限值。推出 100 千米/3 公升燃油轿车，颁布法律，限制车辆时速。另外，减少公路交通流量和废气排放对环境的污染，提高燃油质量，降低燃料消耗，按不同的发动机排放量课征不同的税费。

（5）在区域规划方面，以 1998 年为基准，至 2020 年无居住土地面积达到 10％至 15％，建立动植物区和群落生态环境混合体系；至 2020 年将居住、交通土地使用面积由目前每天 100 公顷的递增量降至每天 30 公顷。城镇布局在战略上避免大城市过度集中，要求大、中、小城镇协调发展，形成一个比较均衡的城镇网络，把城市基础设施作为提高人们生活水平和工作质量必不可少的条件。此外，高度重视地区规划和人口居住环境的发展，区域规划的目标是要在重视自然条件的现状及区域间相互联系的前提下，改善经济、社会、文化条件，为个人在社会中自由发展提供良好的空间结构并逐步缩小和克服地区间的不平衡，为大多数城镇居民提供健康的环境。

（6）在生态学标准方面，优化自然、社会和经济之间相互作用的衡量指标。认识生态、经济和社会诸因素的相互关系及相互作用，并且在寻求解决战略时充分考虑这些因素。在制定和评价环境政策时，制定更明确的标准。将指标模型作为评价和监测循环经济发展成功与否的手段。

三、美国循环经济战略

美国没有提出明确的循环经济战略，他的循环经济战略主要体现在可持续发展与环境保护战略方面，具体内容为：

（一）战略原则

（1）保护原则。通过采用"地点驱动"来提高其保护、保持和恢复国家土地和水域（包括人类健康、城市地区和动植物物种）生态完整性的能力。确定出重点的或受到威胁的生态系统；确定环境目标和指标；在相应科学基础上制定并实施联合行动计划；确定国家相关政策和支持系统。

（2）预防原则。实施"源头控制"政策，对工艺过程实施全过程控制，从根本上解决污染问题。这是解决环境污染问题、实现可持续发展的重点战略的转变。把多方式的预防原则贯穿到政府主要的环境计划中；加强与州、部落和当地政府的合作；与私人部门展开合作；与其他联邦机构一起共同促进污染预防；向公众提供信息；鼓励技术革新和推广；对现存的环境法不合理之处加以改变。

（3）公平原则。制订的政策和计划以及采取的行动，使美国全体公民，不论种族、肤色、原国籍及收入状况如何，都不会再忍受对人类健康造成严重危害的生态问题，所有人都应当生活在洁净的、可持续的生活环境中。确保环境公平成为美国国家环保局所有计划、政策和活动的一部分；确定所需要的研究方法和数据以对处在极度污染环境和人类健康风险中的人口加以确定和评估；与任务分管者合作，确定一致的监测、检查及执行方法。

（4）依靠科技原则。确保国家的环境政策建立在最有效的科学和信息的基础上。改进环境信息基础设施以确保人们能够获悉及时的、有意义的信息。在环境技术、方法的开发和政策手段上进行创新。实施科技创新（包括自然科学和社会科学等方面），以确保决策的有效性；研究衡量环境技术进步的指标并以此来促进环境保护的发展；以先进技术为相关政策制定提供有力支持，为污染治理技术提供有用的信息和技术依托；着重研究减少风险评价方面的不确定性，改进管理环境问题的手段；扩大与科学团体、其他机构和公众的合作；为各研究团体取得科学和技术成就创造机会。

（5）改进管理原则。在管理实践中转变思想观念，探索最佳管理方式（如环境标志、环境税、ISO 14000 的实施），改进管理文化，确保在实现国家环境目标过程中，对人员、项目和资源的最有效利用。更好地服务于美国人民，从而保持公众对政府生态管理责任的信任。实施"国家工作报告"；充分利用先进的技术以削减费用、提高生产力、增强交流合作和加速信息传递；促进计划、预算、财务管理、管理控制和计划评估过程一体化进程；履行"政府工作和效果法"及"主要财务官员法";确定国家环保局的重要服务对象及其需要，确定服务标准及提高公众满意度。

（6）合作原则。确保国家、政府、地方、企业团体中不同成员的目标和努力和谐统一，使他们能更好地确定和实现其环境目标。贯彻国家环保局的"国家工作展望"，介绍进行各方合作关系的方法；促进以风险为基础的优先项目的确定、开发可供选择的管理方法、确立新的合作精神、简化环境法规和条例以及建立良好的基础设施；促进其他实体间的独立合作；减少合作伙伴间的交易费用；提高所有合作者间的信息交流能力和数据分享。

（7）责任原则。通过为各部门、各州、各企业及广大公众等提供必要的信息、教育和环境数据使他们清楚自己的环境责任，从而提高每一个人的环境保护意识，实现环境的改善。增强各方对相关法律、政策、制度的服从性；确保法律和制度有效的强制执行；加速环境恢复。

（二）战略目标

（1）对大气进行保护。保护人民特别是儿童免受空气污染对健康的影响；减轻气候变化带来的影响；减少温室气体排放。

（2）保持水体的清洁和提供安全的饮用水。保证人民有洁净和安全的饮用水；有效保护美国的水体如河流、湖泊、湿地、地下水、海岸和海洋，维护鱼类、植物、野生动物的栖息活动和人们的娱乐、生计及经济活动。

（3）提供安全的食品。食品安全已经成为国际上仅次于国家安全的第二大安全问题。保障食品安全就是要保护人民特别是儿童免受不安全的食品及农药残留物带来的对健康的危害。

（4）预防污染和减少风险。对环境污染以及由其带来的风险给予足够的重视，以有限的费用最大限度地消除、减少或最小化废物排放和污染。

（5）加强废弃物管理、污染场地恢复和建立应急反应系统。以预防对人体和自然环境产生危害的方式进行贮存、处理和处置废弃物；清除和恢复已遭污染的场地；建立应急反应系统，对工业污染事故进行预防和应急处理。

（6）提高美国公民了解环境状况信息的能力。建立信息交流平台和网络，增加科学、公共卫生部门、商业界、公民和各级政府间的信息交流，使环保信息与知识得以广泛传播。

（7）实施科技创新，增强科技对资源与环境问题的解决能力，展开科学研究，改进人民资源与环境固有理念，用政策创新解决资源与环境问题。

（8）减少全球以及跨边界的环境风险。美国应率领其他国家致力于不懈的多边努力，减少气候变化、臭氧层耗竭等对人类健康和生态系统造成的破坏。

（9）进行有效的内部管理。提高经费使用效率，加强政府内部机构管理，建立高标准的管理系统，把环境外交放在美国对外政策的重要位置。

（10）确保国家法律的执行以保护环境、遏制污染。

（三）战略措施

1. 生产战略措施

（1）扩大产品责任链。政府在产品的生产和消费环节中明确环境保护的责任，其中包括在产品的设计、生产、使用和处理过程中，每个环节中都落实生产、消费责任制。在明确责任之后，制造商、供应商、消费者都必须肩负起产品和废物的环境责任。

（2）实施生态有效企业策略。联邦政府鼓励美国企业回收、利用和处理包装物，并要求制造商、零售商、分销商和消费者团结协作，把包装物返还给企业。并且对再生的物质打上生态标签，控制其价格以倡导生态消费。

2. 消费战略措施

（1）调整财税政策，把税赋从劳动和投资中转移到消耗上来。对自然资源、原材料和产品消耗收取资源消耗税。政府在经济活动的导向上，通过大幅度提高物质消耗的税收比例，减少物质消耗，节约资源。

（2）改革津贴政策。通过建立国家监测委员会，对所有联邦政府的津贴项目重新进行审查和评估。大幅度减少与经济、环境和社会可持续发展目标不一致的政府津贴项目。

3. 人口发展战略措施

（1）阻止非计划怀孕。国家设立专门机构和资金实施计划生育政策，严格控制非计划怀孕。对实行计划生育的家庭给予5年内的医疗照顾；通过减免税收，增加福利来推行计划生育政策；对低收入家庭的妇女给予充分就业的机会，以减少非计划的人口数量；立法解决青少年怀孕问题。

（2）严格控制移民。制定新的移民政策；同时通过援助周边国家的经济发展来减少非法移民的数量。

4. 自然资源保护战略措施

（1）对自然资源进行协作管理。通过各种协作的方法保护、恢复和监测自然资源系统，解决自然资源开发和保护的矛盾。联邦各部门切实按照可持续发展原则，加强自然资源的有效管理和恢复工作。州政府相关的办事处在协调自然资源各种矛盾方面要充分发挥作用。所有地方政府、社区、企业、非政府组织和公民都应以积极的态度、有效的措施参与自然资源的保护活动。

（2）采用激励机制保护自然资源。逐步取消影响可持续利用自然资源的津贴项目，对采矿、饲料、建材项目已分别停止了补贴。同时政府支持和鼓励财产所有者、资源拥有者进行有效的合作。对于保护环境和自然资源、恢复濒危物种做出贡献的公民和家庭给予减少财产税以资奖励。商业用途使用公共资源的行为必须按规定承担经济和生态双重成本。

5. 环境管理战略措施

（1）改进现行的环境管理制度。美国环保署和其他相关机构按照可持续发展战略，经反复听证、修改，制定有关的环境质量标准，提供大量操作性强的、灵活的模式（例如允许买卖放射污染物的处理权就是一个管理上的突破）。

（2）强化公众参与意识。

（3）实施示范项目。所有示范项目的要求均按零浪费的环保新目标实施。

（4）加强政府内部合作。建立联邦—州合作制和政府—社会合作制。

6. 能源与交通发展战略措施

（1）刺激新能源技术的利用。大力实施电、汽能源有效利用项目，同时采取经济刺激、政府补贴的措施来鼓励企业替换低效率的电厂和设备，生产出清洁、高效、成本低的能源。

（2）鼓励发展再生能源。通过各种税收和津贴政策促进再生能源项目的发展，到 2010 年、2025 年达到再生能源使用分别要占美国总能源的 12%、25%这一目标。

（3）生产低耗汽车和控制汽车里程以实现交通持续发展。美国的交通体系要消耗美国油量的 64%，这主要是因为汽车多且使用频率高的缘故。汽车数量多且耗油量大势必会造成交通拥挤，空气质量下降。因此，美国准备通过生产低耗汽车、控制汽车里程、提高乘坐率和装载量等措施来减少能源消耗，以达到控制大气污染，保护交通可持续性发展的目的。

7. 社区发展战略措施

（1）鼓励社区的发展，为社区的发展项目如改善社区的空气质量、加强交通和基础设施、保护农业用地和自然区域提供资金支持。此外对泛洪区和新开发地区进行补贴；对因国际贸易协定、军队裁军等原因受到冲击的社区提供一定的津贴。

（2）政府同社区、企业、非政府组织共同合作商讨社区规划、发展计划与实施方案。

（3）实行终身教育。建立社区大学，为继续深造的公民减免税收、资助学费以鼓励公民接受再教育。

8. 国家国际地位战略措施

支助世界合作项目，如野生动物的保护，全球环境研究、温室效应的控制等；提供大量的援助，以支持世界上其他相关国家和地区战胜疾病、建立民主、减少环境污染，促使其达到可持续发展的目的。

四、日、德、美循环经济战略异同比较

通过对日、德、美三国发展循环经济背景与战略的论述可以总结出各国循环经济发展战略的主要相似之处：

第一，经济发展阶段相似。三国均是在人均 GDP 达到或超过 3000 美元，基本进入后工业时代时，才着手发展循环经济的。

第二，三国均从本国的具体国情出发，选择战略切入点。发展循环经济，各国的切入点不同，如德国主要从垃圾处理入手，日本主要从资源减量化入手，美国主要从环境保护入手。但这些国家都是在面临资源和环境的巨大压力情况下，逐步推行循环经济建设和发展的，都是根据本国当时的经济发展情况和环境资源特点，制定相应战略。

第三，发挥技术进步的优势。日、德、美三国经济的增长与繁荣带动了技术进步，这为发展循环经济的关键技术提供了基础，国家对循环经济关键技术的研发、推广、应用、改进加大投入与政策支持力度，为循环经济的快速发展提供了保障。

但是三国在发展循环经济的战略方面又存在很大的差异。

（一）日本战略特点

由于日本在二战之后一直实行的是"追赶型"的经济增长策略，以重化工业为主，环境与资源对经济发展存在严重约束，又由于日本在经济发展过程中一直走"强势政府"路线，所以日本的循环经济战略采取的是建立"循环型社会"的模式，即对于循环经济的发展加强政府的指导与干预，在国家层面上颁布《促进建立循环型社会基本法》以及两部综合法和若干部相应配套法律，以法治形式贯彻循环型社会战略，同时通过政府相关部门对企业决策进行强有力

的干预与诱导，依靠财政等杠杆对循环经济进行宏观间接有效调控与管理，并对微观经济主体进行相应管理，引进先进循环经济技术，尤其在产业政策上扶植循环产业，建设工业园区，在整个社会层面上大力发展循环经济。所以，可见日本的循环经济是通过政府的强势推动，以循环型社会的建立为战略重点。

（二）德国战略特点

德国是所有发达国家中公开宣称实行"社会市场经济"模式的国家。它发展循环经济也是以建设循环型社会为战略，但与日本又有所不同。德国发展循环经济的直接诱因是由于其工业的迅速发展在生产和消费环节产生了大量的废弃物，这直接诱导德国走上循环经济的发展道路，德国的循环型社会战略是在"垃圾经济"的基础上逐渐形成的，这使德国 DSD 双元系统模式极具特点。德国的循环经济是在国家调节的市场经济条件下运行的，政府采取直接干预（对资源、能源价格进行控制，制定相关政策，参与企业投资等）和间接干预两种手段调节市场运行中的偏差。但是，相对于日本而言，德国政府在循环经济相关领域的介入和指导没有那么广泛，又由于德国从政府到民众的环保理念都很强，所以德国循环经济战略的贯彻还是以市场为主，发动整个社会的力量推动循环型社会的建立。

（三）美国战略特点

美国发展循环经济是在自由竞争的市场条件下进行的，美国作为高度发达的市场经济国家，"积累的决策权主要在私人公司，它们可以自由地最大限度地追求短期利润目标，通过金融市场获得资本；劳动者只能享有有限的和法律明文规定的劳动所得和社会权利；人们对社会政治和道德的总体认识是个人主义和自由主义"。① 所以美国的循环经济战略模式呈现出"自治型"的特点。即美国联邦政府在发展循环经济、制定循环经济战略、计划方面，不过多干预，而是尽量采用经济手段进行间接调控。政府的作用是通过宏观管理，制定有利于循环经济发展的财政政策、产业政策、金融政策等，防止要素市场、产品市场价格扭曲，维护自由开放的贸易，保证和便于市场充分发挥其功能。此外，政府的行为还包括提供发展循环经济的公共产品（比如基础设施等），为各企业、组织、团体、居民提供良好的市场环境，等等。总之，美国发展循环经济

---

① ［英］戴维·柯茨．资本主义的模式［M］．南京：江苏人民出版社，2001：165．

的战略模式是尽量以经济政策引导为主，遵从市场规律，充分发挥市场对资源调节与分配的作用，促进循环经济发展。

第三节　发达国家发展循环经济的现状与特点

1992 年里约热内卢大会之后，如何缓解和解决生产生活与环境资源的矛盾成为国际社会关注的焦点。在寻求社会可持续发展，资源能源可持续利用方面，世界各国都在努力探索具体的实施办法。虽然这些实施方法表现各异，没有完全冠以循环经济的名称，但实质上都属于循环经济范畴，而且各国在发展循环经济的过程中，在不同的发展战略的指导下，都呈现出不同的特点，并在一些领域形成了自身的优势。

一、日本发展循环经济的现状及特点

（一）日本循环经济的发展历程

20 世纪以来，日本由于工业的高速发展，形成大量生产和生活废弃物，其排放造成的环境污染问题日益严重，而且废弃物处置场地不足，引起了日本社会各界的普遍不安。进入 20 世纪 90 年代以后，日本提出了循环经济理念，并于 1993 年颁布了《环境基本法》，1994 年相继颁布了《环境基本计划》和《日本21世纪议程行动计划》，提出了日本未来发展的长期目标，即"实现以循环为基调的经济社会体制"，建立能使环境负荷减到最少的以资源、能源循环利用为基础的经济社会系统。1998 年日本制定新千年计划，把循环经济作为构建 21 世纪日本社会发展的目标。2000 年 5 月日本国会通过了《推进建立循环型社会基本法》，进一步明确了日本社会未来的发展方向，从而标志着日本经济的绿色化迈入了一个新的发展阶段。

为了建设循环型社会，以实现经济社会的可持续发展，必须减少经济活动的资源、能源投入量，减少不可再生资源、能源的消耗，提高资源能源的有效利用率，同时，对废弃物进行无害化处理，减少废弃物排放总量，加强废弃物回收利用。为此，日本建设循环型社会从宏观经济方面来看，从过去重视经济数量增长的流量扩大型转变为资源存量活用型，在保证生活质量在现有基础上

得以提高的前提下，使消费的资源减少，环境污染得以控制，资源与环境负荷减轻。从微观经济方面来看，则使企业经营从追求生产效率和最大利润转变为保证生产效率与环境效率统一，大力发展清洁生产、实施绿色管理，使企业的经营活动能以最小的环境负荷为代价实现各个相关利益集团满意的目标，包括企业满意的经营业绩，消费者满意的服务，职工满意的报酬，投资者满意的回报等。与此相适应，日本社会的生产生活方式也发生了深刻的变化。

（二）日本循环经济的特点

日本发展循环经济最主要的特点体现在其循环经济法律的完善性上，日本是发达国家中循环经济立法最完整而严密的国家。20 世纪 90 年代，日本提出了"环境立国"的口号，并集中制订了废弃物处理、再生资源利用、包装容器和家用电器循环利用、化学物质管理等一系列法规。日本目前已颁布了一项循环经济基本法——《推进建立循环型社会基本法》，两项综合性法律——《固体废弃物管理和公共清洁法》《促进资源有效利用法》，以及六部专项法律——《家用电器再利用法》《食品再利用法》《汽车循环法》《建筑材料再资源化法》《容器与包装分类回收法》和《绿色采购法》。日本在《推进建立循环型社会基本法》中明确了企业的责任，要求企业采取必要的措施，在产品使用后成为循环资源时，自觉进行循环利用，工业垃圾的处理和再利用均由企业自行负责。日本经济产业省在 2003 年 5 月还颁布了《环境立国宣言》，提出企业经营要促进环保，用环保技术扩大企业经营。在鼓励企业对废弃物再利用的同时，对不遵守清洁生产原则的行为依法制裁。日本循环经济法律体系中明确提出，日本建立"循环型社会"是指改变传统经济增长方式，通过抑制废弃物等的产生、资源的循环利用和合理处置等措施，控制自然资源的消费，建立最大限度减少环境负荷的社会。具体目标是，2010 年的资源生产率和资源循环利用率分别比 2000 年提高 40%，废物最终处理量减少一半，人均每天垃圾产生量减少20%，相关产业的市场需求和就业规模扩大一倍。

在循环经济法律法规强有力的约束下，日本政府提出的建立循环经济社会的战略方针已经深入人心，得到了广大国民的理解和支持，形成了全社会参与的机制。日本各级政府把发展循环经济、推进循环型社会计划纳入经济和社会发展的总体战略规划和日常管理之中，成为国民经济和社会管理的一个重要组成部分。日本政府制定的《促进循环型社会形成基本计划》，不仅明确提出了到 2010 年建立循环型社会的总体目标，而且提出了各级政府、国民、企业、科研机构以及各类社会团体等应当采取的行动和措施计划。该计划作为国家基础性计划之一，对推进日本循环经济的发展和循环型社会的建立正发挥着重要的指导作用。各地方政府在严格贯彻和执行国家相关法律、法规的同时，也依据本地区实际情况，制定了相应的计划。日本企业把建设循环型社会的任务作为自身发展不可分割的一部分，是建设节约型社会的中坚力量。日本政府提出的循环型社会战略方针，得到了各企业的广泛理解和支持。绝大多数企业积极响应和配合有关方面做好废弃物的循环利用工作，采取有效措施，将在生产过程中排放出来的废弃物不断进行循环使用，以达到彻底消除废弃物的目的，实现"产业废弃物零排放"的目标。目前日本已获得 IS14001 国际标准化环保认证的企业已有5000多家，在世界上处于领先地位。同时，日本公众形成了强烈的节约资源与保护环境的意识，清洁化生产、回收利用废弃物、垃圾的分类投放等成为全社会的自觉行动。日本各种以"爱护地球""保护环境"为主旨的民间组织数不胜数。很多志愿者利用空闲时间，无偿地从事有助于建立循环型社会的工作，包括回收可循环资源、转让或交换可循环资源，对已经成为可循环资源的产品和容器标注相关标识以有利于其循环和处置等。

二、德国发展循环经济的现状及特点

（一）德国循环经济的现状

德国是世界上公认的发展循环经济起步最早、水平最高的国家之一。到目前为止，德国的循环经济发展大致经历了两个阶段：第一阶段，从 1972 年到 1996 年。这是从强调废弃物的末端处理到循环经济模式被正式确认的探索转变过程。第二阶段，从 1996 年至今。这是循环经济大规模开展并不断完善的过程。1996 年出台的《循环经济和废弃物管理法》，是德国循环经济法律体系的核心。在这一法律框架下，德国根据各个行业的不同情况，制定促进该行业发展循环经济的法规，比如《饮料包装押金规定》《废旧汽车处理规定》《废旧电池处理规定》《废木料处理办法》等。德国自颁布《循环经济和废物处置法》以来，家庭废弃物循环利用率 1996 年约 35%，到 2000 年上升至 49%。目前废弃物处理已成为德国经济中的一个重要产业，每年的营业额约 410 亿欧元，创造了 20 多万个就业机会。

（二）德国循环经济的特点

德国在发展循环经济过程中，最具特点的当属其 DSD 双元回收系统。德国的《包装管理条例》要求企业对其产品包装进行全面负责，尽量减少不必要的包装，减少包装材料的消耗量，以及对包装进行再循环使用。按照《条例》的规定，企业如果依靠其各自的批发商和零售网点来建立其包装回收系统，然后再建立自己的包装材料再循环处理车间成本过于高昂，于是德国二元系统公司成为各企业的首选。

1. 德国二元系统的组建与运作模式

德国二元系统公司（DSD）建立于 1990 年 9 月，是在德国工业联盟（BDI）和德国工商企业协会（DIHT）的支持下由 95 家涉及零售、日用品生产和标志生产的公司发起的。到 1997 年年底已有约 600 家公司加入，构成了德国工商界的主体。DSD 的任务是在全国建立起一个面向家庭和小型团体用户的包装回收，分类和再循环的体系。DSD 回收范围限于销售包装废弃物，在德国每年使用的包装废弃物组成中，销售包装占 48.4%（生活包装及商业垃圾包装）、运输包装占 26.8%、多用途包装占 14.7%、商业和工业包装占 8.7%、家庭用包装占 0.8%、有害包装 0.4%，DSD 负责回收的是所占比例最大一块的废弃包装。其他包装由另外一些回收组织回收，如运输包装由材料再利用公司 PESY、回收工业和企业塑料包装有限公司 RIGK 负责回收、金属、马口铁包装由 KBS 公司回收，建材包装和聚氨酯发泡塑料则由 POR 公司回收；和 DSD 同处科隆的原材料再利用协会 Vfw 也回收销售包装，是绿点公司最主要的竞争伙伴[①]。DSD 是一个完全非营利的组织，其运作的资金来源于向生产厂家授予"绿点标志"时收取的注册费。这些注册费全部用于包装废弃物的管理。对于绿点注册费，参股的企业不提取任何利润。在签署了一份所谓的"赦免协议"后，他们可以把包装废弃物回收和再循环的繁杂任务交给 DSD 来办理，而他们自己只是监督其执行情况。

根据德国有关的联邦法律，二元系统将自己逐渐融入已有的废弃物管理体系中，并就各类包装废弃物的回收和处理方式与手段，依据各地的实际情况，与当地政府协商确定。这样在实践中就形成了绿点标志产品包装因地制宜的多样化的各类模式。二元系统的运作有两种基本模式或体系：一种是街头回收系

---

① 戴宏民. 德国 DSD 系统和循环经济 [J]. 中国包装，2002 (6).

统，一种是上交式回收系统。其中第一种是二元系统最基本的模式，其方法是用黄色的袋子或回收箱来回收轻型材料包装，如铝、铁皮、塑料和纸壳箱以及软饮料包装。一些公用的分类垃圾箱往往被放在居民小区内，免费回收居民的不同颜色的玻璃瓶（绿色、无色和棕色）以及纸和纸壳箱。黄袋子目前在德国十分普遍，因为它是迅速推行街头回收系统的最简便易行的方式。无论是废弃物回收公司还是居民都乐于接受这种回收方式，这种方式虽然发展较快，但还没有广为流行。DSD公司对印有"绿点"标志的包装废弃物，主要通过"送"和"取"两个系统进行回收。对量大的玻璃、纸和纸板废弃物及边角废料，公司通过"送"系统，用垃圾箱袋去集中包装后派车送去再生加工企业进行回收再生；对分散的包装废弃物，公司则在居民区、人行要道附近设置分类垃圾收集箱（桶）。废弃物回收公司把回收上来的废包装交给一批所谓的废弃物再循环承包商，由他们的企业负责进行处理。这些企业不属于DSD公司，只是一般的企业，向二元系统公司承包对包装废弃物的再循环处理。

2. 德国二元系统的功能

自从二元系统开始运行以来，许多新思想和新技术得以在废弃物分类处理过程中应用。对于二元系统来讲，进行包装废弃物的回收和再循环并非其最终目标，更重要的是促使包装用材的大规模消减。在绿点标志注册费或者说是在经济因数的驱动下，越来越多的企业在朝着有利于环境的方向改进自己产品的包装。据一项关于二元系统的研究表明，已有80％的使用绿点标志的企业对其产品包装进行了优化，包装正逐渐变得更薄、更轻和更易于再循环（采用新材料和避免复合材料）。同时，越来越多的产品采用了再生材料做包装。根据德国联邦环保局的数据，2003年德国包装材料回收达到了600万吨。产品包装的再循环能力不断增强，玻璃再生的利用率达到90％，纸包装为60％，轻物质包装为50％。研究还显示，泡沫包装正在从德国逐渐消失；许多洗涤剂生产厂家转向生产浓缩型洗涤剂，大大节约了纸壳箱和塑料等包装材料。如今，德国专项产品包装的回收体系已发展到包括酸奶、汽车机油和油漆等众多产品的包装。

但是，尽管这些措施取得了显著的成效，但在改进产品包装方面还大有潜力可挖。二元系统公司举办了"包装革新奖"，奖金总额共8.4万马克，吸引了来自德国和海外的300多名参赛者，通过评选，奖励了大量实用的包装技术与设备，并使之得以推广。如今，二元系统已经覆盖德国工商界的几乎所有的行业，而印有绿点标志的产品在德国大小商场中已占据了相当大的比例。更重要的是，顾客从这一模式中感觉到了自己作为消费者对包装回收所肩负的责任。与此同时，绿点标志在德国的成功实践使其成为许多周边国家效法的楷模，比利时、法国、奥地利、卢森堡、西班牙和葡萄牙等国已根据德国的经验引进使用了绿点标志，并建立了结合本国国情的包装回收系统。

三、美国发展循环经济的现状及特点

（一）美国循环经济的现状

美国的循环经济经过几十年的发展，其行业涉及传统的造纸、炼铁、塑料、橡胶以及新兴的家用电器、计算机设备、办公设备、家居用品等产业，全国有 5.6 万个企业参与，年均销售额高达 2360 亿美元，其规模与美国的汽车业相当，现在已经成为美国经济的重要组成部分。美国很重视消费模式的转变，美国的循环经济消费方式多种多样，既有家庭的庭院甩卖，也有慈善机构进行的旧货交易，消费者还可以通过一些商业网站或政府支持的网站进行旧货买卖。目前，循环消费已成为美国社会和经济生活中的一大现象，其社会效益和经济规模并不亚于以废品、垃圾处理和加工为中心的资源再生工作。

（二）美国循环经济的特点

美国的排污权交易制度是美国发展循环经济过程中最具特色的政策，这一制度已被很多国家借鉴与采纳。现对美国的排污权交易制度体系作以简要介绍。

历经多年的实践，美国形成了多种不同类型的排污权交易体系。第一阶段：20 世纪 70 年代初到 90 年代初。排污权交易在部分地区进行，涉及多种污染物，例如活性有机气体、氮氧化物、铅等。交易形式多样，包括："气泡""补偿""银行"和"容量节余"四种政策。第二阶段：以 1990 年通过的《清洁空气法》修正案并实施的酸雨计划为标志，实施至今。主要集中在二氧化硫的防治上，在全国范围内的电力行业实施，而且有可靠的法律依据和详细的实施方案，是迄今为止最广泛的排污权交易实践。根据交易体系设计特点，可将美国所实施的交易分成两类：排污信用交易和总量控制型排污权交易。

1. 排污信用交易类

在排污信用交易体系下，污染源或污染设施只要在一定的时间内自愿地削减了自身的污染物排放，经环保局认可，就可以产生削减信用，即排放削减信

用。"减排信用"（ECR）是交易的媒介或通货，一个 ECR 就是一个交易单位。除了用于交易，ECR 也可被用来达到排放控制要求，或存储以备将来之用。该体系通过允许将产生的污染物削减量出售给他人（或企业），来激励自愿的污染物排放削减行为，同时，也为受管制的企业提供了达标的灵活性。

由于没有总量上限，信用交易体系也被称为"开放市场体系"。这类体系是自愿的，任何排放源只要排放削减量超过一定的基准排放水平就可以向环保局申请认可，认可之后便产生排放削减信用。早期美国曾尝试对 SO_2、NO_x、颗粒物、碳化物和消耗臭氧层物质等多种污染物使用减排信用交易，但目前开展的减排信用交易通常适用的污染物类型是氮氧化物（NO_x）和挥发性有机物（VOC_s）。因此，排放削减信用认可和使用的限制、规定退出比例等措施的目的都是为了保证不会因交易而使环境质量恶化。目前美国东部新泽西州仍在使用这种交易体系，密歇根和德克萨斯则有类似的交易体系。

2. 总量控制型排污权交易

污染物排放总量控制（简称总量控制）是将某一控制区域（例如行政区、流域、环境功能区等）作为一个完整的系统，采取措施将排入这一区域的污染物总量控制在一定数量之内，以满足该区域的环境质量要求。总量控制应该包括三个方面的内容：①污染物的排放总量；②排放污染物的地域；③排放污染物的时间。由于存在总量上限，此类计划又被称为"封闭市场体系"，它通常是强制性的，要求主管部门首先掌握一定区域内被要求参加计划的企业的完整准确的排放清单，以便确定排放削减水平，然后据此确定区域允许的排放水平上限。总量上限逐年递减，直至达到空气质量标准的要求，因此此项措施通常被作为未达标区的一种达标战略。

年度排放的总量上限以许可或配额的形式分配给污染源。因此该体系也被称为"许可交易"。这种方法首先建立一个整体的总量，或每个规定期内最大的排放量。以排放许可证的方式授权排放，然后将许可分配给各污染源，所签发的许可证的总量是固定并且在排放总量下许可排放的吨数是受到限制的。每个控制污染的必要条件不是详细说明的。唯一的必要条件是污染源必须使用完整的和精确的方法来监测并且上报所有排放量，并且在每个规定期的结束时来取得相同数量的许可额度。美国最为成功的酸雨计划 SO_2 许可交易是最典型的总量控制型排污权交易的例子，RECLAIM 计划也属于此类。事实上，总量控制型的排污权交易已经成为目前美国最主要的交易形式。

第四章　国际循环经济政策比较研究

各国在推进循环经济发展过程中，制定了各种行之有效的政策，积累了丰富的经验。我国作为发展中的大国，如何在保证经济发展的同时，合理解决经济发展过程中的资源利用问题，是关系到我国社会发展走向的至关重要的课题。目前我国发展循环经济在理论与实践上还处于探索阶段，与发达国家相比有一定的差距。我国预期在 2010 年建立起较完善的循环经济政策支持体系，必须对国际上已有的循环经济政策加以研究，对于成功的经验大力借鉴。本章重点探讨了宏观经济政策对发展循环经济的有效性，研究了国际上促进循环经济发展的税收政策、投资政策、产业政策、贸易政策、消费政策，论述了代表性国家发展循环经济的法律法规，并对绿色国民经济核算体系加以探讨。

第一节　宏观经济政策工具对发展
循环经济的有效性分析

西方经济学认为，财政政策与货币政策是政府用以影响宏观经济活动的两大政策工具。财政政策由政府支出与税收所组成，政府支出会影响与私人消费相对的集体消费的规模；税收是对收入的扣除，它会降低私人支出并影响私人储蓄，另外它也会影响投资和潜在产出。目前，财政政策的主要用途是影响国民储蓄以及对工作和储蓄的激励，从而影响长期经济增长。货币政策由中央银行执行，它影响货币供给。货币供给的变动使利率上升或下降，并影响商业投资、地产投资及进出口部门的支出水平。货币政策对实际 GDP 和潜在 GDP 都有影响。宏观经济政策的主要任务是对经济状况进行诊断并对症下药。经济学中 IS－LM 提供了一个真正能用来分析现代宏观经济运行机制，并从中得出可操作的政策含义的理论框架。[①] 但是，随着可持续发展理论的出现，世界各国纷纷将循环经济作为本国的经济发展模式，在这种情况下，生态环境对整个经济系统的影响越来越强，逐渐成为各国政府进行宏观决策时的中心议题之一。而现有的 IS—LM 曲线尚未考虑此问题，导致在进行经济决策的过程中有失偏颇，经济政策效果不利于社会的持续发展。为解决 IS—LM 模型的缺陷，必须纳入生态环境要素。根据 AbelandBernake[②]，Begg，etal[③] 的研究结果，在 IS—LM曲线中加入一条环境均衡线是可行的。循环经济是可持续发展战略的实施途径，范金教授在其国家自然科学基金项目《可持续发展下的 IS—LM—SD曲线研究》中认为，在 IS—LM 模型中可以加入一条可持续发展曲线 SD，并讨论了 IS—LM—SD 三者之间的关系，本书所提出的循环经济生态曲线 CE 将沿用其分析思想，模型构建借鉴范金教授 IS—LM—SD 曲线模型。

一、循环经济 IS—LM—CE 曲线分析[④]

以 Heyes 的思想为基础，令 e 为经济系统中的环境维度，表示在生产过程中的单位产量的污染排放量。污染治理可视为在多技术选择下均衡状态时的投入。令 Φ 分别表示环境制度参数，$0 \leqslant \phi \leqslant 1$，设 $e = e(i, \phi)$，再假设 $e_i > 0, e_\phi < 0, e_{i\phi} < 0$。令 Et 表示 t 时刻的环境污染存量，假设自净率为 s，令 E 为系统环境质量水平，则系统环境质量水平下降率可表示为：

$$-\left[\frac{dE}{dt}\right] = e(i, \phi)Y - sE_t \tag{1}$$

环境均衡状态时要求 dE/dt=0，对隐函数式（1）求导得：

$$\frac{di}{dY}\bigg|_{dE/dt=0} = \frac{e(i, \phi)}{e_i Y} < 0 \tag{2}$$

叠加于 IS—LM 曲线上的循环经济生态曲线 CE 如图 4-1 所示。

循环经济曲线 CE 上的任意一点所对应的 (i, Y) 组合表示经济发展所利用的自然资源与环境的消耗速率与自然资源与环境的恢复速率相等。假如考虑环境污染，则表明污染总排放速率与环境的净化（包括环境自净和人为净化）

① 余永定，张宇燕，郑秉文. 西方经济学［M］. 北京：经济科学出版社，2002：339.

② Abel A，Bernake B S. Macroeconomics［M］. 3rdedition，New York：Addison-Wesley，1998.

③ Begg D，Fischer S，Dornbusch R. Economics［M］. 5th edition，London：McGrow-Hill，1998.

④ 由于循环经济可以被认为是可持续发展战略的实现形式，本模型的构建借鉴了范金教授国家自然科学基金资助项目（69774031）《可持续发展下的 IS—LM—SD 曲线研究》。

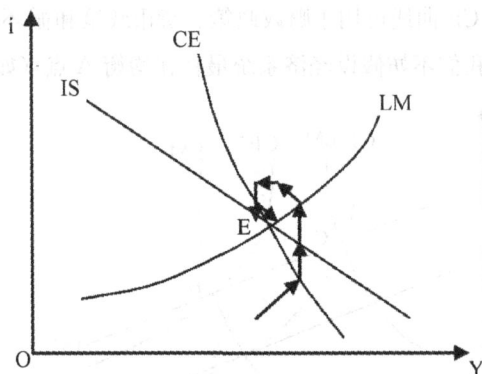

图 4-1　IS－LM－CE

速率相等；假如考虑资源消耗，如森林的砍伐，则表明森林的利用速率与其种植或恢复速率相等。CE 线的右上部分的任意一点都满足 $sE_t > e(i,\phi)Y$。在此条件下，资源与环境衰退速率大于资源与环境恢复速率，表现为生态环境质量的降低；反之，CE 线的左下部分的任意一点都满足 $sE_t < e(i,\phi)Y$。在此条件下，资源与环境衰退速率小于资源与环境恢复速率，则表现为生态环境质量的提高。

（一）循环经济生态曲线释义

循环经济生态曲线的性质：图 4-1 给出的循环经济生态曲线为右向下的上凸曲线，且斜率较 IS 小。显然，存在以下假设：在生产函数中，生态资本与物质资本之间具有替代性，其替代率决定了 CE 曲线的斜率。当其替代率与技术选择无关时，则 CE 曲线表现为一垂直曲线，其含义为循环经济中生态资本总产出的上界。

循环经济曲线的移动：显然，生态制度 Φ 是决定 CE 曲线移动的主要因素之一，而该参数是由经济系统主体对生态资本的理解所决定的，故由法律、规章制度以及其他对生态环境破坏的处罚程度的加强，必将导致 CE 曲线的左移；反之，对生态环境破坏的处罚程度的放宽，必将导致 CE 曲线的右移。

（二）IS－LM－CE 曲线分析

IS－LM－CE 曲线的从非均衡到均衡是一个动态过程。由于产品市场、货币市场和生态环境市场都不会经常处于均衡状态，所以三个市场难以同时处于均衡状态。

IS－LM 曲线在西方经济学中的主要用途是进行财政政策和货币政策的综合决

策。因此，IS—LM—CE 曲线可用于财政政策、货币政策和循环经济政策的综合决策。为进一步分析，我们不妨假设经济系统最初在均衡 A 点（如图 4-2 所示）。

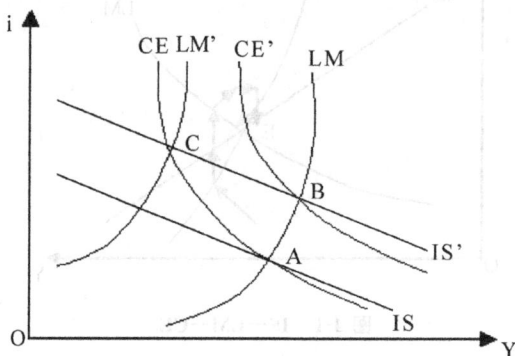

图 4-2　扩张的财政政策的均衡结果

首先，从财政政策角度而言，扩张的财政政策必导致 IS 曲线的右移，则均衡点变为 B 点。然而，B 点不能保证生态均衡。因此，必须采取相应的紧缩的货币政策，使得均衡点为 C 点。在此条件下，C 点所对应的产量水平较 A 点为低；同理，收缩的财政政策必须有相应的扩张的货币政策，以实现产品市场、货币市场和生态环境市场的均衡。在此条件下，其对应的产量水平比初始水平为大。如果从货币政策角度看，扩张的货币政策会同样导致 LM 曲线的右移。图 4-2 显示，在此条件下，均衡点从初始的 A 点变为 B 点，但 B 点同样不能保证生态环境的均衡，因此，必须采取相应的紧缩财政政策，使得均衡点移至 C 点。此条件下的产量水平高于初始的水平。同理，紧缩的货币政策必须有相应的扩张的财政政策，以实现产品市场、货币市场和生态环境的均衡。在此条件下，其对应的产量水平低于初始水平。因此，为发展循环经济，扩张的货币政策或紧缩的财政政策必导致均衡产量水平的提高；反之，为发展循环经济，紧缩的货币政策或扩张的财政政策必导致均衡产量水平的下降。

图 4-2 和图 4-3 显示，如果要实现三个市场的同时均衡，通过改变生态环境政策，也可以达到同样的效果。即如果采取扩张的财政政策或扩张的货币政策，可以通过采取宽松的生态环境政策以实现三个市场均衡。在此条件下，产量水平相对于原均衡点会有所提高；反之，如果采取紧缩的财政政策或紧缩的货币政策，可以通过较紧的生态环境政策以实现均衡。在此条件下，产量水平相对于原均衡点会有所降低。同样，可以推出对于开放系统，货币政策、财政政策，循环经济政策对汇率、进出口等的影响。

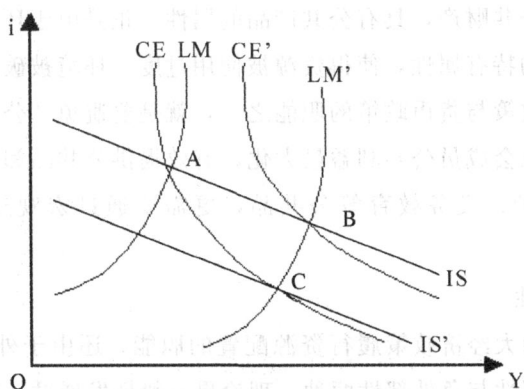

图 4-3 扩张的货币政策的均衡结果

总之，循环经济曲线是一条右向下上凸的曲线，通过分析证明可以实现产品市场、货币市场和生态环境市场的同时均衡；发展循环经济，为了保持生态环境，扩张的货币政策或紧缩的财政政策会导致产量水平的提高，反之紧缩的货币政策或扩张的财政政策会导致产量水平的下降；扩张的财政政策或扩张的货币政策，同样必须采取相应较宽的生态环境政策以实现均衡，在此条件下，均衡产量水平均较原均衡点为高，反之，紧缩的财政政策或紧缩的货币政策，必须采取相应较紧的生态环境政策以实现均衡，在此条件下，均衡产量水平均较原均衡点为低。

二、财政政策与货币政策有效性分析

（一）财政政策与货币政策的公共性职能

市场机制对配置资源的基础性作用是无可置疑的，但是由于市场本身存在一些缺陷，会导致"市场失灵"。市场失灵是市场经济的一个极为重要的特征，财政政策与货币政策作为政府进行公共管理，影响宏观经济运行的两大重要政策工具，其重要职能之一便是矫正市场失灵，合理配置资源，维护市场的有效竞争。

1. 提供公共产品

财政政策与货币政策的功效之一就是为社会提供公共产品。公共品的存在是市场失灵的表现之一。公共品不同于私人品，具有效用的不可分割性、消费的非竞争性和受益的非排他性等特性，它们不能由私人部门通过市场提供，否则容易发生"公共地的悲剧"和"免费搭车"现象。循环经济中的自然资源与环境一向被视为公共财产，具有公共产品的属性。正是由于环境与资源作为公共资源表现出来的特有属性，使得资源被使用过度，环境被破坏，并造成生态失衡。公共财政政策与货币政策的职能之一，就是要避免"公共基地悲剧"的出现，保证全体社会成员公共利益最大化，有效提供公共品和公共服务。尤其是国防、环境保护、义务教育等公共品，更需要通过宏观经济政策手段来提供。

2. 校正外部性

财政、货币两大经济政策履行资源配置的职能，还由于外部效应的存在。外部性分为正外部性与负外部性两种。理论界一般把发展循环经济的资源与环境问题归结为资源、环境外部性造成的资源使用浪费，环境退化等后果。对于外部性，如果不予以及时纠正，会导致资源配置严重失效。因此要求政府部门运用包括财政手段在内的非市场方式加以矫正。用于矫正外部效应的财政手段与货币金融政策是多种多样的，既可以通过对具有负的外部效应的污染品课征污染税，提高相关行业贷款利率，迫使污染者减少产出水平，从而减少对环境的污染程度，又可以为矫正正的外部效应造成的生产不足而实施鼓励生产的财政补贴等措施。

3. 完善市场

宏观经济政策履行资源配置的职能，还表现在对不完全竞争的干预。循环经济中市场失灵的另一个表现即为相应市场的不完善，市场的垄断与不完全竞争会导致资源配置的失效。运用财政与货币政策可以优化市场结构，强化市场功能。为实现资源配置效率，政府既可以对垄断厂商发放财政补贴，从而要求其增加产量和降低价格，利用新开发的金融工具资助或限制相关企业，也可以接管这类企业，直接规定产品低价出售，或按市场原则规范公共定价，调整产业组织形成竞争格局，以及运用法律等手段维护市场竞争的有效性。

（二）财政货币政策有效性模型分析

在推进循环经济发展的过程中，财政政策与货币政策起着至关重要的作用，其有效性可用以下模型推导。

定义 1：Y——循环经济的效果

X_J——各种政策的效率，$J \in$（自然数集）

Ψ——Y 与 X 关系

$$Y = \Psi(X_1, X_2, X_3 \cdots\cdots X_V) \tag{1}$$

其中,在此我们仅定义 X_1 与 X_2,由于宏观经济政策两大工具包括财政政策与货币政策,所以定义:

X_1 为财政政策影响指标。

X_2 为货币政策影响指标。

函数改写为:

$$Y = \Psi(X_1, X_2) \tag{2}$$

函数含义为财政政策与货币政策对循环经济发展的贡献。

对上式进行全微分,得:

$$dy = f d\Psi + \Psi \frac{\partial f}{\partial x_1} + \Psi \frac{\partial f}{\partial x_2} \tag{3}$$

在上式两边同除以 Y,得:

$$\frac{\partial y}{y} = \frac{d\Psi}{\Psi} + \left(\frac{\partial f}{\partial x_1} \times \frac{x_1}{f}\right)\frac{dx_1}{x_1} + \left(\frac{\partial f}{\partial x_2} \times \frac{x_2}{f}\right)\frac{dx_2}{x_2} \tag{4}$$

令:财政政策弹性 $\alpha = (\partial F/\partial x_1)(x_1/F)$,

货币政策弹性 $\beta = (\partial F/\partial x_2)(x_2/F)$。

则(4)式可改写为:

$$dy/y = d\Psi/\Psi + \alpha(dx_1/x_1) + \beta(dx_2/x_2) \tag{5}$$

上式意义为:

dy/y 为循环经济的效率。

$d\Psi/\Psi$ 为各种政策对循环经济的贡献率。

$\alpha(dx_1/x_1)$ 为财政政策对循环经济发展的贡献率。

$\beta(dx_2/x_2)$ 为货币政策对循环经济发展的贡献率。

对(5)式两边同时进行积分,经整理得:

$$Y = \Psi x_1{}^{\alpha} \cdot x_2{}^{\beta}$$

通过上式,可以计算出财政政策与货币政策对循环经济发展的综合影响程度。

（三）西方经济学中发展循环经济的财政货币措施[①]

西方经济学中对于经济发展与生态协调问题的研究在理论上提出了若干解

---

① 刘玲玲. 公共财政学 ［M］. 北京:中国发展出版社,2000:16—84.

决措施。通过对这些方法的分析与探讨，可以为现实中政府制定相关政策提供依据。实际上，西方国家发展循环经济的一些政策正是从西方经济学的相关理论措施中演化而来的。如现在欧美等国实施的环境税，便是以庇古税为理论依据的。从经济学的角度来看，理论上政府发展循环经济所采用的最有效的手段主要包括以下几种：

1. 征收庇古税

对付环境问题，英国经济学家庇古提出了一个自然的解决办法，就是对制造污染者征税，以矫正他的某些投入品价格太低的问题。庇古税是对污染制造者每单位产量课征的一种税，税款恰等于污染在效率产量水平上造成的边际损害，即负的外部边际成本。

如图 4-4 所示，在该图中，在效率产量 Q^* 上造成的边际损害为距离 cd，cd 为庇古税。这里，MSC 和 MPC 之间的垂直距离 MD 即为负的外部边际成本 MEC，在图 4-4 中，MD 向上倾斜，是因为我们假定污染对社会的损害是递增的。这里 MSC＝MPC＋MD，即社会边际成本 MSC 等于私人边际成本 MPC 加边际损害 MD（或 MEC）。

如果对每单位产量课征 cd 美元的税款，厂商每生产一单位产品，就要向两个当事人付款，一是要向生产投入品的供应者付款（由 MPC 表示），另外也要向税务官付款（用 cd 表示）。从图上看，厂商新的边际成本曲线在各个产出水平上由 MPC 加 cd 给出，就是使 MPC 向上移动 cd 距离。

要实现最大利润，厂商的生产就要达到边际收益等于边际成本的水平，即

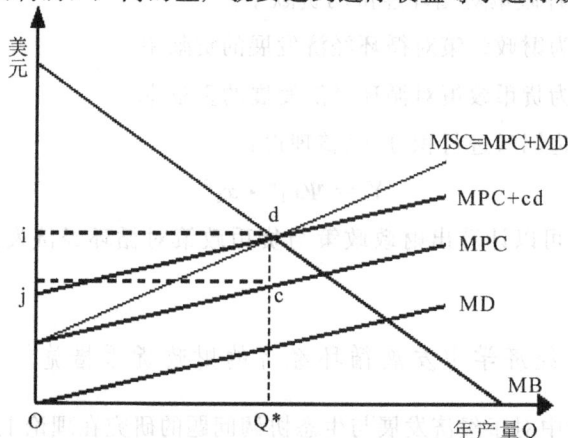

图 4-4　对庇古税的分析

在 MB 与 MPC＋cd 曲线的交点——效率产量 Q* 上。税收迫使厂商考虑他所造成的外部效应的代价，从而引导他进行效率生产。这里，id（等于 OQ*）产量上每单位的税收为 cd 美元，所以，总的税收收入为 cd × jd 即等于图 4-4 中矩形体 ijcd 的面积（这里还假定政府在使用这些税款时不会引起图 4-4 中任何一条曲线的变动）。用上述税收来弥补污染的损失，效果比较明显。虽然社会仍受厂商活动的损害，但比税前的受损程度减轻多了。

庇古税设想的实施有一些实际问题。由于估计边际损害函数的困难，找出一个"正确"的税率很困难。假定某种汽车排放有害气体，从理论上说，按运行千米征税能提高效率，但征收太麻烦，因而不可行。一个替代的办法是，政府可以开征一种汽车特别销售税，尽管决定外部效应大小的是汽车运行千米数，而不是所有权本身。销售税不会产生最有效率的结果，但它可以大大改变现状。庇古税虽然不是解决循环经济外部效应十全十美的办法，可它优于其他办法。

2. 建立财产所有权

制度经济学派认为，如果外部效应的根本原因是没有确立财产所有权，那么，解决这一问题的最直接的办法，就是将有争议的资源变为私有财产。假定将某一地区某一资源的所有权授予厂商，再假定开采人和厂商之间的讨价还价不费分文，只要厂商能得到一笔收入，这笔收入大于他生产边际单位产品带来的净收益（MB−MPC），他就愿意放弃这一边际单位产品的生产（如图 4-5 所示）。

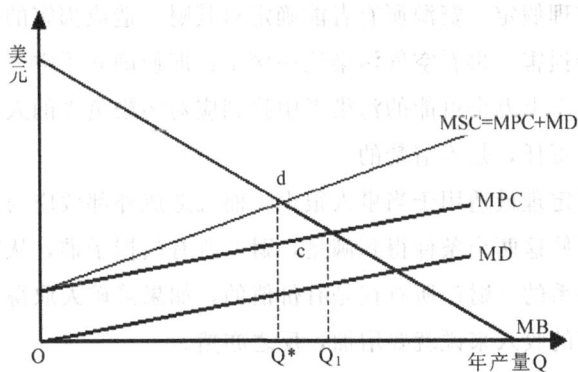

图 4-5　科斯定理的图示

另一方面，只要开采人付出的款项小于对他的边际损害 MD，他就愿意对厂商放弃这一单位产量的生产而付款。只要开采人愿意支付的款项大于厂商放弃生产的损失，双方就有讨价还价的机会。以代数式表示，这一条件为 MD＞

（MB−MPC）。图 4-5 表明，产量为 Q_1 时，MB−MPC 等于零，而 MD 为正数，所以，MD 大于 MB−MPC，有讨价还价的余地。同理，在 Q^* 右边的任一产量，开采人愿意支付的款项都大于 MB−MPC；相反，在 Q^* 左边的任一产量，厂商为削减生产所索要的钱都大于开采人愿意为此而付出的。所以，开采人只愿意为厂商把生产削减到效率产量 Q^* 而付款。款额取决于双方的相对讨价还价力量。但是，无论双方如何分割这项交易的好处，生产最终会维持在 Q^* 的水平。

现在，假定所有者的角色发生转换，开采人成了资源的主人。这样，厂商要为开采人允许他在此地排污而付款，只要开采人收到的款项大于对他的产业的边际损害（MD），他就愿意接受某种程度的污染。厂商发现，只要付款小于在边际产量时 MB−MPC 的价值，为取得生产权而付款就是合算的。同理，只要产量在 Q^* 的右边，双方就都愿意达成由开采人向厂商出售生产权的协议。所以，只要有人被授予财产所有权，无论是谁，问题就能得到有效率的解决办法。这一结论被称为科斯定理，它表明财产所有权一旦确立，政府就没有在外部效应问题上进行干预的必要（科斯，1960）。但是，至少有两条原因使得社会不能在解决一切外部效应问题上都依赖科斯理论。

第一，该定理的一个条件是，讨价还价的费用对双方寻求有效率解决方法没有阻碍作用。但是，像空气污染一类的外部效应问题涉及成百万人（污染者和被污染者），这必然导致存在极高的交易成本。

第二，该定理假定，资源所有者能确定对其财产造成损害的根源，并能从法律上阻止这种损害。再看空气污染这一例子：即使确立了空气的所有权，其所有者能否在成千上万个可能的污染者中找到应对污染负责的人，每个污染者应对污染负多大责任，是不清楚的。

因此，科斯定理最适用于当事人很少，而且造成外部效应的原因很清楚的情况。当然，即使这两个条件得到满足，财产所有权授予谁，从收入分配的角度看也是很有关系的。财产所有权是有价值的，如果采矿人取得所有权，他的收入相对于厂商的收入来说就要增加，反之亦然。

3. 拍卖污染许可证

实现效率产量 Q^* 的另一个办法，是向生产者出售污染许可证。政府可以宣布，其要出售与产量 Q^* 相联系的排污量的许可证，厂商为了取得污染许可证而进行投标，出价最高者就能得到许可证。许可证费用要能够足以支付"清理市场"（使污染程度降低到政府所确立的标准）所需的开销。

这里，污染许可证和庇古税具有同样的功能，两者都能将资源的使用、环境的污染控制在效率水平上。实施这两种办法都要求了解谁在污染，污染程度如何。经济学家鲍莫尔和奥兹认为，从实施的角度看，污染许可证比征税办法要好一些，其中最重要的一点是许可证办法更能降低最终污染量的不确定程度。如果政府确知私人厂商的边际成本和边际收益曲线的形状（如图4-4所示的两条曲线），那么，它就可以很有把握地预测庇古税对厂商行为产生的影响；但是，如果对这两条曲线所知甚少，那就很难弄清某种税能在多大程度上使污染减少。如果决策者所知甚少而被迫主观地采用某种控制污染的标准，则使用许可证制度就更有把握达到该标准。此外，根据厂商是最大利润追求者的假设，他们会找到最低成本的达标技术的。

另外，当经济处于通货膨胀时期，污染许可证的市价可望自动与通货膨胀率保持同步增长，不需要像改变税率一样经历一个旷日持久的行政程序。

4. 实行管制

在管制条件下，每个污染者与资源浪费者被告知将污染量或浪费量降低到一定程度，否则将受到法律制裁。以图形分析，厂商得到命令，将产量减至Q^*。但是，如果厂商数目超过一个，管制就可能是无效率的。假定有两个厂商X和Z，它们所造成的外部效应是相同的。

在图4-6中，X和Z的产量用横轴表示。纵轴表示价格，X的边际收益曲线为MBx，Z的边际收益曲线为MBz。为表示方便起见，假定X和Z的MPC曲线相同，最大利润的产量也相同，即$X_1 = Z_1$。假定已知在总产出达到效率产量时边际损害为d美元，那么，经济效率要求各个厂商的生产维持在其边际收益曲线与其私人边际成本曲线加上d的交点上。

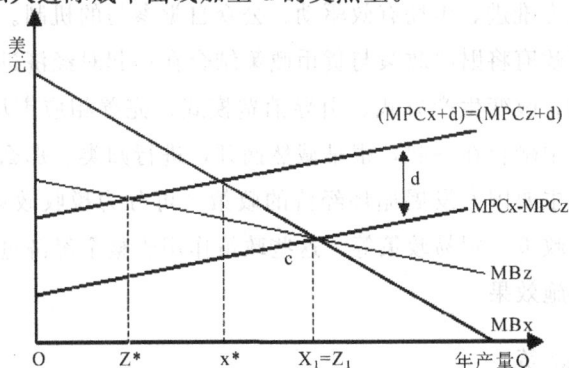

图4-6　管制措施下两个厂商生产变动的图解

在图 4-6 中，两个厂商效率产量分别为 X^* 和 Z^*。这里效率并不要求两个厂商相等地减少污染，它要求 Z 生产的削减量远大于 X，因为两个厂商的边际收益曲线 MB 不同。但一般地说，各个厂商的产量的适当削减取决于其边际收益曲线和私人边际成本曲线的形状。因此，规定所有厂商等量减产（无论按绝对数还是按相对数），会导致某些厂商生产太多而另一些则生产太少。

经济学家们对采用经济刺激或管制两种办法降低污染、减少浪费、提高效率的某个既定指标的成本进行了比较，研究表明，具体结果取决于所考察的污染类型、污染场所以及环境与资源性质，但每种情况，经济刺激的费用都要低很多。除了科斯定理可能适用的某些场合以外，外部效应的存在要求政府进行一定的干预以实现经济效率。尽管没有哪一种政策是尽善尽美的，但在可供选择的政策措施中，大多数经济学家更愿意采用庇古税（环境税）或出售污染许可证的办法等经济政策，他们认为实施这种办法比补贴或直接管制更有可能实现经济效率。

第二节　世界发展循环经济的主要经济政策

宏观经济的四大政策目标是实现物价稳定、充分就业、经济增长、国际收支平衡。目前，利用经济政策工具推动循环经济发展，要达到的主要目标是缓解资源约束、减轻环境污染、提高经济效益、实现可持续发展。要达到这些目标，必须综合运用各种经济政策，通过有效组合，调节和影响市场主体的行为，形成政府大力推进、市场有效驱动、公众自觉参与的机制。由于在实际操作过程中，各国政府将财政政策与货币政策结合在一起对经济进行调控，以实现调整产业结构、改变生产方式、引导消费模式、完善相应市场功能的目的。二者在实施过程中融合在一起，很难截然摘开，进行归类。那么根据宏观经济政策目标，世界主要国家发展循环经济的政策又可分为税收政策、金融政策、产业政策、消费政策、贸易政策等。这些政策作用于整个经济过程，大大提高了循环经济的实施效果。

一、税收政策

税收是政府实现资源配置效率，调节收入分配以及保持经济稳定与发展的重要手段。然而，并不是任意设计的税收都对循环经济有促进作用，能够实现政策目标的税收必须符合可持续发展的要求。首先，税收要为政府提供公共品而筹集资金。税收的充分与否取决于它是否能满足提供适当规模的公共品的需要，换言之，取决于它是否能最大限度地提高公共品与私人品之间的配置效率。其次，应充分地突出税收的中校正性原则。循环经济中的资源与环境产品具有外部效应，消费者的偏好不正确，一些产品的需求与供给不能通过市场的有效竞争达到均衡，导致市场的自发调节结果不符合效率原则，这就需要通过税收对这些产品或资源的配置进行校正。税收的校正性要求实行区别对待的原则，例如对有外部成本的产品课征额外的税收，使外部成本内部化，或对具有外部效益的产品给予税收优惠或补贴，使外部效益内部化。自"庇古税"的思想提出以来，税收政策逐渐成为世界解决环境问题的一项重要手段。很多国家都利用税收这一重要的经济杠杆来实现优化配置资源，保护环境的目的。

（一）发达国家循环经济税收政策的发展

20 世纪 70 年代，"污染者负担"的原则逐渐在世界范围内被广泛接受，考虑环境与资源要素，税收政策做出了相应调整。概括来讲，循环经济税收政策的发展，经历了以下几个阶段：

20 世纪 70 年代，这一时期循环经济的税收政策主要体现为补偿成本的收费。其产生主要是基于污染者负担的原则，要求排污者承担规制、监控排污行为的成本，因为规范排污行为需要付出代价。其种类主要包括用户费、特定用途收费等。此时，还没有形成有体系的税收政策，仅是初具雏形。

二十世纪八九十年代，这一时期环境税种日益增多，如排污税、产品税、能源税、碳税和硫税等纷纷出现。其功能综合考虑了刺激和财政功能。各种排污税主要是用于引导人们的行为方式，而各种能源税则主要用于增加财政收入，同时，也希望其产生积极的环境影响。

20 世纪 90 年代中期至今，这一时期相关税收政策迅速发展。为了实施可持续发展战略，各国普遍推行绿色的财政、税收政策，许多国家还进行了综合的"绿色税制改革"。尤其是西方国家，普遍建立了环境税制，税收政策在许多国家已成为保护环境，发展循环经济的主要手段。

（二）发达国家循环经济税收政策概况

循环经济的税收政策概括而言可分为以下几方面：第一，征收生态税；第二，实行税收减免与税收优惠；第三，差别定税。

1. 征收生态税

征收生态税是循环经济税收政策中最重要的一个手段。生态税主要包括：

（1）对直接排放到环境中的污染物征收的税收，即排污税。如大气污染税、污水税、噪声税、垃圾税和废物税等。

（2）对产生环境影响的商品和服务征收的税收。如能源税、碳税、汽车税、化肥税、农药税、一次性用具税等。

（3）对开发和使用自然资源而征收的税收，即资源税。

2. 实行税收减免与税收优惠

税收减免与优惠主要是鼓励消费者和企业的有利于环境保护的各种活动。其中包括鼓励对环保技术的研究开发、引进和使用，如研究开发费用的税前列支、技术转让费的税收减免等；鼓励环保性投资，如对节能设备或低污染设备的投资实行抵免或退税，对这类设备实行加速折旧等税收措施；鼓励循环利用设备，如国家对废旧物品的回收利用往往予以免税等等。

3. 进行差别定税

差别定税指根据物品和服务在生产和消费过程中损害环境的轻重课加不同的税率。这一手段在西方国家被广泛采用，如对高排污汽车和低排污汽车、含铅汽油和无铅汽油、柴油车和汽油车等征收差别税收。

（三）发达国家循环经济税收政策

1. 美国的生态税收制度

美国的生态税收种类主要包括四项：一是对损害臭氧层的化学品征收的消费税，包括破坏臭氧层化学品生产税、破坏臭氧层化学品储存税、进口和使用破坏臭氧层化学品进行生产的生产税、危险化学品生产税和进口化学品税等。此类税的征收对象涉及100多种有害化学物质，采用定额税率征税；二是与汽车使用有关的生态税，包括汽油税、消费税、轮胎税、汽车使用税、汽车销售税等。这一税种实行差别定税，由联邦和州两级政府征收，各州的差别很大；三是开采税，即资源税，对自然资源（主要是石油）的开采征收的税种；四是环境收入税，美国《超级基金修正案》规定，凡收益超过 200 万美元以上的法人均应按超过部分的 0.12% 纳税，补偿其因生产而对环境产生的不良影响。

美国的生态税收优惠政策主要采取直接税收减免、投资税收抵免、加速折旧等方法，对研究污染控制新技术和生产污染替代品予以减免所得税；对企业综合利用资源所得给予减免所得税优惠；对循环利用投资给予税收抵免扣除；对购买循环利用设备免征销售税；对用于防治污染的专项环保设备可 5 年内加速折旧；对采用国家环保署规定的先进工艺的，在建成 5 年内不征收财产税。

美国的生态税收由税务部门统一征收后，缴入财政部，然后转入普通基金预算和信托基金，后者再打入下设的超级基金。超级基金是美国环境保护中专项内容的最大一项基金，由国家环保署负责管理。由于征管部门集中，征管手段现代化水平高，拖欠、逃税的现象很小。

2. OECD 的绿色税收改革

OECD 的绿色税收改革内容主要包括三个方面：第一，消减现行的不利于环境的补贴和税收。OECD 国家的某些补贴政策对环境的负面影响十分明显，能源、运输、农业及制造业等领域尤为严重。例如，由于补贴导致农业过量生产，从而造成了农药、杀虫剂的过量使用、土地板结等一系列恶果；能源部门的补贴使得使用者偏好使用黑色能源而非绿色能源。因此，政府取消了相关补贴，以促进对环境和自然资源的保护。第二，调整现行税收制度。其中一个重要方面是根据产品或活动课以重税，改变其相对价格，从而减少相关的消费和活动。如大多数 OECD 国家引进了将含铅和无含铅汽油区别对待的差别税，使市场含铅汽油的比例大幅度下降；16 个 OECD 国家通过调节汽车销售税和年汽车使用税来刺激消费者使用相对而言清洁的机动车等等。第三，开征新的环境税。OECD 国家近年来对越来越多的污染环境，破坏生态的产品和活动开征环境税。许多国家都对润滑油、肥料、杀虫剂、不可回收容器、含汞的电池、化学原料及包装材料等容易造成污染的产品课税。

OECD 国家绿色税制改革通常是以新增的环境税收入弥补减少的其他税收（如减少收入税、劳动力税、资本税、消费税等），通过税目间的税收转移，使总税收一定，以免增加国民的整体财政负担，在不增加纳税人负担整体水平的基础上增加环境税收。除少数国家外，此项目下税收一般不作专款专用，而是作为政府统一税收的一部分，综合用于环境支出或其他公共支出。

3. 荷兰的环境税收政策

荷兰是欧洲的一个典型的环保型国家，其环境税收政策体系十分完善。荷兰为保护环境而设计的税收主要包括燃料税、垃圾税、噪音税、水污染税、土壤保护税、地下水税、超额粪便税、汽车特别税、石油产品税的消费税、铀税等。燃料税是荷兰政府为环境保护筹措资金而对汽油、重油、液化气、煤、天然气、石油焦炭等主要燃料征收的一种税，它目前是荷兰最主要的环境税收。

此外，荷兰其他税法中也有环境保护方面的规定。例如除燃料税外，荷兰税法还设有对矿物油产品的消费税；荷兰为减少废气排放，税收体系中有不少税种的规定涉及对交通工具使用的限制和引导问题；有关税法还规定如果农业企业的年利润少于1.1万盾，则可以免交公司所得税，鼓励有利于环保的小规模农业的发展。

荷兰环境税收政策不同于其他国家的特点表现为这个国家的环境税制以征收生态税收的政府级次和税收所得用于生态目的两个特征。中央政府主要关心的是对燃料使用的征税，低级次的政府主要关心的是对于特定污染有关的行为征收的生态税收，其各有分工，而且地方政府还有很大的灵活性。此外，一般国家政府的税收收入包括环境税，上缴国库后由国家统筹安排。而荷兰的环境税收主要用于生态目的，专税专用，提高了税收的生态效应。

（四）发达国家循环经济税收政策存在的问题

发达国家的循环经济税收政策在促进循环经济发展、保护环境、提高资源利用效率等方面都起到了积极的作用。政策实施有效减少了污染物排放，提高了环境的质量；促进了企业在技术、工艺、产品开发等方面的技术革新，提高了企业的竞争力；增加了国家的财政收入，提供了环保资金，引导各国经济走向更符合生态效应的轨道。但是这些政策在实施过程中也暴露出一些问题：

（1）一些生态税的税率较低，难以起到限制与刺激作用。

（2）部分税种设计不合理，某些政策之间相互不协调，影响了循环经济税收制度的实施效果（如有的国家一方面征收化肥税，另一方面又对农民使用化肥提供补贴，抵消了这一税种的作用）。

（3）一些税收政策没有考虑经济的承载能力，容易影响宏观经济正常运行。征收生态税在一定程度上会提高产品成本，影响本国产品出口竞争力，降低就业率，加重低收入阶层负担。

二、投资政策

目前，在世界各国还很难找到有关循环经济投资方面的官方统计资料以及比较系统的研究成果。本书对于各国发展循环经济投资政策的归纳总结，主要归为环保层面。

（一）发达国家循环经济投资体制

1. 日本循环经济环境投资体制

（1）投资主体组成。日本循环经济中环境投资的主体主要包括中央政府、地方政府和企业。中央政府与地方政府主要负责循环经济中基础设施建设的投资、清洁生产与资源循环利用技术开发与推广的投资、合理利用能源设备的补贴等；企业除负担内部清洁生产与污染预防、治理投资外，还要部分承担相关的公共污染控制设施的建设费用；中央政府附属的金融机构负责对企业和部分循环经济项目建设提供资金支持。

日本中央政府与地方政府主要通过财政预算确定对循环经济的财政投资额度，2001 年，日本各府省的预算中为促进建设循环型社会的经费预算额为421435 百万日元。对于循环经济中环境基础设施项目，中央政府基本不直接参与建设与管理，但提供约 30％左右的补助金，所以日本大部分环境基础设施建设投资来自地方政府。除了一般的财政预算来源外，中央政府的补助金和地方政府的资金筹集，主要是靠发放国债和地方债券来解决。企业的循环经济投资基金基本上由企业自身负担，但是对于循环经济先进设备的引进与使用、循环技术的开发与应用、循环经济项目的事实，政府会通过某种方式给予一定数量的补贴。在日本的整个循环经济投资中，政府投资是主体，企业投资仅占很少一部分，这一状况与日本产业污染的基本解决和投资方向的变化有直接关系。

（2）投资使用结构。日本在基本解决了产业污染问题之后，环境管理的重点领域转向了城市生活型环境问题、循环经济技术开发与推广问题和全球环境问题。政府的环境投资方向也发生了很大的变化，主要集中在循环经济技术R&D 投入和环境基础设施的建设上。日本政府规定，对中小企业从事的有关环境技术开发项目给予补贴，补贴费占其研发费用的 1/2 左右；对废弃物再资源化工艺设备生产者给予相当于生产、实验费的1/2补贴；对引进先导型合理利用能源设备给予补贴率为 1/3 的补贴，上限不超过 2 亿日元；对从事 3R 研究开发、设备投资、工艺改进等活动的各民间企业，根据不同情况分别享受政策贷款利率。此外，日本也加大了对环境基础设施的投入。20 世纪 90 年代以来，中央政府环境预算的 83％用于环境基础设施建设，11％用于主要包括国家公园、准国家公园及一般生活区公园的建设和海岸、港口及文物古迹等地的自然环境保护。在环境基础设施建设投资中，污水处理占到 70% 左右，其次为噪声防治、生活垃圾处理和农村下水管网建设，大致各占 8% 左右。

（3）投资行业分布。从日本循环经济投资行业的结构看，在 20 世纪 70 年代，电力、化学和钢铁行业的污染投资占日本工业企业污染投资总额的一半左右；到 20 世纪 90 年代，仅电力行业用于治理 SO_x、NO_x 和悬浮颗粒物等污染物的设备投资就占到整个企业污染投资的 65%。20 世纪 90 年代至今，废弃物循环利用的产业——静脉产业已成为投资重点。

2. 芬兰循环经济环境投资体制

芬兰的循环经济环保投资包括公共投资和产业投资两部分。公共投资是指政府对环保的支出，其中中央政府的环保支出主要用于环境管理、环境保护、水土保持以及特定区域的环境整治和环保设备的研发；地方政府的环保支出主要用于废物和污水处理、空气污染的防治和其他地方性的环保服务。产业投资是指不同的生产部门在环境保护、治理和管理上的花费，这些生产部门主要涉及能源、化工、矿产、金属制造等产业。

2000 年，芬兰中央政府环保科目的财政预算为 37 亿芬兰货币，占整个财政预算的 1.9%；政府对农业的环保投入达到了 13 亿货币，其中有一半来自于欧盟基金援助。从 20 世纪 90 年代开始，芬兰产业环保投资的特点开始发生变化，主要表现为从重视污染消减的末端治理转向重视清洁生产，以避免产品在整个生命周期对环境产生负面作用。

表 4-1　芬兰的循环经济环保投资情况　　　单位：百万欧元

项　目	1999	2000	2001	2002
环境行政管理	86	92	98	102
中央政府	39	40	41	42
地方政府	47	52	57	60
发展合作	54	49	93	—
与邻近地区的合作	10	10	10	13
北欧环境金融公司	1	1	1	1
研究开发	144	157	146	136
环境保持与管理	19	20	13	13
自然资源的使用与管理	30	29	27	27
大学科研	42	44	52	55

续　表

项　目	1999	2000	2001	2002
环境技术开发	49	59	48	35
其他环境研究	5	6	6	6
对非政府环境组织的资助	1	1	1	1
环境保护	54	38	37	41
空气净化和废物管理	12	10	10	12
水质保护	6	4	4	6
环境净化与污染防治	36	24	23	23
生态保护	78	79	58	58
能源节约	3	3	3	3
可更新能源的投资开发	20	20	17	25
用于公路交通的环保支出	20	20	22	22
用于铁路交通的环保支出	17	17	17	17
粪肥深埋	4	1	5	3
用于农业的环保支出	270	276	282	298
基本支持	233	276	248	—
特别支持	35	25	32	—
森林防护看管	4	4	4	4
合　计	766	765	794	725

资料来源：Jukka Hoffer，Statistics Finland，2002.

通过对表 4-1 的分析可以发现，从 1999 到 2002 年，芬兰每年用于研究开发、大学科研、环境技术开发和其他环境研究的费用分别达到了 2.40 亿、2.66 亿、2.52 亿和 2.32 亿欧元，占整个环保投资的比例一直稳定在 1/3 左右。而且近年来，芬兰政府更加注重扶持开发节能新技术，2005 年，芬兰政府用于这方面的资助经费达到 3120 万欧元。近年来，芬兰政府还不断增加对环保型能源项目的资金支持，进一步推动风能、太阳能、生物气体等有利于环境的能源项目开发。这在很大程度上可以反映出芬兰循环经济环保投资的重点从"末端治理"转向清洁生产的变化趋势。

3. 加拿大循环经济投资体制

加拿大循环经济投资体系中最具特色的当属循环经济环保支出账户

（EPEA），它是加拿大环境和资源账户体系（CSERA）的一个分支（在加拿大国家账户体系的框架中，环境和资源账户起到了融合环境和经济信息的作用），其范围包括发生在污染治理和控制、野生动植物的保护和栖息地的恢复、环境监视、环境评价和环境审计、土壤改造等方面的费用，提高健康水平、美化环境等方面的费用则不包括在内。

加拿大的循环经济环保开支账户能够清楚地显示对与环保有关的商品生产和服务的最终需求和中间消费的结构与特性，这种显示主要反映在国家和省两个层面上。目前，加拿大的环保支出账户包含了三个账目：（1）关于环保的家庭开支；（2）政府对环保的现金和资本支出，包括中央政府之间和地方政府之间的转移支付；（3）商业资本运营对环保的支出。

（二）发达国家循环经济投资经验分析

（1）建立环境资源统计账户。瑞士、加拿大、意大利等国家在这方面走在了前列。因为环保开支账户可以衡量经济活动对环境负面影响的社会反应程度，衡量各个部门为避免和限制环境冲击所支付的社会成本。这样建立环保账户后，就能比较准确的量化环保费用给财政造成的沉重负担，在一定范围内通过比较环保支出与经济活动获得的利益，为环境、经济的决策提供支持。

（2）合理划分环境保护中各投资主体的事权。环境事权的合理划分，不仅指政府、企业、个人之间环境事权的分配，还包括各级政府之间环境事权的分配。日本在这方面便是一个很好的例证，瑞士也积累了丰富的经验。瑞士联邦政府环保支出主要用于环境管理、水土保持以及特定区域的环境整治和环保设备的研发，而地方政府的环保支出主要用于废物和污水处理、空气污染的防治和其他地方性的环保服务。合理划分各投资主体的事权，可以避免重复投资的现象，提高资金利用效率。

（3）循环经济环保资金的使用方向重在"治本"。各国循环经济环保投资逐渐从末端治理转向清洁生产。因为清洁生产需要强大的技术支持，所以20世纪90年代后，各国循环经济环保投资资金对环境技术的研究与开发给予了大力倾斜，大力推动了生产水平与污染防治水平的提高。芬兰在这方面已取得明显的成效。

三、产 业 政 策

产业政策是政府将宏观管理深入到社会再生产过程之中，对以市场机制为基础的产业结构、产业技术、产业组织和产业布局变化进行定向调控，以实现某种经济和社会目标的一系列政策的总和。有利于循环经济的产业政策应规划组织协调好社会与自然、行业与行业、企业与行业、企业与企业乃至企业内部各生产工序、环节之间的关系。为此各国都在进一步完善相关的产业体系建设。

（1）在产业结构方面，对于循环经济所涉及的领域在产业政策上给予倾斜。各国通过产业间结构政策对各产业部门间比例关系进行调解，加大循环经济产业在国民经济中的比重。

如日本在产业调整过程中，积极推进"静脉产业"的发展。自《资源有效利用促进法》及相关促进循环经济的法律法规颁布实施以来，"静脉产业"得到快速的发展。目前全日本已设立了380家废旧家电回收站，40家废旧家电处理工厂。在经济产业省、环境省和地方政府支持下，全日本已建设了从事"静脉产业"的"生态环保城"14个。

德国扶植节能型产业的产业政策核心是优惠贷款、津贴以及对可再生能源生产者给以较高标准的固定补贴的方式相结合。如德国《电力输送法》规定，中型到大型电力用户按居民电价的90％支付风能、太阳能、水力以及生物质能生产的电力。对风能发电，德国政府按电力产出量或设备能力成本支付津贴。对投资可再生能源的企业，国家还以低于市场利率1～2个百分点的优惠利率，提供相当于设备投资成本75％的优惠贷款，促进节能型产业的发展。

（2）支持与循环经济相关的行业尤其是先进技术行业发展。各国通过产业技术政策确定循环经济相关产业合理的产业技术结构、生产结构和产品结构以及技术选择的方向。

如美国设立"总统绿色化学挑战奖"，为了重视和支持那些具有基础性和创新性、并对工业界有实用价值的化学工艺新方法，对相关项目进行奖励，以通过减少资源消耗来实现对污染的防治。20世纪90年代初，美国把促进环保技术的发展作为联邦政府一项高度优先的任务，制定了"国家环境技术战略"，协助企业研究开发更有效和较少污染的加工工业技术。日本对从事3R研究开发、设备投资、工艺改进等活动的各民间企业，根据不同情况分别享受政策贷款利率。发达国家还通过引进外资提升本国环保产业技术，例如英国制定了吸引外商投资环保产业的计划，主要是引进国外先进的垃圾处理和环境管理技术。

（3）制定有利于产业组织开展循环经济的政策。各国通过产业组织政策解决在发展循环经济的过程中产业内部、企业之间资源合理配置问题，竞争活力问题或者规模经济问题。

首先，各国制定了有关企业进行清洁生产的政策。要求企业合理利用资源和能源；调整产品结构，发展"绿色产品"；选用无毒或低毒优质的原料；强化企业管理，提高科学管理水平等。在制定清洁生产法律的前提下，各国正在扩大清洁生产领域。欧共体委员会 20 世纪 70 年代制订了关于"清洁工艺"的政策，80 年代又制订了欧共体促进开发"清洁生产"的两个法规，明确对清洁工艺生产工业示范工程提供财政支持。欧共体还建立了信息情报交流网络，其成员国可由该网络得到有关环保技术及市场信息情报。在推广清洁生产的同时，延伸了企业的生产者责任制，对产品从生产到最终处理的全过程负责。瑞典实施废弃物循环利用"生产者责任制"，即生产者——企业对其产品在被最终消费后，继续承担有关环境责任。而且其废弃物处理范围不断扩大，从最初的产品包装扩大到废电子电器产品，电子电器的生产者责任制也在《环境法》的基础上相继出台。日本颁布的《家电资源回收法》规定，制造商和进口商对制造、进口的家用电器有回收义务，并需按照再商品化率标准对其实施再商品化。

其次，健全社会循环经济中介组织。因为在发展循环经济中，非营利性的社会中介组织可以起到政府公共组织和企业营利性组织没有的作用，如上一章所提到的德国 DSD 双元回收系统，专门组织回收处理包装废弃物。在日本大阪有关部门也建立起了一个畅通的废品回收情报网络，专门发行旧货信息报《大阪资源循环利用》，介绍各类旧物的有关资料，使市民、企业、政府形成一体，通过沟通信息、调剂余缺，推动垃圾减量运动的发展。

最后，提高企业参与循环经济的积极性。法国环境与能源控制署和中小企业开发银行于 2000 年 11 月成立了节能担保基金（FOGIME），专门对中小企业在节能方面投资提供贷款担保，保证中小企业用于能源效率方面投资的贷款。日本对中小企业从事的有关环境技术开发项目给予补贴，鼓励创造型的技术研究开发；对废弃物再资源化工艺设备生产者给予相当于生产、实验费的 1/2 的补助；对推进循环型社会结构技术实行补助优惠政策。

（4）发挥产业集群效应，大力发展生态工业园，延伸产业链。各国在产业聚集方面，把不同的工厂联结起来形成共享资源和互换副产品的产业共生组合。在这方面，美国、日本、德国、加拿大等许多国家均实施了相应的政策。美国总统可持续发展理事会专门成立了生态工业园特别工作组，并建立了示范点，目前世界上有几十个生态工业园在规划或建设，多数在美国。丹麦卡伦堡的共生体系是世界上生态园建设中成功的典范。工业园区的主体企业是电厂、炼油厂、制药厂和石膏板生产厂，以这四个企业为核心，通过贸易方式利用对方生产过程中产生的废弃物或副产品，作为自己生产中的原料，不仅减少了废物产生量和处理的费用，还产生了很好的经济效益，形成经济发展和环境保护的良性循环。

四、贸易政策

《21世纪议程》中指出，要促进建立一个开放的、非歧视的、公平的、安全的、可预测的、符合可持续发展目标并能使全球生产按照比较优势得到最佳分配的多边贸易制度，同时要考虑到环境方面的问题，促进和支持可以使经济增长和环境保护相辅相成的国内和国际政策。

（一）世界贸易"绿色"趋势加强

（1）国际经贸法规的制订突出"绿色"概念。当前，国际社会制订的国际性公约、法规均带有显著的"绿色"特征。据不完全统计，近年来，一些国际组织和联合国有些机构制订了约250项范围广泛的多边环境协定和公约，其中许多国际性法规含有与贸易有关的具体条款，许多较早制订的国际经贸法规也都补充或强化了各种专门的环境条款。这些公约、法规对于以往国际贸易忽视环境问题的状况进行了严格限制，并对环境与贸易的程序作了规范。

（2）世界各国逐渐认同在贸易中实施环境标准。国际标准化组织为统一各国环境标准，制订了 ISO 14000 环境管理系列国际标准。该标准系列规定了环境审核、环境标志、环境行为评价、环境管理等内容。标准实施的目的是帮助组织实现环境目标与经济目标的统一，支持环境保护和污染预防，这是国际标准化组织起草和实施这一系列标准的根本出发点，也应成为企业实施标准、建立体系的最终目标。标准的实施不仅是为企业建立一个不断持续改进的管理体系，同时有助于消除国际贸易中各国就环境问题而设置的非关税壁垒，它面对全世界的企业、政府及一切组织，涉及从原料开发到产品制造、使用及报废的所有活动过程，对任何不符合该标准的产品，任何国家都可以拒绝进口。

（3）绿色壁垒逐步取代传统非关税壁垒。在国际贸易中考虑环境因素并制订相应的法规条款，其初衷在于通过控制乃至禁止对环境有害的产品以及产品生产设备和工艺来减轻其对进口国的环境压力。本质上讲它不具有贸易壁垒的特征，但随着国际贸易的迅速扩大，政府对贸易的干预不断加深，当某些国家为了保护国内企业，在贸易规范中设置种种苛刻要求，就形成了绿色贸易壁垒。绿色壁垒与传统的贸易壁垒在本质上是有重大区别的：它的设立既能保护进口国的经贸利益，又能保护生态环境和资源。因此，绿色壁垒不会像传统的贸易壁垒那样在国际贸易发展过程中逐步被淘汰，而是会不断地被强化。

（二）发达国家有利于循环经济发展的贸易政策

一些环境标准较高的发达国家经常使用各种各样的环境贸易措施，包括贸易禁止、产品税费、环境税、绿色补贴等，发展循环经济，同时对付发展中国家的"生态倾销"。

（1）制定贸易标准。一些发达国家在进行国际贸易的过程要求对方严守环境标志制度，贸易产品从生产、消费、使用到废止的过程全部符合环境要求。如果没有取得该项标志，该产品则不能打入其国内市场。

（2）设立进出口市场准入检查制度。虽然每个国家都有权利制定本国的环境标准，但任何一国都不能规定其贸易伙伴国的国内环境标准，不可以将本国的环保价值观强加于另一国。所以任何一个国家在进行国际贸易时，必须遵守进口国的环境标准。有些情况下，进口国会对出口国的产品、设备等根据本国的环境标准进行验收。这一方面增加了出口产品的成本，降低了市场竞争能力；另一方面由于各国自身制定的环境标准不一样，对于有些企业不符合本国环境与生态要求的生产设备禁止入境，这严格限制了对生态产生破坏的产品的进口。

（3）征收进口产品环境附加税。对于一部分产品的进口除了需缴纳正常的进口关税外，一些发达国家还根据进口商品的环境污染程度、资源消耗程度、健康影响程度等征收环境附加税。如美国的大气污染扩散税、水污染废物税，北欧国家的二氧化碳税等。这样，对于不利于环境保护和资源高效利用的商品的进口规模、品种与数量就得到了有效的控制。

（4）实行贸易许可证制度。通过对进出口商品发放贸易许可证，可以限制某些资源消耗大、环境污染严重以及对生态平衡造成危害的产品进口与出口。例如美国于1972年颁布了《海洋哺乳动物保护法》，禁止任何与捕鱼直接或间接有关的，对海洋哺乳动物造成伤害的行为。而且禁止进口通过伤害海洋哺乳动物而捕获的鱼类及其制成品。由于墨西哥在利用海豚捕获金枪鱼时，导致过多的海豚死亡，美国便通过贸易许可证制度禁止从墨西哥进口以这类方式捕获的金枪鱼及其制成品。

五、消费政策

消费在各国国民经济中占有重要地位，各国倡导绿色消费政策主要表现在以下几个方面：

（1）引导消费结构，提倡消费绿色产品。各国政府积极倡导绿色消费，国际上对"绿色"的理解通常包括生命、节能、环保三个方面。在发展循环经济，引导消费的过程中，各国都非常重视环境标志制度的完善。德国在世界上首先实施了环境标志制度，称为"蓝天使计划"。到目前为止，德国已对75类4500余种产品发放了环境标志。美国、加拿大和日本也分别宣布实施环境标志计划，加拿大称之为"环境选择"，日本称为"生态标志"。20世纪90年代，新加坡、马来西亚、我国台湾也开始实施这一制度。各国倡导优先采购经过生态设计或通过环境标志认证的产品，以及通过清洁生产审计或通过ISO 14000环境管理体系认证的企业的产品，鼓励节约使用和重复利用办公用品……在这一过程中，各国尤其注重政府的表率作用，美国过去10年共颁布13项总统行政令和2份总统备忘录，对政府机构节能目标、职责、管理、采购等内容做出了具体规定。目前，日本、美国、德国、瑞典、丹麦、瑞士、墨西哥等国家都在积极推行政府节能采购，包括在国家采购法中做出明确规定，公布节能采购目录，编制节能采购指南等。

（2）转变公民消费理念。发达国家非常重视运用各种手段和舆论传媒加强对循环经济的社会宣传，以提高公民对绿色消费的意识。以加拿大蒙特利尔为例，其在对公众进行循环经济宣传时，注意基础性，将垃圾减量等理念纳入各级学校教育，做到以教育影响学生，以学生影响家长，以家庭影响社会；同时注意针对性，蒙特利尔是移民城市，为此他们制作了多种文字的宣传材料，并注意了适应不同阶层的人员；而且注意趣味性，宣传品做到寓教于乐、老少皆宜；此外注意持久性，宣传品的载体形式多样，有广告衫、日历卡、笔记本、公交车等，使人每天看得见记得住。

（3）注重对消费后废弃物的处置，减少环境污染，提高资源回收利用率。"绿色消费"不仅倡导消费者选择未被污染或有助于健康的绿色产品，同时，在消费过程中注重对垃圾的处置，不造成环境污染。并且希望这种消费方式能够引导消费者崇尚自然，追求健康，注重环保、节约资源和能源，实现可持续消费。在日本，公众参与循环经济和垃圾减量重点从三个方面进行：一是尽量减少废弃物的发生，其内容包括防止过量包装，尽可能减少包装垃圾，引导市民正确购物和环境友好或环境保全地消费；二是教育市民和单位尽可能减少排出垃圾，例如市民应该购买净菜，饭菜不要做得太多，把所有能吃的食物都吃完，不要浪费；三是增进反复利用意识，即要求市民和单位对购买的一次性易耗品，应加强反复使用和多次使用，对生活耐用品如衣服、旧家电、家具等自己不用了可以送给别人使用，不要随意丢弃。

第三节　发达国家发展循环经济的主要法律政策

德国和日本是当前发达国家推行循环经济、构建循环型社会的两大先驱者。

但在为建设循环经济提供法制保障的过程中，德国、日本分别走了两条有重大区别的循环经济法律法规构建道路。由于两国发展循环经济的初衷与模式不同，导致立法程序与法律法规体系内容存在较大差异。但是，通过对德国、日本以及其他国家的循环经济法律法规及立法模式的比较研究，可以揭示出循环经济法律法规支撑体系的一般规律，为探索循环经济法制支撑体系提供理论参照和实践参照。

一、日本循环经济法律体系

与德国首先在有关具体领域实施循环经济思想而后建立系统整体的循环经济法规不同，日本是首先制定总体性的再生利用法，然后向具体领域进行推进，采取的是自上而下的立法办法。即以《促进循环社会形成基本法》作为基本法，在其指导下建立各领域循环经济的法律法规。日本循环经济立法体系分三个层面：一是基本法；二是综合性法律，如《资源有效利用促进法》；三是为各行业和产品制定的具体法规，如《促进容器与包装分类回收法》。这些法律法规集中体现了"三个要素和一个目标"，即减少废弃物、旧物品再利用、资源再利用以及最终实现建立循环型社会的目标。

（一）基本法

日本政府在新的《环境基本法》基础上，于 2000 年 12 月制定了《促进循环社会形成基本法》，提出"循环型社会"的概念，即全社会确保社会的物质循环，抑制天然资源的消费，减轻环境负荷。这是一项"基本法"，具有特别的重要意义，它从法律制度上明确了日本 21 世纪经济和社会发展的方向，提出了建立循环型经济社会的根本原则，即："根据有关方面公开发挥作用的原则，促进物质的循环，减轻环境负荷，从而谋求实现经济的健全发展，构筑可持续发展的社会。"①

1.《促进循环社会形成基本法》的主要内容

《促进建立循环社会基本法》的主要内容有以下几个方面：②

第一，提出建立"循环型社会"的概念，明确循环型社会的目标。循环型社会意味着抑制废弃物的产生，实现循环资源的循环利用，在保证废弃物适当安全处理的前提下，抑制天然资源的消费并尽可能降低对环境的负荷。

第二，对于没有考虑其再利用的价值而被称为的废弃物，定义为"可循环资源"，并从法律角度促进其回收利用。

第三，把经济活动划分为：生产阶段、消费阶段、处理阶段，根据重要和必要性，规定在各个阶段废弃物的优先处理顺序为：抑制废弃物的发生—再利用—再生利用—热资源回收—能量利用—安全处理。

第四，明确规定了国家、地方政府、企业和国民等各方面的义务与责任，鼓励每个人为建立循环型社会做出努力。特别是将"排出者责任"和"扩大生产者责任"作为一般原则予以确认。"排出者责任"指企业和公众作为"垃圾产生者"，谁排出谁负责。"扩大生产者责任"指生产者不仅在生产过程、消费阶段承担责任，对产品使用后废弃物的处理也要承担责任。

第五，规定政府制定"促进建立循环型社会的基本规则"——《推进形成循环型社会计划》。此计划作为全社会综合的循环经济发展计划予以推行。其制订与推动过程为：首先在中央环境委员会颁布的指导原则下，由环境部拟定规划草案；起草过程中，听取中央环境审议委员会的意见；制定规划草案后必须通过相关部委和内阁的讨论，以保证政府对措施的执行；内阁对规划做出决定后，将决定报告议会；此后，《计划》每 5 年评估修改一次。政府制定其他规划时要以促进建立循环社会基本规划作为基础。

第六，本法明确了国家建立循环社会的政府措施。这些措施包括：抑制废

---

① 陈赛．循环经济及其对环境立法模式的影响 [J]．南昌航空工业学院学报，2002（12）．

② ［日］循环型社会法制研究会编．循环型社会形成推进基本法的解释．2000 年 12 月；11—16.

弃物产生的措施，彻底实施"排出者责任"的措施，在产品回收、循环利用到产品的事前评价的整个过程中增加"生产者责任"，鼓励使用再循环产品，对影响环境保护、产生污染的企业征收环境补偿费等。

2.《促进循环社会形成基本法》的主要特点

第一，这部法律立足于日本环境与资源的实际情况，战略性地将立法提高到建立循环型社会的高度，以可持续发展为宗旨，阐明了日本发展循环经济的目标。

第二，以法律形式明确了国家、地方政府、企业和公众的责任，使各方在建立循环型社会过程中可以合理分工。

第三，采取了环境影响事先评价制度，企业在产品的制造、加工或销售和其他经营活动中，对涉及的产品和容器应事先进行自我评价，同时向公众提供必要信息。

第四，以法律的形式确定了建立循环型社会的计划和计划实施的时间表，确保循环经济的贯彻实现。

第五，以科技和教育作为发展循环经济的强大后盾，加强技术研发和普及循环经济知识。

第六，鼓励民间团体自愿开展有利于循环经济的各种活动，同时要求大力加强国际合作。

（二）综合法

日本建立循环型社会的综合法规包括两部：《资源有效利用促进法》和《固体废弃物管理法》。

1.《资源有效利用促进法》

2000 年日本对《再生资源利用促进法》进行了修改，改名为《资源有效利用促进法》，于 2001 年 4 月开始施行。这部法律主要强调循环经济的 3R 原则。第一，在产品设计时要考虑小型、轻便、易于修理，达到节省资源、延长使用寿命的任务；第二，在设计时使部件易于再使用，需要再使用的部件应该标准化；第三，生产者有回收废旧产品循环利用的义务，为了使不同材质的废弃物在回收时易于区别，生产厂家有义务添加材料标号，等等。总之，要在产品的设计、制造、加工、销售、修理、报废各阶段综合实施 3R 原则，达到资源的有效利用。为此，该法律专门提出了以下 5 项措施：通过节约生产资源和延长使用寿命减少垃圾产生量；回用零部件；企业回收使用过的产品并使之再循环；使用后产品加贴选择性收集标签；减少副产品和其他循环措施。

2001 年生效的新内阁令，规定了该法律的适用范围为 10 类企业的 69 种产品，并以此代替了以前规定的 3 类企业的 30 种产品。日本自从《资源有效利用促进法》颁布实施以来，"资源循环利用产业"得到快速发展。目前全日本"资源循环利用产业"的产值为 48 万亿日元，从业人数 136 万人，预计到 2010 年产值将达到 67 万亿日元，从业人数 170 万人。[①]

2. 《固体废弃物管理法》

与《资源有效利用促进法》相配合，日本经济产业省制定了《固体废弃物管理法》。由于先前废物产生部门只关心废物的处理价格，竞争的结果是许多拥有完整处理技术、处理效果好的优秀企业难以发展，对此，《固体废弃物管理和公共清洁法》规定了垃圾管理责任、处理方法、处理措施和相关设备，明确地规定了排放工业垃圾的企业责任。

2001 年《固体废弃物管理法》最终修订案修改和增加的条款有：第一，加强工业垃圾不适当处理的对策，强化垃圾管理联单系统，没有经过充分处理而产生垃圾的企业被列入名单，负责将目前的环境状况恢复到以前的水平；第二，保证可靠的垃圾工作，增加办法或撤销垃圾处理设施许可证的条件，对外国环境也给予更多的关注；第三，增加公众对改善垃圾处理设施的参与，完善公众参与的法规；第四，鼓励垃圾减量，由政府制定基本政策减少垃圾等，每个小区制定垃圾处理计划，并公布和报告计划的实施情况。

（三）专项法

除一部基本法和两部综合法外，日本政府还制定了若干部专项配套法律。

1. 《促进容器与包装分类回收法》

容器与包装废弃物在日本城市生活垃圾中占大约 60％，《促进容器与包装分类回收法》的目的是减少此类垃圾、促进其回收利用。法律规定建立容器与包装回收体系，要求涉及的不同主体承担不同的责任。消费者是零散垃圾排放者，应通过适当使用容器与包装来减少垃圾的产生；企业应分担回收责任，可以将责任委托给指定的接收单位；市政部门必须制定分类收集计划并采取必要措施在本地区分类收集容器与包装废弃物。法律对玻璃瓶、纸制品、塑料包装制品等的回收还制定了具体条款。

---

① 孙佑海，王凤春，林丹. 关于制定《循环经济促进法》的研究报告［M］. 北京：经济科学出版社，2003 年

玻璃瓶。无色和茶色的分别破碎、洗净后作为制新瓶的原料，其他瓶破碎后作为建筑材料等。

聚酯瓶。2000 年的比例是用于制纤维 56％，包装、蛋架等 34％，瓶（洗涤剂）0.5％，成型制品（如花盆）5.5％，其他 4％。

塑料制品（PET 除外）。用于材料循环 11.1％、油化 7.6％、高炉56.3％、焦炉化学原料 22.3％、气化 1.5％。

纸制品。用于制浆造纸、材料循环和作燃料等。

2.《家用电器回收法》

《家用电器回收法》规定制造商和进口商对制造、进口的家用电器有回收义务，并需要按照再商品化率标准对其实施再商品化。

日本《家用电器回收法》的主要特点是：

（1）废家电的收集、搬运、再商品化所需资金（循环费）由排出者负担。

（2）零售商有义务接收废家电并运到指定的集中地，也可由市、町、村回收。制造者（包括进口输入者）有义务进行家电的循环。

（3）选择电视机、冰箱、空调和洗衣机 4 种家电，主要是由于其循环的必要性高，而在市、町、村就地循环困难。

（4）电视机循环量 55％以上，空调 60％以上，冰箱 50％以上，洗衣机50％以上。同时回收空调和冰箱中的氟利昂（破坏臭氧层的物质之一）。

（5）排出者有备案，以确保废家电从排出者到最终处理者得到合适的循环处理。如发生非法丢弃或不适当处理，可加以追究。

（6）家电制品协会（RKC）是主管大臣指定的管理此项工作的法人。RKC 还担当小制造者的委托，进行家电循环，也负责已倒闭的制造者所生产的家电的循环。

3.《建筑和材料回收法》

《建筑和材料回收法》的主要内容有：第一，强制分类回收拆迁建筑物的建材碎片等。第二，发包和承包协议程序。为了保证建筑垃圾的分类与回收的执行，强制发包者事先注明、强制承包者向发包者汇报，并在现场作标志；完善发包者和承包者之间的协议手续，以保证给予发包者适当的成本费；第三，拆迁公司到管理处注册。拆迁公司有义务向现场工程监理报告并保证按照适当的方式完成拆除工作。第四，制定回收计划促进回收，要求合理使用再循环材料。对违背分类拆除和回收等指令或登记不合格的发包者和承包者实施惩罚制度。

4.《食品回收法》

在日本的城市生活垃圾和工业垃圾中，食品垃圾的年产生量约为 2000 万吨。在城市生活垃圾中，食品垃圾已经占到了 30%，而其中作为肥料或饲料被回收的不到 10%，大部分被焚烧。为了减少食品垃圾的产生，并通过转化为饲料或肥料的方式减少最终处置的垃圾量，日本政府制定了《促进回收的可循环食品资源的利用法》（简称《食品回收法》）。

食品循环法的要点如下：

（1）该法所指的食品循环资源为食品残渣和到期食品及食品生产过程产生的动植物残渣等。混有有害物质或异物的不能作为食品循环资源。

（2）对食品废弃物的办法主要有抑制产生、减量（如脱水、干燥等）、循环利用。

（3）对于食品废弃物的排出量在 100t 以上的有关生产者，5 年内要减少排出量的 20%；要与饲料、肥料制造者建立稳定的关系。若食品废弃物的抑制产生、再生利用不充分，将进行处罚。

（4）地方公共团体有促进食品废弃物再利用的义务，如家庭垃圾的分类及堆肥化。

（5）消费者有努力抑制食品废弃物的产生及促进其再利用的义务。

（6）食品废弃物除作饲料、肥料的原料外，可生产沼气、有机污泥的乳酸化技术、发酵—乳酸—聚乳酸（可生物降解塑料）等。应进一步开发其他技术。

《食品回收法》规定了企业、消费者和政府（包括地方政府）的责任和义务。具体责任分工为：食品生产、分送企业以及餐饮业有预防垃圾产生和回收垃圾的义务；消费者除预防垃圾产生外，还有义务使用再循环产品（作为饲料或肥料）；政府负责制定促进产品再循环措施。

5.《汽车循环法》

根据该法案，汽车制造商有义务回收废旧汽车，然后进行资源再利用；车主有义务对环保做出贡献，缴纳 150 美元左右的回收处理费用。该法律规定的目标是到 2015 年回收率达到 95%。

6.《绿色采购法》

此法明确了政府对环保文具和其他环保商品的责任和义务条款，要求中央和各级政府负有率先购买和使用环保型产品的义务，2001 年的对象为文具、OA 机器和汽车等 4 类共 101 种产品。为了促进国家机构和地方政府积极购买对环境友好的再循环产品，该法制定的环境友好产品的类型有再生打印纸、低污染办公车、节能型复印机等。

二、德国循环经济法律体系

德国采取的是先在个别领域逐步建立一些相关法规，随后才出台整体性循环经济法律的立法步骤。有关法律法规经过不断实践、修订，现已形成条款日益严密、结构不断完善的循环经济法律体系。德国循环经济法规涉及社会的各行各业，从生产领域到消费领域、从单一个体到整个社会，详尽的法律法规使循环经济发展有了强有力的保障。德国是以废弃物处理法作为法律基础，经过将其修正为废物管理法之后，逐步通过法制创新为循环经济探索法律法规支撑系统的。德国的废弃物处理法最早是在 1972 年制定的，但当时强调废弃物排放后的末端处理。在 1986 年通过修正将其改称为《废物管理法》，强调要通过节省资源的工艺技术和可循环的包装系统，把避免废物产生作为废物管理的主要目标。1996 年 10 月 7 日生效的《资源循环和废物管理法》代替了《废物管理法》，并成为德国建设循环经济的总的法案。据报道，德国现有约 8000 部联邦和各州的环境法律、法规，加上联盟的 400 个环境法规，已形成庞大的法律法规体系。

（一）德国的《循环经济和废物管理法》

1996 年 10 月，德国一部新环境法律——《循环经济和废物管理法》正式生效，该法核心思想是提高资源利用效率，减少废弃物产生。德国的《循环经济和废物管理法》是德国循环经济法律体系的纲领。

《循环经济和废物管理法》把循环经济定义为物质闭环流动型经济，把循环经济思想推广到所有生产部门，明确了企业生产者和产品交易者担负着维护循环经济发展的最主要责任。规定了废弃物管理处置的优先顺序是避免产生、循环使用、最终处理，其基本原则和做法是：首先，通过源头防控，避免和减少废弃物的产生；其次，对垃圾进行最大限度的再利用，在处理垃圾的过程中，不得威胁到人类健康、动植物、水源、土壤等；其三，官民合作，即政府、企业、公民以及社会团体共同参与解决环境问题。该法认为生产中应首先避免产生废物，其次必须对材料或能源进行充分利用，只有两者都难以实现的情况下才可以对废弃物进行环境能够承受的清除。《循环经济和废物管理法》

的主旨体现在以下几个方面：[①]

（1）将垃圾管理思想扩大到欧洲范围。

（2）以闭环的方式进行垃圾管理。

（3）垃圾只有在由于技术、生态或经济原因无法进行重复利用的情况下才可以最终废弃。

（4）重复利用物质的主要目的是节约自然资源和保护环境。

（5）力争使物质的和能量的重复利用相等。

（6）促进私营企业参与废物管理（产品回收/二元体系）。

（7）使生产者通过分类收集体系或现有公共体系承担回收责任。

（8）循环利用的废弃物种类包括废油、包装废弃物、电池、报废汽车，以及电子垃圾等等。

（9）建立工业社会生态变化的新模式。

此法律要求工商业者在研制新产品时就要考虑废弃物的清除问题。产品必须寿命长、维修便利、可拆除或重新利用。生产者必须承担废物利用或清除的费用。正如德国环境部部长安哥拉·默克尔所说："对一种产品的责任不能再以制造而告终，它必须包括使用和对其废物进行于环境无害的清除，即首先是重新使用和重新利用。这样循环圈子就合拢了。"

《循环经济和废物管理法》的正式生效对废物清除行业起到了明显的推动作用，1996 年其营业额约 800 亿马克，预计 2005 年营业额将跃升为 2000 亿马克左右。

（二）其他相关配套法律

1972 年，德国制定了《废物处理法》。1978 年推出蓝天使计划。德国从 1985 年起规范垃圾分类。1991 年颁行《商品法》，扩大了企业的产品责任，"制造厂要对产品整个生命周期负责"，由出售商品的商家负责回收，由制造厂负责再生，即"谁卖谁负责，谁造谁负责"，实行"绿点"制度（在各种包装上印有一个圆圈和一个图案，要求回收）。1998 年实施《环境经济法》，从消除废料的途径回归循环，使资源得到有效利用。

针对不同的废弃物，德国分别设立了单独法案或条例：[②]

---

① 《德国循环经济法律法规体系与管理体制》，http：//www. ccpp. org. cn/cycle/cycle _ german. pdf.

② 冯之浚，张伟等.《循环经济是个大战略》[N].光明日报，2003-9-22.

（1）针对包装废物，1998 年 8 月 28 日修订的《包装废弃物处理法》代替了 1991 年的《包装废弃物处理法》。回收目标进一步提高：玻璃 75％、纸和纸板 70％、塑料 60％、铝质包装材料 60％（均提高了 5％～10％）。其宗旨明确：更加注重预防和回收，刺激竞争，并与欧共体相应法规相适应。此后，又分别于 2000 年 8 月 28 日和 2001 年 12 月 20 日对修正法律文本修订两次。

（2）针对废旧汽车，1998 年 4 月 1 日《废旧汽车处理条例》生效，此条例规定必须把废旧汽车带到被授权的地点或公司进行处置。

（3）1998 年 10 月 1 日通过《废电池处理条例》，于 2001 年 9 月进行了修订。

（4）1998 年 10 月通过了关于有机废物的处理条例。

（5）1999 年 6 月 24 日，环境委员会提出了关于处理电子废物和电力设备的条例。

（6）2002 年 2 月 6 日政府推出了关于废木材的处理条例。

（7）其他关于建筑和爆破垃圾以及纺织品废物的处理条例在《资源循环和废物管理法》中都有所规定。

此外，1999 年 8 月 20 日，德国联邦环境署提出未来市政垃圾处理的指导性策略是：到 2020 年，不但玻璃、纸类、纸板、有机废物和塑料要回收，其他所有的市政废物都要完全回收。

近年来，循环经济法律主导下的德国取得了良好的效益，其玻璃、废纸、塑料的再利用率分别达到 90％，60％、50％，剩下不可回收的混合垃圾由国家组织公司负责，80％焚烧、供热，其余废渣做建筑和铺路材料，德国社会由此认识到"垃圾是放错地方的能源"。[①] 在一整套循环经济法律体系的约束下，在严格执法的基础上，循环经济模式在全社会范围内得以有效地推进，德国循环经济系统变得越来越成熟。

三、美国及其他国家相关法律法规

美国目前还没有一部全国性的循环经济法律、法规，但是，美国在 20 世纪 80 年代通过的《1984 年危害性和固体废物修正案》，《1986 年有毒物排放清单（TRI）》和《1990 年污染预防法》等法案中，对污染预防的实施和贯彻做出了明确的界定，均体现着循环经济的思路。上述法律的颁布极大地促进了生产领域中资源能源效率的提高以及污染排放的减少。仅以 TRI 的实施为例，

---

① 诸大建. 可持续发展呼唤循环经济 [J]. 科技导报，1998（9）.

在随后的十几年里，包含在最初清单中的有毒物质，其直接排入空气中的数量降低了14亿磅（63.3％），排入地表水体的数量降低了65.1％。① 由于美国每个州均具有独立的立法权，所以从80年代中期开始，美国各州纷纷制定了适宜于本州的循环经济法规，如俄勒冈、新泽西、罗德岛等州先后制定促进资源再生循环法规，现在已有半数以上的州制定了不同形式的再生循环法规。在威斯康星州，塑料容器必须使用10％～25％的再生原料。美国加州于1989年通过了《综合废弃物管理法令》，要求在2000年以前，实现50％的废弃物可通过源削减和再循环的方式进行处理，未达到要求的城市将被处以每天1万美元的行政罚款。美国7个以上的州规定新闻纸的40％～50％必须使用由废纸制成的再生材料。加州规定玻璃容器必须使用15％～65％的再生材料，塑料垃圾袋必须使用30％的再生材料。佛罗里达州向其本地市场上出售的所有饮料容器征收5美分的预付处理税，这些钱直接融入佛罗里达州循环发展基金，以开展循环发展的相关研究。②

欧盟及其前身欧共体一直都关注废物处理和回收利用的法律规制问题，其先后通过的法律文件主要有《废油指令》《废物处置框架指令》《有毒废物指令》《共同体废物管理战略》《废物运输规则》《废物指令》《报废车辆指令》和《报废电器和电子设备指令》等。这些具体立法的基本内容着眼于废物的管理和利用，首先进行废物预防，抑制废物形成；再是回收使用；最后才是进行焚烧产能和填埋处理。上述法律文件对欧盟及其成员国的循环经济发展有着直接或间接的约束力，起指令性或指导性作用。③ 法国法令提出2003年有85％的包装废弃物得到循环使用。奥地利的法规要求对80％回收包装材料必须进行再循环处理或再利用。丹麦法律规定所有废弃物要有50％必须进行再循环处理等。

四、发达国家法律法规比较

将世界各国促进循环经济发展立法模式与法律体系进行归类与比较，可以归纳为两种：一种是以德国和日本为代表的经济循环型立法模式，另一种是以美国和加拿大为代表的污染预防型立法模式。④

① 石磊．国际发展循环经济的经验［J］．领导之友，2004（4）．
② 孙佑海，王凤春，林丹．关于制定《循环经济促进法》的研究报告［M］．北京：经济科学出版社，2003年．
③ 《欧盟的循环经济立法》，http://news.pack.net.cn/newscenter/zcfg/2005-11/2005110908172348.shtml，2005-11-9.
④ 冯之浚．《循环经济导论》［M］．北京：人民出版社，2004：388.

（一）经济循环型

通观日本和德国的立法过程和法律体系，二者均是以一部循环经济基本法作为核心法律，同时制定与颁布若干项相关配套法规，形成一整套完善的法律体系。这些法律体现了法律目标与社会目标相融合，各立法权力机构之间的协调和法律对改革成果的及时巩固等特点，具有重要的法制意义和社会意义。首先是其循环经济原则被确立为具有法律效力的生产指导性原则，对国家的生产部门的产品设计、产业结构调整起到了指导作用；其次是有针对性地对可回收、回收价值大（包括可利用价值大、污染处理的环境效益大等多方面）的具体产业发布有针对性的单行法律法规文本，使重要的产业部门的生产原则得以确认，有效地减少了全社会的污染排放总量；最后，法律法规体系与立法机构的预先规划性法律文本相结合，以立法的形式向全社会明确了生产调整的方向，起到了指导性的作用。

（二）污染预防型

美国、加拿大等国的循环经济立法模式则属于污染预防型。他们主要是将以清洁生产为基本实现形式的循环经济立法纳入污染预防的法律范畴，大部分法律属于环境法。美国 1970 年颁布《国家环境政策法》，与之相配套的有《清洁水法》《清洁大气法》，这些法律虽然归为循环经济法律范畴，但在本质上属于环境法。美国在 1976 年制定了《固体废弃物处置法》，后又经过多次修改，目前为止还没有一部全国实行的真正意义上的循环经济法规或再生利用法规。加拿大在保护、监督环保产业方面，主要依靠两部法律：《专利法》和《加拿大环境保护法》。1988 年《加拿大环境保护法》制定，后又经过修改，它着重解决污染防治，保护环境以及影响人类健康的有毒物质残留问题，主要包括：污染防治；有毒物质管理；清洁的水和空气；污染物和废物控制；等等。这些法律的目标主要是预防污染，保护环境。

"污染预防型"循环经济立法模式虽然较之末端治理型模式更进一步，但是没有脱离环保理念，没有从根本上解决发展与环境的矛盾与冲突。相比之下，"经济循环型社会"的法律模式则是从社会经济内部协调发展与环境的关系，从根本上杜绝污染问题，提高资源的使用效率，解决环境与发展的根本矛盾。

第四节 国际循环经济核算体系

GDP（或 GNP）目前已被世界公认为是经济增长的衡量主要指标。目前世界各国的国民经济核算体系基本上都是按照联合国的 SNA 制定的。联合国1947 年公布的《国民收入的计量和社会核算表的编制》及 1953 年公布的《国民核算表及补充表体系》（即旧 SNA）是以国民收入生产、分配和使用过程为基础来描述国民经济运行的国民经济核算体系成熟发展的重要标志。1957—1969 年，采用 SNA 的国家或地区达到了 120 个。在 20 世纪 60 年代中期以斯通为组长的联合国国民经济核算体系研究小组对旧 SNA 进行修改和完善，于1968 年联合国公布了新 SNA，并于 1970 年在世界各国推行实施。1993 年联合国第 27 届统计委员会会议通过了关于 SNA 的修改方案，在总结各国 SNA实施和应用的基础上，进一步改进和完善了 SNA。尽管 SNA 核算体系创立后经过几次修订得到了很大的完善，但是，由于它最初是在国民收入统计和凯恩斯宏观经济学的基础上建立和发展起来的，必然是以国内生产总值（GDP）为主要指标的单一投入产出核算，把国民经济全部活动的产出成果概括在一个极为简明的统计数字之中。SNA 体系中 GDP（GNP）指标一个最明显的缺陷就是它不能反映出经济增长的有效性，忽视自然资源与生态投入对经济增长的贡献。所以用 GDP（GNP）来衡量的经济增长不能真实地反映可持续发展的程度。因此，为准确衡量经济增长的有效性，真实评价经济增长行为和指导经济在资源环境持续利用基础上有效增长，必须对 GDP（GNP）指标加以改造修正。

一、传统 GDP（GNP）的意义与缺陷

GDP 是一个非常重要的经济指标，包含了以各种使用价值为基础的全部交换价值，进而还可以包含没有进入市场、但按照市场价格计算的产品的价值。它的设立对于统一各国及每一国家内部经济增长的衡量、测算标准进行国际比较，对各经济体系宏观经济运行状况进行描述等均具有重大意义。然而随着社会经济条件的发展和变化，这一指标的缺陷也日益明显。

（一）GDP（GNP）指标的意义及贡献

（1）衡量经济总量。GDP可以反映一个国家（或地区）的经济总量和总的生产能力，从而成为综合国力的重要标志。它是作为社会经济指标存在的最基本的功能。这是静态反映国民经济总量的功能。

（2）判断经济增长阶段。GDP可以反映一个国家（或地区）乃至整个世界，经济社会发展的程度和所处的发展阶段，从而成为生产力发展和社会进步的重要综合标志。对世界或同一经济体各阶段的GDP（GNP）指标加以对比，有助于识别世界或该经济体自身的状况及发展趋势。

（3）显示经济增长速度。GDP可以反映一个国家（或地区）经济增长的速度和经济运行的基本状态。通过该指标，可以适时地监测国民经济运行状况（增长或停滞或衰退）。对GDP（GNP）指标及其各部门加以多维评价分析，才能真实地反映某一经济体其发展的总体状况及运行健康与否。

（4）表明基本经济结构。GDP作为增加值的总和，可以反映产业结构（或生产结构，即一、二、三产业增加值占GDP的百分比，以及各产业的内部结构）、地区结构（即各地区增加值占GDP的百分比）、分配结构、支出结构或需求结构等。

（5）进行国际横向比较。当两个以上经济体的GDP（GNP）被放置同一视角加以衡量判别时，GDP（GNP）指标就具有比较功能。GDP可以表明人均产出的水平，在进行国际比较中，由于各国国土面积和人口差异很大，因而最有意义的指标是人均GDP或人均GNP（GNI）。

正是因为GDP（GNP）指标的上述功能，使得人们在利用GDP（GNP）这一指标评价分析、预测经济增长趋势时具有重大意义。可以说GDP（GNP）指标作为经济增长的唯一指标，已得到了国际社会的广泛认同。然而伴随着经济增长而来的分配悬殊、资源耗竭、工业污染加剧、生态平衡破坏等地区和全球问题的出现，GDP（GNP）指标已越来越不能胜任全面衡量、评价和预测社会经济的总体发展水平，人们逐渐开始认识到GDP指标的片面性和缺陷。

（二）GDP（GNP）指标的不足与缺陷

随着各国经济发展由"经济增长观"向"可持续发展观"的演进，GDP

（GNP）指标的缺陷也日益显露出来。除了 GDP（GNP）指标本身存在着重复计算；不能明确区分原始收入和派生收入；不同国家商品价格以及折算美元后存在的差异；价值上没有包括大量家务劳动等等不足，就其从构成评价循环经济发展的重要部分的生态资源与环境的角度考察，它是一个以"物"为核心的"物本范式"指标，太过于强调物质财货的成倍增长①。具体来讲，其缺陷在于以下几点：

（1）现行的以 GDP 为主要指标的 SNA 核算体系是以市场交易为基础，以交易的货币价值核算货物和服务，单纯能够直接以货币化的物质产品作为经济增长的度量指标，而那些不易被货币化但对国民产出有积极作用的项目却难以概括进来。在 SNA 体系中，由于其他非生产自然资源和生态投入的价格被假定为零，因此并不包括在核算之内。这种核算的实质是将自然过程排除在生产过程之外，所谓的生产只是人类对物品的加工，而在此过程中，自然资源与生态投入就好像对生产不起作用一样。例如生态系统提供的各种经济正外部性的服务（包括清洁的空气、水源和生物多样性等等）就丝毫未被考虑进来（其实可以通过意愿调查法进行评估其价格）。

（2）GDP（GNP）指标掩盖了经济增长过程的伴生物——环境破坏、工业污染、生态失衡等现象，没有反映生态环境恶化所带来的经济损失。人类的经济活动污染和破坏了生态环境，反过来受到污染和破坏的生态环境又影响和干扰着人们正常的生产和生活，造成直接或间接的经济损失。这些因环境恶化带来的损失，反映了人们福利的降低，应当从国内生产总值中扣除，但是，由于环境恶化带来的这些经济损失一般来说没有相应的市场表现形式，因而同样被排斥在国民经济核算体系之外。更有甚者，一些资源耗竭性的经济活动成果被直接计入 GDP（GNP）核算之中成为经济增长的标志。例如传统经济增长导致环境污染，引起人们预防和治疗因环境污染导致的疾病支出的增加却被计入 GDP（GNP）。②保罗·霍根认为"GDP 不仅掩盖了社会结构和经济以及生命本身最终将赖以生存的自然生态破坏；更糟糕的是，它还将这种破坏描绘成经济效益"。③

（3）GDP 指标无法真实反映自然资源要素的损益状况。GDP（GNP）指标是以物质资本为核心而构建起来的国民经济宏观指标。传统的国民经济核算

①　［英］罗伊．哈罗德．动态经济学［M］．北京：商务印书馆，1999：4．
②　［英］罗伊．哈罗德．动态经济学［M］．北京：商务印书馆，1999：34—35．
③　［美］保罗．霍根．自然资本论［M］．上海：上海科学普及出版社，2000：715．

体系核算的并不是可持续发展意义上的全部资产，它核算的只是经济资产，包括生产资产与自然资产的一部分。只有那些所有权已经确立并且已经有效地实施这种所有权的自然资产才被列入经济资产的范围内，成为国民经济核算体系的研究对象，而核算范围之外的环境资产就被忽略了。由于没有将环境资产包括在内，环境资产的退化也就无法得到反映，也就不能反映自然资源与环境要素在经济增长过程中的变迁。

（4）GDP（GNP）的扭曲还表现在：用在污染防治和改善环境方面的耗费投入表现为国民产值，环境损失却未计入。例如，就同一污染事件来说，如果由政府出钱消除，便意味着政府的支出，就是最终物品和劳务的购买，这样就提高了国民收入。如果由污染企业自己消除，那么同样的开支就被看成是中间产品费用，国民收入将不会上升；如果政府与企业都不消除污染，邻近的居民就会遭受损失而增加医疗费用，但由于与医疗费用在国民收入账户中同样被看作是最终消费支出，所以国民收入亦为上升。所以，GDP（GNP）的数值不仅忽略了有害产品的污染，也低估了有关环境改善的有益投入的价值。

托宾和诺德豪斯早在 20 世纪 70 年代，指出了 GDP（GNP）指标的缺陷，[①] 认识到以 GDP 指标来衡量的经济增长是一种"失效"的经济增长。因此，对于 GDP（GNP）指标的科学性提出质疑自 20 世纪 70 年代以来就未间断过，而且愈来愈多。一般而言，传统经济体的经济增长与自然资源的损耗和环境破坏是同时降临的。所以 GDP（GNP）忽略自然资源与环境要素的统计方法是反自然的统计幻觉。因此，为准确衡量国民经济增长，必须对 GDP（GNP）指标加以扩展。否则，GDP（GNP）原有功能被放大后产生的误导后果是不堪设想的。由于传统 GDP（GNP）指标固有的缺陷，世界许多研究人员对其进行了新的探讨与改进。

二、绿色 GDP（GNP）的核算与实证分析

（一）国外对绿色 GDP 核算的研究

从 20 世纪 70 年代开始，联合国、世界各国政府、著名国际研究机构和著

---

① 参见 Topin, James and William Nordhaus, 'Is Grovoth obsolete?', in Economic Ginorth, Nondhaus and tobin (eds), columbia university press, New York, 1972.

名科学家一直在进行着理论与实践探索，构建反映环境因素的核算体系。

1971 年美国麻省理工学院首先提出了"生态需求指标"，试图利用该指标定量测度与反映经济增长和环境压力之间的对应关系。

1972 年托宾和诺德豪斯提出净经济福利指标。他们主张应该把都市中的污染等经济行为所产生的社会成本从 GDP 中扣除；同时，加入被忽略的家政活动、社会义务等经济活动。

1973 年日本政府提出净国民福利指标。主要是为了全面、真实衡量经济增长的有效性及福利水平，必须对 GDP（GNP）指标加以修正或扩展。

1989 年卢佩托等提出净国内生产指标。

1990 年世界银行资深经济学家戴利和科布提出可持续经济福利指标。该指标考虑了社会因素所造成的成本损失，如财富分配不公，失业率、犯罪率对社会带来的危害；更加明晰地指出经济活动中的成本与效益，如医疗支出等社会成本，不能算作是对经济的贡献。

1995 年世界银行按四大类型得到了自然资源的货币化估计，这四种类型是土地、淡水、活力木森林和地下矿藏。对于美国来说，世界银行估计的货币化自然资源的总价值为 260000 亿美元。[①] 报告发表后，在世界各国引起了相当大的反响。

1996 年 Wackernagel 等人提出了"生态印迹"度量指标。主要用来计算在一定的人口和经济规模条件下，维持资源消费和废弃物吸收所必需的生产土地面积。

1997 年康斯坦扎（Costanza）等 13 位生态经济学家首次系统地设计了测算全球自然环境为人类所提供服务价值的"生态服务指标体系"，并根据已出版的研究报道和原始数据统计得出全球生态系统服务的价值最低估计平均值为 33 万亿美元。[②]

1999 年美国总统科技顾问委员会发表了一份题为《投资：科学认识和利用美国自然资本》的报告。该报告把生物多样性和生态系统称为自然资本，并对其经济价值进行了定量评估。

---

① Serageldin, Ismai, Sustainability and the Wealth of Nations: First Steps in an Ongoing Journey, Third Annual World Bank Conference on Environmentally Sustainable Development, International Bank for Reconstruction and Development, Washigton DC, September 30, 1995.

② Costanza R, d' Arge R, etal. The value of The world' s ecosystem Services and natural capital·Nature·1997. 387: pp. 253—260.

（二）目前国际绿色 GDP 核算体系方案

鉴于传统 GDP（GNP）指标缺陷，设计一个可行的、可靠的、能有效测量经济增长的真实指标，来确切评估和指导经济发展，就成为十分迫切的问题。目前国际绿色 GDP 核算体系方案主要有三种：一是废弃 GDP（GNP），重新设计全新的指标来替代它；二是对它进行全面改造，使之适于考核测度经济有效增长；三是经改造后重新启用。方案一、二至少在目前还缺乏可实施物质、技术基础，方案三是一个较为可行的过渡体系。对于方案三又有几种可供选择的指标体系：

1. SEEA 体系

近年来，世界银行和联合国统计局合作，建立了试用性的称为"经过环境调整的经济账户体系"即 SEEA 体系。它的特点是在保护现有 GDP（GNP）国民账户体系完整性的基础上，通过增加自然资源附属账户的内容，来修正 GDP（GNP）指标。将传统账户中所有与环境有关的流量与存量项目分离列式，将实物资源核算与货币化环境核算以及资产负债核算相联系，对传统的收入、产值指标加以环境调整等。

具体计算过程如下[①]：

在 SNA 核算体系中，国内生产净值从产出方面看，可以有两个计算公式：

$$NDP = P - Ci - CFC \tag{1}$$

$$NDP = (X - M) + C + I \tag{2}$$

式中：P 代表当期生产的总产出，Ci 代表中间投入，CFC 代表固定资产消耗，X 代表出口，M 代表进口，C 代表最终消费，I＝Ig（资本形成总额）－CFC，代表资本形成净额。需要特别指出的是，Ci 和 CFC 仅指生产的中间投入和生产用固定资产的消耗，I 也仅限于产出（及进口）成果用于生产资产的增加。

上述指标计算方法的主要问题是，资本形成净额 I 忽略了环境与自然资产的耗减。将资本形成净额加以环境调整，便可以得到经过环境调整的国内生产净额，其计算公式如下：

---

① 环境——经济综合核算体系与真实储蓄率，http://www.webofcity.com/nei/file/hzzhtx.htm，作者不详。

$$EDP＝P－Ci－CFC－Usenp \tag{3}$$

$$EDP＝C＋（X－M）＋（Ap.ec＋Anp.EC－Anp.env） \tag{4}$$

式中：Usenp 代表非生产自然资产的使用，Ap.ec 代表生产资产的净资本积累，Anp.EC 代表非生产资产的净资本积累，－Anp.env代表环境资产的耗减和退化。

（3）式同（1）式相比，等式右侧增加了一项 Usenp 扣除项。它表示本期生产过程中对自然环境资源的利用价值，包括列入经济资产中的非生产自然资产和未列入经济资产中的环境资产。

（4）式同（2）式相比，I 扩展为 Ap.ec、Anp.EC、Anp.env 三个项目，其中的 Ap.ec 仍然是原来的 I，代表发生在生产资产上的积累，Anp.EC＝Inp.ec－Usenp，同时，Anp.EC＝Inp.ec，Inp.ec＝Inp.env，其中 Usenp 是非生产自然资源用于本期经济使用而减少的价值，INP 是因经济原因造成的非生产自然资产的积累，称为环境资产向经济资产的转移。所以 EDP 的计算可以较准确地衡量包括自然资源在内的国内生产净值的变化。

联合国 SEEA 核算手册与各国宏观环境会计研究实践中，形成了多种自然资源耗减的估价方法，这些方法主要针对一国发展有较大影响的地下资源，如石油、煤炭、矿藏等。在自然资源，特别是可耗竭资源的估价方法上，主要有净价格法与使用者成本法两种方法。净价格法简单易行，操作方便，使用者成本法则相对复杂。前者的使用有严格的假设条件（资源价格会上升，而且每年的增长率等于资源企业的报酬率），这个假设条件在现实中很难满足，在理论上很难成立。后者遵循了严格的自然资本理论，认为自然资本即有耗减，又有正常的回报，并对这二者的比例采用建模的方法进行划分，符合现实情况。对这两种方法的选择，主要是在实用性与理论完美性之间的选择，不存在绝对的孰优孰劣。核算中不管采用哪种估价方法，都需要取得比较翔实的自然资源的收益与成本资料，所以估价方法的核心问题是资料取得的真实、可靠和准确性问题。

世界银行和联合国统计局以墨西哥和巴布亚新几内亚为例作了如何进行准备这种附属账户的实例研究。该研究对农业、林业、矿业及能源部门的环境影响均作了评价，就 1986—1990 年这一时段来看，上述产业的环境影响平均起来占 NDP 的 2.1％（见表 4-2）。

表 4-2　常规和环境账户指标的比较

	墨西哥（1985，比索）			巴布亚新几内亚 [1986—1990 (a)，克朗]		
	常规 账户	环境调整 （绿色）账户		常 规 账 户	环境调整 （绿色）账户	
		EPD1 (b)	EPD2 (c)		EPD1 (d)	EPD2 (e)
NDP（亿）	421	397	364	27.6	25.8	25.8
EDP/NDP	—	94%	87%	—	92%～99%	90%～97%
C/NDP	83%	88%	96%	89～100%	93%～106%	95%～109%
△CAP （亿）	46	24	—7	4.63	2.82	2.28

说明：NDP，国内生产净值；EDP，经过调整的国内生产净值；C，最终消费；△CAP，资本形成/积累；（a）产值为净现值，即分别为 1985 年和 1990 年现值；%为当年值或区间最小—最大值。（b）所调整的账户内容包括石油耗减、毁林（包括森林火灾）和土地利用（不包括渔业和物种损失）：均为净价格估算；（c）增加的调整内容包括大气和水污染、土壤侵蚀、地下水利用、固体废物处置等；均为趋避成本估算；（d）矿产资源耗减的净价格估算；（e）采矿废水的潜在破坏重建或趋避成本估算；毁林和建坝的耗减影响补偿成本。

资料来源：Serageldin and Steer，Valuing the Environment：Proceedings of the lst Annual International Conference on Environmentally Sustinable Development，held at the Washington DC，September 30 October，1993，1994，p.182.

2. GSNA 体系

世界银行组织有关专家开始重新定义和衡量世界及各国的财富，提出以绿色 GDP 国民经济核算体系 GSNA（Green System of national Accounting）来衡量国民财富。绿色 GDP 是指绿色国内生产总值，它是对 GDP 指标的一种调整，是扣除经济活动中投入的环境成本后的国内生产总值。国内外许多专家多年来致力于此项研究，虽取得了重大进展，却也存在着不少争论。目前，有些国家已开始试行绿色 GDP，但迄今为止，全世界上还没有一套公认的绿色 GDP 核算模式，也没有一个国家以政府的名义发布绿色 GDP 结果。[①] 这里的财富具有广泛的含义，它包括生产性资产、自然资产和人力资源，其中生产性资产是传统意义上的国民经济核算体系所衡量的国民财富，而自然资产和人力资源则是新 GSNA 中国民财富的重要组成部分。绿色 GDP 是新的国民财富或收入的估算。其中人力资源是占第一位的，约占国民财富总量的 40%～80%

---

① 潘越．话说绿色 GDP [N]．中国知识产权报，2001-11-1.

之间；生产性资产占第二位处于 15％～30％之间；自然资源是第三位要素，占总财富的2％～40％之间，在自然资源密集型国家，例如中东和西非地区则自然资源占第二位。

3. 真实国内储蓄率

世界银行（1997）首次提出了真实国内储蓄（genuine domestic savings）的概念与计算方法，它是指在扣除了自然资源（尤其是不可再生资源）的枯竭以及环境污染损失之后的一个国家真实的储蓄。[①] 按照国内学者李善同等人的观点，是指总产出减去消费，人造资本折旧，以及自然资源的消耗之后的余值。[②]

所谓自然资源枯竭（depletion）是按开采和获得自然资源的租金来度量的，该租金是以世界价格计算的生产价格同总生产成本之间的差值，该成本包括固定资产的折旧和资本的回报（return）。世界银行的计算表明，中东地区总财富 39％来源于自然资本，几乎全部来源于石油和天然气，在扣除了资源枯竭之后，这些国家的真实储蓄率都是负值。世界银行的研究还表明，那些资源依赖性大的国家自然资产损失大，真实国内储蓄水平相当低下或者为负值。世界银行计算的各国真实储蓄率见表 4-3。

表 4-3　真实储蓄率（占 GDP 比重）计算

地区和收入类型	1970—1979	1980—1989
撒哈拉以南非洲地区	7.3	−3.2（1.7）
拉美和加勒比地区	10.4	1.9（1.7）
东亚和太平洋地区	15.1	12.6（8.0）
中东和北非	−8.9	−7.7（2.0）
南　亚	7.2	6.5（5.7）
高收入 OCED 国家	15.7	12.4（3.1）
低收入组	9.8	3.3（4.4）
中高收入组	7.2	2.9（3.2）
高收入组	15.2	12.3（3.1）

说明：括号内分别为 20 世纪 80 年代和 90 年代经济增长率。

资料来源：Kirk Hamilton and Michael Clemens，1998 [1]

---

① World Bank, 1997, Expanding the Measures of Wealth: Indicators of Environmetally Sustainable Development. The Environment Department, The World Bank.

② 李善同等. 发展观的演进与发展的测度 [J]. 管理世界，1997（4）.

（三）国外绿色国民经济核算体系的实践

（1）1978 年，挪威开始了资源环境核算，重点是生物资源、矿物资源、流动性资源（水力）、环境资源，土地、空气和氮磷两类水污染物。挪威建立了包括能源核算、鱼类存量核算、森林存量核算，以及空气排放、水排泄物（主要人口和农业的排泄物）、废旧物品再生利用、环境费用支出等项目的详尽统计制度，为绿色 GDP 核算体系奠定了重要基础。

（2）芬兰在借鉴挪威经验的基础上，也建立了自然资源核算框架体系。其资源环境核算的内容主要包括森林资源核算、环境保护支出费用统计和空气排放调查，最重要的是森林资源核算。森林资源和空气排放的核算采用实物量核算法，环境保护支出费用核算采用价值量核算法。

（3）发展中国家实施绿色国民经济核算体系的代表性国家当属墨西哥。在联合国支持下，1990 年墨西哥构建了资源与环境核算框架，将石油、各种用地、水、空气、土壤和森林列入环境经济核算范围，将这些自然资产及其变化编制成实物指标数据，再通过估价将各种自然资产的实物量数据转化为货币数据。这样可以在传统国内生产净产出（NDP）基础上，得出了石油、木材、地下水的耗减成本和土地转移引起的损失成本，进一步还可以得出环境退化成本。一些发展中国家如印尼、泰国、巴布亚新几内亚等国也仿效墨西哥的做法，开始实施绿色 GDP 核算。

（四）对已有研究与实践的评价

国际对于绿色 GDP 核算的理论研究虽然考虑了资源环境的损益，但目前的实际情况是：讲扣除资源环境损失的多，讲增加资源环境效益的少。在各国进行绿色 GDP 核算的实践中，这一点体现得更加明显。传统的 GDP 具有实实在在的客观数字，而绿色 GDP 核算中确定资源环境价值的主观因素极大。产生此类问题的关键是资源、生态、环境的价值计量和核算问题没有突破。例如，有人计算出怒江的原始生态价值约为 33 万亿美元。然而，实际情况是几十年来怒江人民一直生活在贫困中。如果可以将这一计算结果加入我国 GDP 核算数据中，中国经济总量将超过美国 3 倍。此外，绿色 GDP 统计方法上还存在某些不合理之处。例如，由于垃圾发电的原料来源不如煤炭高效，所以，其排放肯定要比常规火电高，因此，计算出来的垃圾发电的绿色 GDP 不如煤电。但是，垃圾无害处理所创造的生态效益，却要超过其发电的作用，如果按现有方法再扣除垃圾发电的环境成本，显然对它的环境作用评价不够客观。[①]
可见，没有科学、适用的统计、计量与核算方法，就不能实现真实意义上的绿
色 GDP 核算。

讲环境价值、算环境价值、用环境价值，是时代发展的要求。笔者准备将
这个问题作为今后研究的重点。

（五）用绿色 GDP 对美、日、中等国经济发展效率的衡量结果

由于目前世界各国官方对外公布的国民经济发展指标仍然是 GDP，对于
绿色 GDP 的统计数据很少，所以在此主要以世界银行的研究报告作为主要参
考。世界银行（2000）估算了各国 1997 年以来的各种自然资源损失，列出了
中国、美国和日本的数据，有如下结论（如图 4-7 所示）。

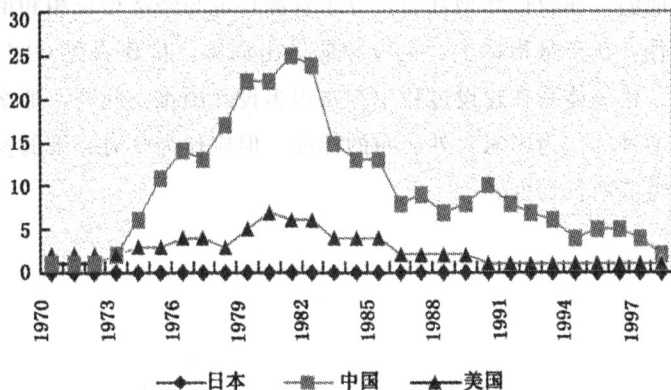

图 4-7 日、中、美能源耗竭损失占 GDP 比重（%）

从图 4-8 可以得出以下结论：发达国家在 20 世纪80、90 年代，为了实现
有效的经济增长，大力发展了循环经济，取得了一定的成绩。以资源与环境要
素进行衡量后，各国的名义经济增长与真实经济增长存在差异，而且中国与美
国等国家相比在经济增长有效性的质量有很大差距。从国际比较看，美国是能
源生产大国，也是能源消费大国；日本是能源生产小国，却是消费大国。美国
能源耗竭占 GDP 比重明显小于中国，而日本几乎等于零。美国是矿产资源生
产大国，但是从图中可以看到美国矿产损失占 GDP 比重远低于中国。1994 年
美国进口矿产密集产品占世界总量比重为 16.27%，日本为 13.13%，而中国

---

① 水博. 不要被绿色 GDP 冲昏了头 ［Z］. 人民网，2005-3-7.

只有 1.57%。美国、日本的资源消耗远远低于我国。

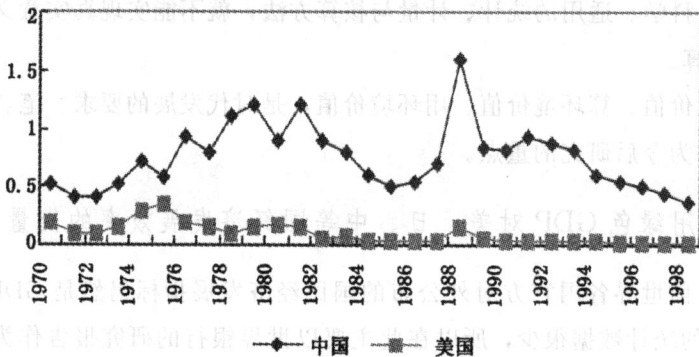

图 4-8　中、美矿产耗竭损失占 GDP 比重（%）

中国目前倡导建设循环型社会，寻求资源环境与经济增长相和谐的有效的经济增长路径，在衡量指标上，也应相应做出调整，构建绿色 GDP 体系无疑是选择之一。这一体系在建设过程中存在很多设计困难与问题，那么，在实际操作中可以不将其作为国家对外公布的标准，但应作为政府决策的参考，以便了解真实的经济增长程度。

第五章 国际循环经济发展模式比较

从微观、中观、宏观三个层次对世界发展循环经济的模式进行分析、归纳、总结之后，可以认为，循环经济发展模式在微观上主要表现为以清洁生产为核心的企业绿色管理模式；中观上主要表现为建立生态工业园模式和建设生态城市模式；宏观上主要表现为循环型社会模式。本章对各层次循环经济发展模式进行了分析、比较，通过比较，总结出相应规律，为我国发展循环经济提供参考。

第一节 微观循环经济发展模式

企业是自然社会经济复杂系统中的一个组成部分，保护生态环境、促进经济与生态的协同发展，既是企业自身生存与发展的需要，也是企业不可推卸的社会责任。企业是经济系统的微观要素，也是发展循环经济的微观主体。目前，国内学术界将循环经济的微观模式普遍定义为企业清洁生产模式，认为，在企业内部发展清洁生产就可以在微观层面实现循环经济。笔者认为，循环经济的微观模式不仅仅指清洁生产。清洁生产是微观模式的核心内容，在此基础上，还应纳入企业绿色营销、绿色会计、绿色审计等内容，实施全面的绿色企业管理。微观循环经济模式是一个综合体系，任何一个环节出现漏洞，都会使循环经济在微观层次上的实施效果不尽人意。

一、绿色管理

所谓绿色管理，是企业根据经济社会可持续发展的要求，以追求人类生态环境的最终改善和自身的全面提高为根本目标，以企业全员和全社会共同参与、全过程控制为特征，把生态保护观念融入现代企业的生产经营管理之中，将环保当作企业开拓市场、降低成本、实现高效益的有效手段，从企业经营的各个环节着手控制污染与节约资源，以实现企业的可持续增长，达到企业经济效益、社会效益、环境效益的有机统一，由此而形成一种绿色经营理念及其所实施的一系列新型管理活动。绿色管理使环境管理和生产管理相结合，形成环境与经济协调互促的现代企业管理模式。

（一）绿色管理模式与传统管理模式的比较

绿色管理属于企业管理范畴，但它是一种新兴的管理方式，与传统管理在处理企业、自然、社会关系方面有所不同。绿色管理并不排斥一般管理，但是绿色管理与传统管理又存在很大的差异，二者在管理行为上主要呈现以下几方面差异：

（1）在管理目的上，传统的企业管理是为投资者提供利润，为顾客提供商品和服务，为职工提供就业与工资，为国家提供税收等，这些都是必要的，是企业成长的手段。而绿色管理是在这些目标基础上，为企业可持续成长而管理。绿色管理不仅强调企业的现时经济效益，而且承担相应的社会责任与环境义务，是为企业健康成长、社会持续发展而不断改进生产经营方式的管理。因此，它不一定要求目前的最大经济利益，但其追求长期、稳定、持续的市场优势和经济利益。绿色管理的目标是将经济效益、社会效益和生态效益三者有效结合，将企业利益和社会利益有效结合起来，实现企业发展和社会进步相统一。

（2）在管理方式上，传统管理是一种高投入、高消耗、高污染的生产经营方式，企业经济效益与节约资源、保护环境相对立，是粗放型的管理。即使在保护环境与防治污染方面有所作为，也是迫于环境法规限制与社会压力，采取的是末端治理的方法。传统管理是单程管理，对废弃物不进行回收利用，表现为原料—产品—废料。绿色管理主要是通过提高生产要素的效率来实现生产经营目标与环境保护目标，提高资源利用率，降低废弃物产生量，是集约型的管理，其强调的是全过程控制。并且，绿色管理从原材料的投入，一直到废弃物的回收利用，都进行有效管理，表现为原材料—产品—废弃物—资源，是循环型的管理。

（3）在管理边界上，随着管理理论的发展，企业管理的边界逐步拓展，将企业与消费者、竞争者、社会的关系逐渐融入企业管理之中。传统的科学管理（泰罗制）注重的是物的管理，行为科学管理（人本管理）注重的是人的管理，两者的边界基本上都局限于企业内部。绿色管理将企业与自然的关系也纳入到企业管理中来，使管理边界进一步拓展。它不仅强调企业内部管理，更注重企业与外界，与自然之间的相辅相成的关系。

（4）在管理效果上，传统管理追求的是经济效益最大化，在生产与经营过程中无视资源与环境效益，所以即使达到了企业的经济目标，但其社会、生态综合管理效果并不理想。绿色管理强调的是在追求经济效益、企业成长最大化的同时，将社会效益、生态效益进行综合考虑，其综合管理效果必然胜过传统管理，可以实现企业发展、社会进步和生态优化的三赢。

（二）绿色管理模式的主要内容

1. 绿色管理目标

（1）物质资源利用最大化。通过集约型的科学管理，使企业所需要的各种物质资源最有效、最充分地得到利用，使单位资源的产出达到最大最优。

（2）废弃物排放最小化。通过实行以预防为主的措施和全过程控制的环境管理，使生产经营过程中的各种废弃物最大限度地减少。

（3）产品生产绿色化。根据市场需求，开发对环境、对消费者无污染和安全、优质的产品。

2. 绿色管理的原则

在进行绿色管理过程中，除遵循一般的企业管理原则以及发展循环经济的"3R"原则以外，还要注意以下原则：

（1）全程控制原则。目前，企业大多只注重于产品生产过程中产生的环境问题，而对产品在发挥完使用功能后对环境造成的污染和破坏则缺乏相应的管理。因此，实施以产品为龙头，面向全过程的管理是绿色管理的原则之一。

（2）和谐原则。即在处理环境与经济的冲突时，必须追求既能保护环境，又能促进经济发展的方案。追求经济与环境的和谐、人与自然的和谐，这也是可持续发展的要求。有时，这一原则表现为彼此在遵守规则的前提下相互做出的一定程度的妥协，而不是双方都得到最大限度的利益。

（3）保护性原则。实施绿色管理的企业，不但应该做到自身不破坏环境，而且应该向企业的员工和社会公众积极宣传环境保护的意义，积极参与社会和社区内各种环境整治的活动，在社会公众中树立起绿色企业的良好形象[①]。

---

① 刘承伟. 21世纪企业管理新理念：绿色管理［J］. 求实，2001（7）.

3. 绿色管理的内容

（1）绿色企业文化。绿色企业文化是企业及其员工在长期的生产经营实践中逐渐形成的为全体职工认同、遵循，具有本企业特色的，对企业成长产生重要影响的，对于节约资源、保护环境及其与企业成长关系的看法和认识的总和，包括价值观、行为规范、道德风尚、制度法则、精神面貌等，其中，处于核心地位的是价值观。绿色企业文化既是绿色管理的重要内容，也是企业实施绿色管理的前提。

（2）绿色管理战略。绿色经营战略是企业根据企业与自然、社会和谐发展，在促进社会经济可持续发展中实现企业可持续成长的理念，结合外部环境的变化和企业的实际情况，从总体上和长远上考虑成长目标，明确成长方向，并制定实现目标的途径和措施。绿色战略是保证企业长期稳定、持续实施绿色管理，采取节约资源、保护环境措施的纲领。

（3）绿色组织结构。绿色管理不仅需要全体职工有绿色意识，还需要有有形的具体的职能部门来履行绿色管理的职能，这就需要企业设置相应的计划制定部门，执行部门，以及监督部门。例如，在企划部门中设立绿色认证研究机构，绿色产品研发机构，绿色技术研发机构等，使企业形成一个完整的绿色管理的组织体系。

（4）绿色采购。选择资材时，在考虑资材的必要品质、功能和经济合理性的基础上，应优先采购不破坏生态环境，可再生、可循环利用的原料和废弃物便于处理的材料，并且在采购过程中减少对环境的破坏，采用合理的运输方式，减少不必要的包装物等。

（5）绿色设计。绿色设计在产品整个寿命周期中都把其绿色程度作为设计目标，即在概念设计及粗略设计阶段，就充分考虑到产品在制造、销售、使用及报废后对环境的各种影响，与产品有关的技术人员都应密切合作，信息共享，运用环境评价准则约束制造、装配、拆卸、回收等设计过程，并使之具有良好的经济性。

（6）绿色技术。绿色技术是减轻环境污染或减少原材料及自然资源使用的技术、工艺或产品的总称。绿色技术以最大限度地节约资源和能源，减少环境污染为目标，贯穿于绿色生产的始终，是绿色生产的关键所在。

（7）清洁生产。清洁生产是绿色设计，绿色技术的综合实施过程，也是绿色管理的重点。下面将作重点论述，在此不加详细阐释。

（8）绿色营销。绿色营销是绿色管理的一种综合表现，是一个复杂的系统工程，包括绿色产品、绿色价格、绿色渠道、绿色促销等。下面将做详细论述，在此不作进一步阐述。

（9）绿色投资。绿色投资是指企业抓住机遇，投入循环经济项目，发展绿色产业，进一步提高企业的绿化程度。企业的发展不能仅局限于现有规模，应适当的开发新项目，增强企业实力，绿色投资可以作为企业绿色管理中的一个突破点。

（10）绿色会计。绿色会计是将会计学和自然环境相结合，以货币为主要计量单位，以有关环境法律、法规为依据，研究经济发展与环境资源之间的关系，并运用专门方法，对企业给社会资源环境造成的收益和损失进行确认、计量、揭示、分析，以便为决策者提供环境信息的会计理论和方法，它可以全面监督反映企业绿色管理的经济利益、社会利益和环境利益。

（11）绿色审计。绿色审计是针对自然资源短缺、生态环境污染严重的现状，传统会计核算失真，未将资源环境纳入核算范畴而出现的会计核算虚假等问题，而进行的绿色核算公允性、真实性、合法性的认证审计监督。通过绿色审计即可降低潜在危险，又能比较准确判断绿色管理的投入，更重要的是有助于企业发现市场中的新机会。

（三）国际企业绿色管理实施流程

绿色管理已经成为今后国际企业管理的流行趋势，而且目前国际上很多知名跨国公司如美国的杜邦公司、GE公司、日本的松下公司、德国的通用公司等都已在本企业内部全面开展了绿色管理，并将成功经验传播到各分公司的所在国家。各大跨国企业成功实施绿色管理，可以总结为几个阶段：

1. 准备策划阶段

准备阶段是通过宣传教育等手段使员工对绿色管理有一个初步的比较正确的认识，使企业高层管理者做出实施绿色管理的决定，同时组建绿色管理工作小组，制定工作计划，并做好必要的准备。

（1）管理者决策。实施绿色管理，企业管理者需要组织企业各部门积极参与；落实组织机构、人员、经费安排；监督各部门工作进度和任务完成情况；签署企业开展绿色管理正式文件等。

（2）组建工作小组。组建有权威的实施绿色管理的工作小组是顺利实施绿色管理的保证。该小组在企业高层管理层的直接领导下，对企业开展绿色管理负责。

（3）制定工作计划。实施绿色管理不可能马上就会涉及企业的各个环节，各个角落，而应是有计划有步骤的先从重点环节做起，抓重点，抓关键，然后在此基础上，再逐步完善各个小的环节，因此需要制定一个详细的工作计划，规划出绿色管理的实施步骤、程序，以及实施阶段。

（4）开展宣传培训。为更好的贯彻实施绿色管理，需要对相关人员进行培训：对企业高中层经理人员，侧重于绿色管理的哲理和概念，使他们树立绿色环保及可持续发展的理念；对部门业务人员，培训他们发现问题解决问题的能力，要求学员联系自己的部门工作，分析业务流程是否合理，如何改进。

2. 调研分析阶段

这一阶段是企业实施绿色管理的关键阶段，在对企业现状进行全面调查分析的基础上，确定重点，提出绿色管理的具体方案。

（1）企业现状考察。这是对企业情况的调查，是企业开展一项活动的基础，进行基本情况的调查，包括：

① 企业发展的历史。

② 企业所处的地理环境。

③ 企业规模、产值、利税等。

④ 企业生产、排污情况。

⑤ 企业原材料的采购情况。

⑥ 相关法律法规以及环境标准。

⑦ 企业污染治理现状。

⑧ 产品销售状况。

⑨ 废弃物及产品的综合利用、回收循环利用情况。

⑩ 国内外相关企业与产品的发展状况。

（2）现场考察。考察重点是：

① 原料的输入和产出，物料管理状况。

② 工艺中明显的废物产生点和废物流失点。

③ 能耗最多的环节和数量。

④ 生产量、成品率和损失率。

⑤ 管线、仪表、设备的维修和清洗。

⑥ 产品成本的制定和价格的制定。

通过现场考察可以了解到企业的生产管理情况、技术设备水平、职工操作熟练程度、废弃物处理水平、企业环保意识等方面的情况，有利于企业有针对性地制定绿色管理方案。

（3）流程分析。在进行绿色管理过程中要从业务流程出发，分析各个流程的现状以便找出更好的方法减少对环境的负面影响。

① 产品开发流程。产品开发流程就是要把整个产品生命周期内对环境有害的不利影响降到最低限度，因此产品开发阶段关系到产品的原料选择、生产制造、销售服务及废弃回收的整个环节，是企业开展绿色管理的重点环节。

② 生产制造流程。生产制造流程要考察的重点是：a. 是否采用了先进的节能、节水措施；b. 工艺流程和管线布局是否合理、有序；c. 管道装置的闭合循环利用情况；d. 设备的定期检查、维修情况；e. 检查、废弃、收集、储存措施，是否清污分流；f. 有无严格的监测制度及事故报警系统；g. 产品的贮存、输送、搬运、控制、处置的制度规定是否符合环境法规要求，等等。

③ 销售服务流程。考虑到营销过程中的企业各种行为对环境造成的影响，应重点考察以下几个方面：a. 产品绿色标志的取得；b. 产品价格构成是否纳入环境成本；c. 产品销售渠道中是否选择了绿色渠道；d. 企业的广告宣传是否体现企业绿色形象；e. 产品包装材料是否选择了可再生物质，同时考虑了回收复用和再循环。

④ 支持流程。支持流程一般由财务系统、人力资源和基础设施等组成。在绿色管理思想的指导下，应重新设定会计的成本、收益内容，考虑自然界各种物质资源的消耗与补偿，以绿色会计的眼光审查企业各项财务活动；通过绿色审计对绿色会计进行再监督；在人力资源方面提高员工的绿色意识；此外，还需为绿色管理的顺利实施提供有利的基础设施。

3. 制定措施阶段

具体步骤包括：

（1）搜集绿色信息。绿色信息的搜集要兼顾内部与外部因素的评价与分析。绿色信息的来源十分广泛，如从新闻媒介、政府部门、社会团体、消费者组织、公共场所等都能获取有关的信息。绿色信息可以分为：绿色生产信息、绿色法规信息、绿色文化信息、绿色经济信息、绿色消费信息等等。绿色信息的收集是为了拟定以环境与资源为导向的企业愿景。

（2）建立绿色措施制定工作小组。通过成立绿色工作小组或类似机构，观察企业目前的绿色制度措施实施情况，决定未来企业的绿色发展需求，评价现有绿色体系与未来需求的目标差距，推动绿色制度建立，改善及掌握最新的绿色信息。

（3）设计绿色产品方案。首先提出被选方案，然后以废弃物的减量化、最小化、资源化程度为标准，对被选方案的综合流程设计及技术可行性与市场配合性做整合评估，改进被选方案，确定最终设计方案。

（4）进行绿色决策。企业把环境保护纳入其决策要素之中，在产品设计过程中，对最终可行的方案，进行产品生命周期分析，适当修正后，产生绿色产品。

4. 实施与评估阶段

（1）制定实施计划并组织实施。对已制定的绿色管理各流程实施方案，大力贯彻，明确各部门的职责，制定切实可行的实施计划和进度安排。绿色管理实施计划制定好后，必须严格执行，保证取得预期效果。

（2）评估绿色管理的实施效果。绿色管理实施后，要全面跟踪、评估、统计实施后的技术情况及经济、环境效益，为调整和制定后续方案积累可靠的经验。

（3）反馈及持续实施绿色管理。企业实施绿色管理不可能做到一劳永逸，因此，必须制定一个长期的、可持续的计划，不断地开发研究新的绿色技术，生产更好的绿色产品，拓展新的绿色市场，同时，还要不断地对职工进行培训，贯彻企业绿色理念，长期全面实施绿色管理。

5. 编写绿色管理报告

（1）编写阶段报告。阶段报告是企业开展绿色管理阶段性的工作报告，按绿色管理实施过程和步骤顺序编写，是绿色管理总结报告编制的依据和基础。

（2）编写总结报告。总结报告是对企业实施绿色管理的全面回顾和总结，是实施绿色管理各阶段的工作成果，评估实施绿色管理取得的经济环境和社会效益。

二、清洁生产

（一）清洁生产的含义

1996 年，UNEP（联合国环境规划署）将清洁生产的概念定义为[①]："清洁生产意味着对生产过程、产品和服务持续运用整体预防的环境战略以期增

---

① 王学军，何炳光，清洁生产概论［M］．北京：中国检察出版社，2000：4—5.

加生态效率并减轻人类和环境的风险。清洁生产是关于产品生产过程的一种新的、创造性的思维方式。对于生产过程，它意味着充分利用原料和能源，消除有毒物料，在各种废物排出前，尽量减少其毒性和数量。对于产品，它意味着减少从原材料选取到产品使用后最终处理处置整个生命周期过程对人体健康和环境构成的影响；对于服务，则意味着将环境的考虑纳入设计和所提供的服务中。"根据这一清洁生产的概念，其基本要素可描述如图 5-1 所示。

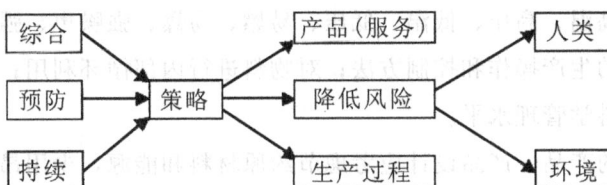

图 5-1　清洁生产基本要素图 [①]

《中国清洁生产促进法》中关于清洁生产的定义[②]："清洁生产，是指不断采取改进设计、使用清洁的能源和原料、采用先进的工艺技术与设备、改善管理、综合利用等措施，从源头削减污染，提高资源利用效率，减少或者避免生产、服务和产品使用过程中污染物的产生和排放，以减轻或者消除对人类健康和环境的危害。"清洁生产具有广义内涵，不仅适用于工业过程，同样适用于农业、建筑业、服务业等行业。这一定义概述了清洁生产的内涵、主要实施途径和最终目的。

清洁生产的实现手段是新技术、新工艺的采用和先进的管理。清洁生产着眼的不是消除污染引起的后果，而是消除造成污染的根源。清洁生产不仅致力于减少污染，也致力于提高效益；不仅涉及生产领域，也涉及整个的管理活动。具体来说：第一，清洁生产是应用于企业的一种环境策略，不仅是一种技术，更是一种意识或思想。第二，清洁生产要求企业对自然资源和能源的利用要尽量做到合理。第三，清洁生产可使企业获得尽可能大的经济效益，环境效益和社会效益。

---

① 段宁. 清洁生产、生态工业和循环经济. WTO，环境管理与企业竞争力国际会议，2003.
② 赵家荣，张德霖. 清洁生产促进法问答 [M]. 北京：学苑出版社，2003：15—20.

（二）清洁生产的内容与特点

1. 清洁生产的内容[①]

（1）清洁的能源。采用各种方法对常规的能源如煤采取清洁利用的方法，如城市煤气化供气等；对沼气等再生能源的利用；新能源的开发以及各种节能技术的开发利用。

（2）清洁的生产过程。尽量少用和不用有毒有害的原料；采用无毒、无害的中间产品；选用少废、无废工艺和高效设备；尽量减少生产过程中的各种危险性因素，如高温、高压、低温、低压、易燃、易爆、强噪声、强振动等；采用可靠和简单的生产操作和控制方法；对物料进行内部循环利用；完善生产管理，不断提高科学管理水平。

（3）清洁的产品。产品设计应考虑节约原材料和能源，少用昂贵和稀缺的原料；产品在使用过程中以及使用后不含危害人体健康和破坏生态环境的因素；产品的包装合理；产品使用后易于回收、重复使用和再生；使用寿命和使用功能合理。

清洁生产的最大特点是持续不断地改进。清洁生产是一个相对的、动态的概念，所谓清洁的工艺技术、生产过程和清洁产品是和现有的工艺和产品相比较而言的。推行清洁生产，本身是一个不断完善的过程，随着社会经济发展和科学技术的进步，需要适时地提出新的目标，争取达到更高的水平。

2. 清洁生产的特点[②]

（1）战略性。清洁生产是污染预防战略，是实现可持续发展的环境战略。作为战略，它有理论基础、技术内涵、实施工具、实施目标和行动计划。

（2）预防性。传统的末端治理与生产过程相脱节，即"先污染，后治理"；清洁生产从源头抓起，实行生产全过程控制，尽最大可能减少乃至消除污染物的产生，其实质是预防污染。

（3）综合性。实施清洁生产的措施是综合性的预防措施，包括结构调整、技术进步和完善管理。

（4）统一性。传统的末端治理投入多、治理难度大、运行成本高，经济效益与环境效益不能有机结合；清洁生产最大限度地利用资源，将污染物消除在

---

① 《清洁生产的内容》，引自中国环保互联网。
② 赵家荣. 清洁生产回顾与展望［J］. 节能与环保，2003（4）.

生产过程之中，不仅环境状况从根本上得到改善，而且能源、原材料和生产成本降低，经济效益提高，竞争力增强，能够实现经济效益与环境效益相统一。

（5）持续性。清洁生产是个相对的概念，是个持续不断的过程，没有终极目标。随着技术和管理水平的不断创新，清洁生产应当有更高的目标。

（三）国外清洁生产范例

国际上有许多知名企业在实施清洁生产方面取得了令人瞩目的成绩，不仅获得了很好的经济效益，还获得了相应的社会效益。

澳大利亚最大的乳制品生产企业——邦莱克（Bonlac）食品有限公司是世界上实施清洁生产比较典型的企业之一。公司参加了澳大利亚联邦环保局组织的"清洁生产示范计划"。在实施清洁生产的基础上，公司开始根据 ISO 14001 标准实施环境管理体系，体系覆盖了所有的岗位，所有员工均参与其中，同时特定的工作区域还组织了环境工作组。邦莱克公司采取的第一项行动是改变过去的现场清洗工艺，使用 Stabilon 清洁剂取代常规酸性清洗的需要。工艺的改进不仅是清洗溶液用量减少，而且也节约了用水，缩短了业务流程时间。据澳大利亚赫斯坦日报报道，现在邦莱克公司排放废水总量缩减了 50%，而且每天可以有额外的 1.5 小时被用来生产乳酪，每天约节约 311.80 美元。邦莱克公司的第二项行动是将乳浆室产生的渗透水流，以及来自脱矿物质设备和蒸发器中固结物的低离子废水加以转化。废水在水处理池中被转化为农业灌溉用水。废水灌溉减少了废水的处理费用，并且提供了用废水进行灌溉的土地上生长庄稼的销售收入；减少了废水厂的负担，使其效率得到了改善。此外，邦莱克公司还通过开发新的乳酪生产方法获得经济和环境双方面节约。目前邦克莱公司采用了两种减少乳酪室废水中固体的方法。第一种是在乳酪室废水的出口用筛来获取。第二种方法是在乳浆室中使用沉淀槽，以从清洗水过程中除去乳酪固体。从乳浆流出乳酪室过程中获取乳酪固体（例如用改良过滤器和增加沉淀槽、管的方法）的总成本是 30500 美元。通过过滤和移走积累在机器上的颗粒可以进一步节约重达 24 吨的乳浆粉和 8 吨的乳酪颗粒，价值 52000 美元/年。这些半成品和成品乳浆粉的销售，又会为公司带来另外的收入。邦莱克公司的能源与环境主管曾说过"我们从清洁生产的所有地方获得利益"。不仅如此，邦莱克公司进行清洁生产，减少了污水与营养物的排放，使整个默里河流域的环境都得到了改善。

以精细化工著称的瑞士化工公司汽巴嘉基公司也是国际上实施清洁生产的

典范。该公司强调生产与环境的统一，明确提出要在环境可接受的情况下生产产品，绝不能把对环境带来危害的产品推向市场。例如在将有机酸转化为酰胺的生产过程，老工艺需要用酰基氯作为中间体，而酰基氯是由三氯化磷（PCl3）与酸反应得到的。由于三氯化磷与酸基氯均为有毒物且腐蚀性强，在生产中必须采用特殊的安全措施，同时反应中还产生有机废物，磷酸和大量的盐与废水一同排放。针对此问题，该公司研究开发了一项新的酰胺合成工艺。在生产中不仅不排出废水，而且除了得到酰胺产品外，还可得到高纯度的乙酸可循环使用，所产生的蒸馏残渣能很容易地用焚烧法处理。由于汽巴嘉基公司一直致力于生产工艺的改进，1970—1988 年使得废物产生量减少了 50％；自 1976 年以来，每吨产品的能耗大约减少了 40％；从某些中间染料产品生产中排出的废水量减少了 50％以上；硫酸的循环利用量已达 60％；在光增白剂和杀虫剂生产中采用了闭路循环工艺，不排放废水。

英国帝国化学工业公司（ICI 公司）在发展清洁生产方面，在设计新工厂时，率先进行技术安全的风险影响评价，设计者能及时根据评价结果改变其工艺路线，采用少废无废技术，尽量减少废物的排放。他们提出了环境负荷因子（The EnvironmentaI Load ractor 简称 ELF，ELF＝工厂新用原材料总量－售出产品的量）来集中反映每生产单位重量产品所消耗的原材料、溶剂和其他化学品的总量。用此因子来及时控制原材料的消耗，以改变和减少反应步骤，改进工艺和操作技术，减少溶剂及化学品的用量，并加以回收和循环利用。IC1 公司在精细化工生产中，采用此法将六步反应减少为三步反应，并采用清洁生产工艺减少溶剂和化学品用量，使整个工艺废物量减少到原工艺的 10％左右。

（四）国际清洁生产趋势

1. 清洁生产立法建设进一步加强

国际发达国家的环境法规逐渐从"末端治理"为主的污染控制转向污染预防、全过程控制，并加强了清洁生产的专向管理法建设。1990 年，美国国会通过了"污染预防法"，该法正式宣布：污染预防是美国的国策，要求工业企业通过源削减，包括设备与技术改造、工艺流程改进、产品重新设计、原材料替代以及促进生产各环节的内部管理、减少污染物的排放、并在组织、技术、宏观政策和资金方面做了具体的安排。这是美国用预防污染取代末端治理政策的重大创举，是美国环境保护战略的重大变革，是实施预防技术即清洁生产的一部重要法规。欧共体及其许多成员国把清洁生产作为一项基本国策，例如欧共体委员会在 1977 年 4 月就制订了关于"清洁工艺"的政策，在 1984 年、1987 年又制订了欧共体促进开发"清洁生产"的两个法规，明确对清洁工艺示范工程提供财政支持。可以看出，世界清洁生产立法正在逐步加强，并更多地集成到企业经营法规、财政税法以及投资和贸易体系中。

2. 逐步与 ISO 14000 环境管理体系相结合

ISO 14000 环境管理体系是企业的一种管理手段，ISO 14000 是一个系列的环境管理标准，它包括了环境管理体系、环境审核、环境标志、生命周期分析等国际环境管理领域内的许多焦点问题，旨在指导各类组织（企业、公司）取得和表现正确的环境行为。它主要目标是希望通过建立、实施一套环境管理体系，达到持续改进、预防污染的目的。在巴西里约热内卢召开"环境与发展"大会上，各国政府领导、科学家和公众认识到要实现可持续发展的目标，必须从加强环境管理入手，建立清洁生产的新观念。通过企业的"自我决策、自我控制、自我管理"方式，把环境管理融于企业全面管理之中。可见，ISO 14000 与清洁生产均是从保护环境、节约资源、贯彻可持续发展战略的角度提出的新措施，具有相近的目标和很强的互补性。ISO 14000 环境管理体系可以看作是实现清洁生产思想的手段之一，支持着清洁生产持续实施且不断地丰富着清洁生产思想的具体内容。二者的进一步结合，有利于企业树立良好的绿色形象，完善绿色管理，推动清洁生产。

3. 更加注重产品生态设计

清洁生产相对于传统生产，除考虑市场消费需求、产品质量、成本、制造技术的可行性等技术和经济因子外，还要将生态环境因子作为产品开发设计的一个重要指标。产品生态设计既要考虑人的需求，又要考虑生态系统的安全，将产品的生态环境特性看作是提高产品市场竞争力的一个重要因素，除提倡延长产品寿命、促进产品回收与循环利用外，更加注重源头预防。目前，国际企业发展清洁生产，尤其重视产品生态设计，在产品设计过程中不断采用改进技术、使用清洁的能源和原料，采用先进的工艺技术与设备、改善管理、综合利用等措施，从源头削减污染，提高资源利用效率，减少或避免生产、服务和产品使用过程中污染物的产生和排放，以减轻或消除对人类健康和环境的危害。目前，生态设计已经用于汽车、摩托车、复印机、洗衣机、个人电脑、打印机、照相机、电话等产品的设计开发，例如，美国克莱斯勒、通用和福特三大汽车公司共同成立了汽车回收开发中心，在进行汽车设计时就考虑到了汽车的拆卸、翻新、复用的可行性，以及最终销毁部件的最小量化①。

4. 清洁生产的产业范围逐渐延伸

清洁生产的实施，过去主要是集中在第一产业和第二产业，目前正逐步延伸至服务业，与运输、商业、投资、通讯等行业关联起来，涵盖了整个社会的经济活动。清洁生产最早是从工业领域开始的，随即推广到农业领域，目前服务业的清洁生产也得到越来越多的重视。例如，旅游业清洁生产的重点是提高旅游资源的利用效率和保护环境。又如，政府服务方面的清洁生产表现为在服务过程中，如何减少资源和能源的消耗，减少服务活动对环境的影响，政府和公共机构率先使用节能设备和办公用品，将办公楼建设成节能型的服务场所，减少办公设备的待机消耗能源等。② 而且，清洁生产从生产领域扩展到消费领域，提倡可持续性消费，提供具有竞争力价格的商品和服务且不断减少这些商品和服务在整个生命周期中的生态影响和资源消耗强度，使之降低到与估计的地球承载能力相一致的程度。③

5. 在空间、规模与组织模式方面不断拓展

随着清洁生产活动的深入开展，人们逐渐认识到，推行清洁生产不能仅停留在企业层面，解决企业内部生产过程中的跑冒滴漏问题，而要推动整个工业体系向生态化方向演进，运用代谢分析方法，组织生态工业园区④。生态工业园是在更加广泛的领域内实现清洁生产，每个企业在内部发展清洁生产的基础上，还通过工业园区内物流和能源的正确设计模拟自然生态系统、形成企业间共生网络，使一个企业的废物成为另一个企业的原材料，企业间能量及水等资源梯级利用。此时，清洁生产从早期企业层次上的活动逐步上升到区域范围内的宏观经济规划和管理的层次。美国、加拿大、荷兰、法国、日本等工业发达国家以及印度、泰国、印度尼西亚等一些发展中国家都普遍进行了生态工业园区理论与实践方面的探索。

三、绿色会计与审计

绿色会计与审计是运用传统会计与审计的基本理论以及绿色经营理论来对

---

① 徐兴元译，Suren Erkman. 工业生态学 [M]. 北京：经济日报出版社，1999：58.

② 清洁生产知识丛书之《清洁生产促进法》问答，http：//www. chinaep. net/cp/qjscf/preface. htm.

③ Judith E. M. Klostermann and Arnold Tukker. Product Innovation and Eco-efficiency：Twenty-three Industry Efforts to Reach the Factor 4 [M]. Boston：Kluwer Academic Publishers，1998.

④ 钱易，唐孝炎. 环境保护与可持续发展 [M]. 北京：高等教育出版社，2000.

企业所发生的各项绿色经济活动进行单独核算、反映、控制并进行管理的一项管理活动。

（一）绿色会计

企业绿色会计是企业实施清洁生产，发展绿色管理的一个重要组成部分。企业绿色会计制度是对绿色会计提出的要求和规定，是会计人员工作的规范和准则。在美国、日本等国，企业界、会计界以及外部会计信息需求者均非常关注绿色会计研究和运用。由于这些国家建立了完善的资源环境保护方面的法规，法规的实施对企业而言，会产生现在和潜在的巨大支出或债务，所以企业及时对这些信息进行处理和对外披露就非常重要，目前，美国、日本等国家在绿色会计研究方面的成果主要体现在这些国家已发布的一些具有实际指导意义的绿色会计处理及信息披露的具体制度。

1. 绿色会计的主要内容

企业绿色会计制度主要有以下内容：[①]

（1）绿色会计条例：

① 规章应遵循的原则、目的与要求。

② 绿色会计管理体系。主要内容包括：单位领导人、总会计师的领导职责；会计部门及其会计机构负责人、会计主管人员的职责、权限；核算组织形式等。

③ 会计人员岗位责任制度。主要内容包括：会计人员的工作岗位设置；各会计工作岗位的职责和标准；各会计工作岗位的人员和具体分工等。

④ 绿色会计账务处理程序制度。主要内容包括：会计科目及其明细科目的设置和使用；会计凭证的格式、审核要求和传递程序；会计核算方法；会计账簿的设置；会计报表的设计；主要会计指标体系等。

⑤ 稽核制度。主要内容包括：稽核工作的组织形式和具体分工；稽核工作的职责、权限；审核会计凭证和复核会计账簿、会计报表的方法。

⑥ 绿色会计成本核算制度。主要内容包括：成本核算计算；成本核算方法和程序；成本分析等。

⑦ 绿色会计分析制度。主要内容包括：分析的主要内容；分析的基本要求；分析的具体方法；分析报告的编写要求等。

---

① 刘翠英，同忠昌.关于建立和完善企业的环境管理——日本环境治理的启示 [J].日本问题研究，2002(2).

（2）企业绿色会计核算体系的设置：

① 绿色会计主体的确定。

② 绿色会计核算的对象。环境会计以环境业务的类别为核算对象，如环境治理、环境污染、水资源、土地资源等。

③ 绿色会计的确认与计量。绿色会计的确认是按照规定的标准，将涉及环境的经济业务作为会计要素加以正式记录并列入会计报表的辨认和确定过程。绿色会计的计量是为了将涉及环境的经济业务作为会计要素列入会计报表而确定其金额的过程，这种计量可以是历史成本、现行成本、重置成本、机会成本等，如果列入报表附注或作为辅助报表资料列示，也可以采用非货币计量方式。

④ 绿色会计的账户设置：

A. 资产类。如递延资产、土地资源、社会环境福利工程支出等。

B. 负债类。如应付环保税金、应付环保费用等。

C. 所有者权益类。如资源资本（区别国家、企业、个人等）、资源资本增值等。

D. 费用类。如环境预防费用、环境治理费用、环境补偿费用、环境机会成本等。

⑤ 绿色会计报表的设置。绿色会计资料可以列入传统会计报表中，也可以增设辅助报表，如环境损益表、环境成本明细表等。

2. 美国绿色会计的实施情况

美国从 20 世纪 20、30 年代开始以来颁布了一系列与环境保护相关的法律法规，这些法律法规对企业在预防、降低、治理污染方面提出了严格要求，相应地增加或带来了一系列的绿色成本和绿色负债，有些条件下其数额非常巨大，有时关系到企业的生存发展。所以美国企业、会计界、会计信息使用者越来越重视环境原因引起的负债和支出问题。企业有可能发生的污染的支出及债务归纳起来主要有：

（1）按照法律法规要求开展的环境保护活动而导致的成本、支出和债务。

（2）按照法律法规要求对已污染项目进行清理或清除而导致的支出或债务。

（3）其他个人或组织由于受到企业排放污染物的损害而导致的支出或债务。

（4）违反环境保护法律法规受到惩罚而导致的支出或债务等等。

按照重要性原则，这些支出或债务的会计处理及披露就非常重要。

目前，美国关于指导企业对环境问题而产生的支出和债务进行会计处理和披露的会计文献主要有：第五准则公告《或有事项会计》中关于环境问题产生的负债；93—5公告《环境负债会计》关于环境支出的费用化和资本化处理，等等。

3. 日本绿色会计的实施情况

日本关于绿色会计的研究及推行起步较晚，主要从20世纪90年代才开始，但日本在绿色会计的研究及实践方面发展较快。从20世纪90年代中期开始，以 ISO 14000 认证为主的环境管理体系在日本企业中得到推广，绿色会计便迅速在日本得到普及。到2000年，公开环境会计结果的上市公司已有160多家。2001年的调查结果显示，有491家已经引入环境会计，占被调查企业的16.94%，有580家正在研究引入，占被调查企业的20.01%，即已经有约1100家企业引入或正在研究引入，占被调查企业的36.95%。从引入的企业的类型来看，制造业有385家，占全部引入企业的78%。日本环境厅为了维护绿色会计制度的统一性，进行了制定共同标准的工作，2000年5月宣布了有关指标，明确指出绿色会计成本、环境保护效果和环境保护经济效益的定义、范围、计算方法，作为标准处理的依据。包括：第一，包括处理废弃物费用在内的"事业内范围的成本"；第二，公司内部环境教育费用等的"管理活动成本"；第三，通过社会活动为环保做出贡献的"社会活动成本"；第四，因事故而使环境遭到破坏时，恢复环境需要的"环境损伤成本"等。与此同时，日本一些大企业开始执行这项制度，绿色会计为企业赢得了巨大的利润。例如，2002年日立集团披露了环境保护费用和设备投资的总成本为336.3亿日元，带来的效益为41.6亿日元；东芝集团披露的总成本为367亿日元，带来的效益为191亿日元。

（二）绿色审计

绿色审计是审计体系的一个分支，是审计工作的一个组成部分，其特殊的审计目标和对象虽与一般审计有区别，但一般审计理论和准则同样适用于绿色审计。绿色审计是一种有效的环境管理工具，其本质也是一种具有独立性、公正性、权威性的与环境有关的经济监督活动。

1. 绿色审计的含义及内容

绿色审计是由专门机构或人员接受委托或根据授权，对被审计单位披露的相关的环境资料及其所反映的经济活动的真实性、合法性、效益性进行审查并发表意见，以鉴证评价其绿色经济责任的活动。

企业内部绿色审计的基本框架：

（1）根据企业的基本情况，明确绿色审计的指导思想、基本原则、审计目标。

（2）建立绿色审计小组。

（3）制定绿色审计计划。绿色审计计划分年度和个别实施计划两类。

（4）制作绿色审计工作中所必需的文件。

（5）实施绿色审计工作。实施审计分两个阶段：初步审计和深入审计。

（6）选择下一步企业绿色审计重点。

2. 日本富士通公司绿色审计案例[①]

日本要求企业编制环境报告书。具体地讲，环境报告书是企业等组织就经营责任者环保方针、目标、计划、环保管理状况（环境管理机构、有关法规的遵守、环保技术开发等）、环境成本的降低（废气废水废渣排放量等）等进行汇总、发表的文件。日本政府规定，在企业环境报告书中，必须有绿色会计、审计报表。

富士通公司从1998年3月起开始实施以环境保护投资及其效果评价为目的的绿色会计、审计核算制度。该公司的绿色会计与审计核算采用了美国环境保护署和日本环境厅制定的环境成本确认和计量指南，并以这两项指南为依据对环境成本进行了核算。由于这两个指南中都没有提出环境收益的核算标准，因此环境收益的核算是依据该公司自己制定的标准进行的。

表 5-1　1998 年绿色会计实际业绩审计表　　　　　单位：亿日元

	项　目	范　围	富士通	主要子公司	合计
成本	1. 直接费用	生产过程发生中的环境保护费用	42	35	77
	2. 间接费用	环境促进费（人员费）、ISO 14001 认证、取得、维护费用	11	15	26
	3. 节省能源费用	节省能源措施费用	8	1	9
	4. 再循环	产品的回收、再商品化费用	2	2	4

① 李静江. 企业环境会计和环境报告书［M］. 北京：清华大学出版社，2003：134—140.

续　表

	项　目	范　围	富士通	主要子公司	合计
成本	5. 研究开发费用	关心环境型产品、环境保护技术的开发费用	1	5	6
	6. 社会投入费用	绿化实施、环境活动报告书的编制、环境宣传等费用	2	3	5
	7. 其他	清除土壤污染、二噁英处理对策等环境风险对策费用	6	1	7
	合　计		80	70	150
收益	1. 生产过程中的环境保护措施	生产过程增加的产品附加价值中环境保护措施的贡献	37	23	60
	2. 工厂一级的节省能源措施	由于电力、燃油、燃气使用量减少而减少的费用支出	6	3	9
	3. 废弃物再循环活动	废品再循环带来的有价物品和有用物品的销售额	5	29	34
	4. 风险管理	由于废弃物减少而降低的成本避免由于不遵守法规而引起的业务部门作业损失而减少的支出额	1	2	3
		由于对地下水污染进行治理避免对居民的赔偿、减少保险费用支出	18	14	32
		停用焚烧设备而避免二噁英产生的差额收益	9	5	14
	5. 环境经营活动	环境经营产品（包括化学物质环境安全资料表管理系统、环境经常性监视系统等）的销售贡献额	5	3	8
	6. 提高环境保护措施的效率	减少用纸的收益、运用管理体系降低成本的收益	13	3	16
	7. 环境教育活动	实施15014001的咨询、监察员培训等公司内部环境教育的收益	3	2	5
	合　计		97	84	181

资料来源：富士通株式会社1999环境报告书，第19—20页。

四、绿色营销

所谓绿色营销是指企业为实现自身利益、消费者利益和环境利益的统一，而对产品和服务进行开发、生产、分销和促销的策划和实施。它是可持续发展战略在市场营销观念上的反映，要求企业在可持续发展观念的指导下，寓环保意识于企业生产经营活动的全过程中，开展以消除和减少产品和服务对生态环境影响为中心的市场营销活动，并通过企业的微观经济行为，促进人类、经济和环境的可持续发展。[①] 英国威尔斯大学肯·毕提教授在其所著的《绿色营销——化危机为商机的经营趋势》一书中指出："绿色营销是一种能辨识、预期及符合消费的社会需求，并且可带来利润及永续经营的管理过程。"[②] 绿色营销与传统营销的根本区别在于它是一种强调环境责任，以社会及企业自身的可持续发展为最终目标的一种营销活动。20世纪90年代以后，风靡全球的绿色营销，使企业营销步入了集企业责任与社会责任为一体的理性化的高级阶段。

（一）绿色营销理念与传统营销理念的差异

绿色营销是对传统营销的延伸与扩展。从营销原理、营销要素、营销过程来讲，它与传统营销是一致的，都包括市场营销调研、目标市场选择、制定营销计划、制定市场营销组织策略等。但绿色营销与传统市场营销相比，在营销观念，关注焦点及营销手段上都存在巨大的差异。

1. 营销观念的升华

绿色营销观念较之传统营销观念的进步表现为：绿色营销是以可持续发展为导向，以追求企业效益与社会效益平衡为目标的营销观。它要求企业的营销活动不仅能够实现企业经济利益，而且重视消费者利益、社会利益及生态环境利益，达到经济与生态相协调的目标。同时，它要求企业以社会效益、生态效益为重，在营销中既要考虑消费者欲望和需求的满足，而且要符合消费者和全社会的长远利益，实现企业的社会责任，变以消费者为中心为以社会发展为中心。

---

① 绿色营销：企业营销新战略 [Z].369论文资源网，2006-2-15.
② 转引自：利均. 二十一世纪营销新思维——绿色营销 [Z]. 博锐管理在线，2005-4-29.

2. 关注焦点的差异

在传统市场营销中，3C——即企业、顾客与竞争者以及这三者之间的关系是其关注的焦点。传统市场营销通过协调三者间的关系来调整战略、获得利益。企业外部的自然资源与环境，只有在对企业、顾客与竞争者有影响，从而影响到企业利润时才被列入考虑范围。绿色营销与传统营销研究的焦点差异表现在对企业营销与自然、生态的关注上，绿色营销对传统 3C 作了进一步扩展，将自然资源与环境对企业市场营销的影响及企业营销对自然、生态的作用作为研究焦点之一。

（二）绿色营销手段

绿色营销在营销手段上注重绿色消费需求的调查与引导；注重绿色产品的开发和经营；并在定价、渠道选择、促销、服务、企业形象树立等营销全过程中都考虑以保护生态环境为主要内容的绿色因素。就四大营销组合，具体而言包括：

1. 绿色产品

绿色产品具有不同于传统产品的特点。所谓绿色产品是指对社会或环境的改善有所贡献的产品，或指较少损害社会和环境的产品，或指对环境及社会生活品质的改善优于传统产品的产品。它可以是改良型的产品，也可以是全新的产品。绿色产品同传统产品一样，具有下列三种表现：①主要表现——核心产品成功地符合消费者的主要需求；②技术表现——产品符合各种技术及质量标准；③策略表现——产品在市场上具有竞争力，而且有利于企业实现赢利目标。绿色产品除上述三种表现外，其第四种表现更为重要，即绿色特征：①绿色产品的生产或产品本身应能节约原料与能耗；②绿色产品应无害于人体健康和生态环境；③绿色产品应有合理的包装和使用寿命；④绿色产品应易于处理回收复用和再生化；⑤产品及其形体的设计与售后服务都要注重节约及保护环境。

总之，绿色营销的产品策略就是在产品整个生命周期（LCA）内，注重环境评价与环境效果，并进行相应的绿色标志申请工作。另外，企业可以通过绿色产品这一载体，树立起良好而健康的企业形象，实现打造绿色品牌的任务。

2. 绿色渠道

到目前为止，分销渠道虽然还不是绿色营销的重点，但绿色分销已日益成为企业关注的问题。例如，美国、德国等国家的企业提出及使用绿色通道，采用无铅燃料，使用装有控制污染装置的交通工具和节省燃料的交通工具；降低分销过程中的浪费，即对产品处理及储存方面的技术进行革新；在分销环节上，简化供应环节，以节省资源消耗，等等。企业可以通过建设属于绿色营销的专用渠道保持企业绿色品牌美誉度和品牌价值。同时，选择绿色中间商或经销商，或者企业可以开设一些绿色专营店，确保专营店"纯绿色经营"。

3. 绿色促销

绿色促销是围绕绿色产品而开展的各项促销活动的总称，其核心是通过相关活动，树立企业绿色健康形象，丰富企业绿色营销内涵，促进绿色产品推广和消费，从而使企业可以巩固其绿色产品市场地位，开拓绿色市场容量。绿色促销可以包括：①绿色广告。介绍产品特征，说服顾客购买本公司绿色产品，并不断向消费者灌输本公司绿色产品信息，保持或提高消费者对该绿色品牌的忠诚度；②绿色公关。其核心是在各种公共关系手段中，大力进行企业绿色形象的宣传，以建立与环保组织、社会公众及政府和谐的合作关系；③绿色人员推销。推销人员在了解消费者绿色消费兴趣的前提下，回答消费者所关心的环保问题，并将有关绿色产品的信息及时反馈给企业；④绿色营业推广。企业用绿色营业推广作为绿色促销的补充形式，通过免费试用样品、赠送礼品等形式来鼓励消费者试用新的绿色产品，提高企业的知名度。

4. 绿色价格

绿色价格的主要特征是反映环境成本。由于绿色产品通常包括与保护环境及改善环境有关的成本支出，因此，一个企业及产品的绿化程度将影响其成本构成。许多种情况会引起绿色价格上升。企业在为绿色产品进行定价时，要充分地将环保成本、研发设计成本、其他诸如绿色包装、绿色材料、绿色渠道、绿色服务等等的成本考虑在内，从而制定出对于企业和消费大众都比较合理的市场价格。绿色价格也有可能由于其他因素的作用而降低，如由于产品及包装原材料的节约而降低费用。

（三）企业绿色营销行为模式

企业经营导向由传统的四种导向向绿色营销导向的转变是社会经济与企业发展循环经济的客观需要。这需要企业重视绿色商标及品牌设计；在广告及公关活动中，宣传和树立企业良好的绿色品牌形象；重视绿色营销组合策略，即如何采取新技术使生产过程更清洁，如何遵守有关的环保法规，建立绿色产品营销网络；重视绿色售后服务。通过绿色营销确立社会绿色消费方式，使企业的绿色产品与消费者的绿色需求相协调。环境适应性强、顾客满意程度高、资金充足、制度完备的创新型企业从传统营销转向绿色营销会比较迅速。

企业采取绿色营销模式，通常包括以下行为：①制定公司相关环境责任的声明与计划书；②采取相应绿色营销措施；③将涉及与企业相关的资源与环境政策作为企业整体营销计划的重要组成部分；④通过各种营销组合，赢得公众对公司环境措施的认可和绿色形象的赞誉；⑤确定公司绿色营销目标，并以此为公司生产经营行动指南；⑥提供适宜于市场的、满足顾客需求的绿色产品；⑦提供优良的绿色产品及劳务的售后服务。

为了实现由传统的四种经营导向向绿色营销导向的转变，表 5-2 列出了由四种传统经营导向转变为绿色营销导向各自所需要采取的典型战略、形成绿色营销体系的方法与能够产生的良好结果（新的优势）的具体方法、手段与内容。

表 5-2　从传统经营导向转变为绿色营销导向的战略举措

	生产导向	销售导向	营销导向	企业家导向
典型战略	通过利用可循环利用的材料来节约成本；注重顾客需求。	通过讨论环境属性，设立销售的长期联系，注重顾客需求的长期转换。	确定消费者和社会的绿色需求，考虑社会的和环境的影响。	通过产品开发来利用绿色产品的高收益。
形成绿色营销的主要体系	采取反向物流法；适时灵活的制造以减少废弃物；采用高超的工艺。	通过绿色营销导向进行市场细分，放弃有计划的报废，考虑决策的环境和社会影响。	注重预测顾客和社会需求，通过教育改变对绿色产品的需求，消除对社会有害产品的市场。	在绿色产品或体现社会责任的地方进行创新。
新的优势	柔性工艺，打造从生产到再利用的物流体系，创造耐用产品。	推销优良的绿色产品。	需求修正，制定出新的行业标准。	创新，产品开发。

资料来源：王爱民．绿色营销创新的理论研究[Z]．武汉理工大学博士论文，2003(11)．

第二节 中观循环经济发展模式之一——生态工业园模式

　　建设生态园区是循环经济在中观层次上的发展模式之一。生态工业园区采用的环境管理是一种直接运用工业生态学的生态管理模式，通过废物交换、循环利用、清洁生产等手段，最终实现园区内污染的"零排放"。国际上，以美国、加拿大为首的西方发达国家在 20 世纪 90 年代已经开始进行了生态工业园的实践，现在拥有为数最多的生态工业园区。丹麦的卡伦堡生态工业园区是目前世界上最典型的一例。

一、生态工业园概述

（一）生态工业园的含义

　　生态工业园是循环经济在中观层次上的一种重要实现模式。目前，对于生态工业园的定义还没有定论，大部分定义强调的是园区环境成本的削减和内部企业的合作。美国可持续发展总统委员会提出了两个颇受关注的定义：

　　（1）"为了高效地分享资源（信息、物资、水、能源、基础设施和自然居留地）而彼此合作且与地方社区合作的产业共同体，它导致经济和环境质量的改善和为产业与地方社区所用的人类资源的公平增加。"

　　（2）"有计划的物质和能量交换的工业系统，需求能量和原材料消耗的最小化、废物产生的最小化，并力图建立可持续的经济、生态和社会关系。"[①]

　　我国国家环保总局对于生态工业园的定义是：生态工业园区是依据清洁生产要求、循环经济理念和工业生态学原理而设计建立的一种新型工业园区。它通过物流或能流传递等方式，把不同工厂或企业连接起来，形成共享资源和互换副产品的产业共生组合，使一家工厂的废弃物或副产品成为另一家工厂的原料或能源，模拟自然系统，在产业系统中建立"生产者—消费者—分解者"的循环途径，寻求物质闭环循环、能量多级利用和废物产生最小化。[②]

　　① 定义转引自：黄贤金．循环经济：产业模式与政策体系 [M]．南京：南京大学出版社，2004：221．
　　② 中国环保总局．生态工业示范园区规划指南（试行）．见 http//www.zhb.gov.cn．

（二）生态工业园的特点

生态工业园不同于传统的工业园区，他强调的是经济、环境和社会功能的协调和共生。它与传统园区的区别主要包括以下几方面：

第一，动力目标不同。生态工业园是通过园区经济系统内物质循环流动、资源减量化、多次利用和能源节约高效使用等方法实现生态重组，即按照自然生态学原理和自然生态系统来设计和调整工业园区的工业活动，使之尽可能对自然环境与资源系统干扰最少，并实现社会财富增加的目标。而传统工业园的形成动力则是在产业聚集的基础上，力争实现集群产业群落的规模效应，经济利益占主导地位，其合作动力源于集聚经济效益，不负担环境与生态成本。

第二，组成方式不同。由于动力目标的不同，导致传统工业园与生态工业园的组织方式存在差异。传统的工业园只是在一定区域内，由性质相同或相近的企业、经济个体简单叠加而成，彼此之间不存在物质流、信息流、能量流、价值流等的交换。而生态工业园成员间的合作动力源于园区的经济、社会和环境效益，通过副产品的交换、废弃物的交换、信息的交流、生产的互惠、管理的合作等实现企业之间及企业与自然环境之间的良性互动，所以生态工业园内各经济实体的组成方式是根据产业结构与产业链的连续性设计的，企业之间的联系异常紧密。

第三，运转机制不同。生态工业园以循环经济系统"循环链""循环网"方式来支持其网络流动，每一个企业的运行都要遵循相应的经济与生态规律，将整个生态园区的规划与管理纳入了环境、资源与生态要素，从而保证物质、能量、信息、价值在每一链条与网络上的节点（企业）间的顺畅流动，实现共生共荣。而传统工业园不能实现网络流动。

（三）生态工业园的类型[①]

（1）全新规划型。这类生态工业园区在成立之前，首先进行良好的规划和设计，然后从无到有地进行建设，主要吸引那些具有"绿色制造技术"的企业入园，并创建相应的基础设施，使得这些企业间可以进行副产品与废渣、废水、废热、废气等的交换。这一类工业园投资大、起点高、运行相对顺畅。

（2）现有园区改造型。对现在已经存在的工业园进行改造，不仅进行园区

---

① 柯金虎. 工业生态学与生态工业园论析［J］. 科技导报，2002（12）.

内基础设施的改制、重建，而且对园区内的企业实施技术改造，同时根据产业链的需要引进新企业加盟，并在区域内建立废物和能量信息中心及交换机构，力争实现园区内闭循环。因为，目前世界上很多传统的工业园区都面临环境污染严重、企业之间的相互合作少等问题，所以此类生态工业园是最具有实际应用价值的。

（3）虚拟生态工业园。这类园区不要求其成员在同一地区，主要是通过建立计算机模型和数据库，在网络上建立起成员间的物料或能量联系，从而实现成员间生产、服务、销售的生态化。虚拟生态工业园的优点是可以省去一般建园所需的费用，避免进行工厂迁址工作等，具有灵活性和选择性。其缺点是可能要承担较高的运输费用。有学者将美国德克萨斯州的布朗斯维尔归为这类生态工业园的代表。

二、国际典型生态工业园情况

在美国、加拿大、日本、欧洲等发达国家和地区，生态工业园建设已经取得了一定的进展，发展中国家也正在积极规划和筹建适合本国国情的生态工业园。

（一）丹麦卡伦堡生态工业园

丹麦卡伦堡生态工业园区是世界上最早也是最典型的生态工业园。卡伦堡是丹麦一个仅有两万居民的滨海工业小镇，位于哥本哈根西部75千米。

卡伦堡工业园在建园之初并未有意发展成工业生态体系，企业之间相互交换副产品的动机只是想对"工业废物"进行处理，并得到额外的收入，减少企业成本。卡伦堡工业园内的六个主要成员（阿斯内斯火力发电厂、斯塔托伊尔炼油厂、济普洛克石膏墙板厂、诺和诺德制药厂、A/S Bioteknisk Jordrens 土壤修复公司以及卡伦堡社区）在此后的一段时间进行了有效的拓展，使工业园自发的向生态工业园的方向发展，最终形成了目前这种有益于环境保护、节约资源、物质循环利用的生态共生工业网络。生态园共生示意图如图 5-2 所示。

卡伦堡工业共生系统有六个核心参与者，此外还有大量的企业参与到了该生态共生系统之中，如渔场、农场、供热站等。卡伦堡生态工业园形成之初，只有斯塔托伊尔炼油厂和济普洛克石膏墙板厂之间进行副产品交换，虽然诺和诺德制药公司也位于工业园内，但当时还没有与其他企业建立任何副产品交换关系。生态园最初的共生工业表现为济普洛克石膏墙板厂利用斯塔托伊尔炼油厂产生的丁烷气进行生产，这使得济普洛克获得了廉价的燃气，炼油厂也可以

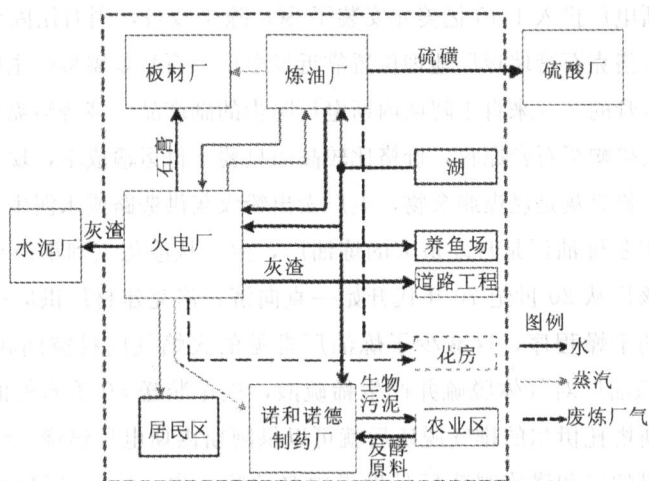

图 5-2 丹麦卡伦堡生态工业园示意图

不再把丁烷气当作废气来烧掉。后来，卡伦堡工业园的工业共生网络得到了进一步的完善，诺和诺德药厂每年无偿提供 110 万吨淤泥（含氮和磷）给约1000 家农场，这也是在丹麦政府禁止将这些物料倾倒入海后，药厂所取得的最有效和最经济的办法，同时农户免费得到了富含肥料的土泥，第二条副产品互换线得以建立。此后，阿斯内斯火力发电厂开始向水泥公司供应飞尘，首次有了厂址不在卡伦堡工业园的一家公司加入循环网络。阿斯内斯火力发电厂后来又开始供应蒸汽给卡伦堡市、斯塔托伊尔炼油厂和诺和诺德制药厂。随着加盟企业的不断增多，它们之间废物、能源和副产品的交换日益频繁，经过几十年的发展，形成了一个真正的"循环链"。

卡伦堡生态工业园在成立之初并没有总体设计，它是在市场机制的作用下，企业为了执行严格的环境法规，自身降低生产成本，寻求原材料替代物，逐渐自发形成了生态工业园。生态园的核心是丹麦最大的电厂——阿斯内斯电厂，它通过向园区内其他企业提供由生产所产生的对本厂无利用价值的能源，使 80％的能量得以再循环使用。20 世纪 80 年代以来，电厂通过地下管道向卡伦堡市民供热，减少了 3500 座油渣炉子。镇上居民得到了供热保证的同时，市区也减少了烟尘排放。电厂的余热用来养鱼，鱼儿在温水中生长得更快，鱼池废渣经过处理作为有机肥料出售。电厂将生产过程中的蒸汽供应给诺和诺德制药厂和斯塔托伊尔炼油厂。炼油厂可从电厂获得所需蒸汽的 40％，制药厂则获得所需的全部蒸汽。阿斯内斯电厂同时向济普洛克建筑材料厂提供石膏原料。1993

年，阿斯内斯电厂投入 1.15 亿美元安装了 SO_2 除尘设备，同时用除尘渣生产工业石膏。济普洛克石膏墙板厂地理位置靠近发电厂，石膏是墙板的主要原料，济普洛克所需石膏的 2/3 来自于阿斯内斯电厂除尘的副产品。济普洛克建材厂原来从西班牙露天矿购买石膏原料，价格比较高而且要支付运输成本，现在大大降低了成本。电厂粉煤灰是燃煤剩余物，电厂卖出粉煤灰供造路或水泥生产使用。

斯塔托伊尔炼油厂是丹麦最大的炼油厂，生产从液化气到重燃料油的系列石油产品。该厂从 20 世纪 70 年代开始一直向济普洛克建材厂供应排空气用于墙板生产中的干燥程序，这减少了炼油厂常见的火焰气的排空问题。1990 年斯塔托伊尔炼油厂对气体脱硫并产生稀硫酸，连车装送 50 千米外的克米拉转化成硫酸。斯塔托伊尔的排气脱硫后就可以供阿斯内斯电厂燃烧。距离电厂和炼油厂几英里的诺和诺德制药厂是世界驰名的胰岛素、酶和盘尼西林生产厂。诺和诺德每天产生 3000 立方米的残渣，因为法规限制诺和诺德直接将残渣排放入海，所以药厂将生产剩余的富含营养的有机物残渣作为农用肥料，向附近农场约 1000 家农户销售，这是成本最低的处理方法。卡伦堡淡水稀缺，所以制定了淡水的循环利用计划。为减少地下水消耗，市政府通过协作网络做出努力，促使电厂用水从完全依靠地下水改变为部分使用提须湖水、部分使用石油提炼厂处理过的生产废水。1987 年以来，斯塔托伊尔炼油厂每年用管道输送 70 万立方米的冷却水到阿斯内斯电厂，经净化作为锅炉用水。循环利用使卡伦堡生态工业园节约了 25% 的工业与民用水。

卡伦堡企业与社区之间的物质、能量再循环与再利用以及副产品的交换使用提高了经济效益，降低了生产与生活的成本，节约了资源，减少了对自然环境的污染。因此，卡伦堡被誉为目前世界上最典型的循环经济工业生态园，每个企业都消费其他企业的废弃物与副产品，能源与物质在它们之间变得互相依赖。卡伦堡生态工业园区 20 年期间的总投资为 6000 万美元，而由此产生的效益估计为每年 1000 万美元，投资平均折旧时间短于 5 年。整个区域减少资源消耗，每年节水 600 万 m^3、石油 4.5 万吨，煤炭 1.5 万吨；减少造成温室效应的气体排放和污染，每年减少二氧化碳 17.5 万吨，二氧化硫 1.02 万吨；废物重新利用，每年 13 万吨炉灰（用于筑路）、4500 吨硫（用于生产硫酸）、9万吨石膏、1440 吨氮和 600 吨磷。[①] 截至 2001 年年初，他们用于输送副产品的基础设施投资获得了 1.6 亿美元的回报。

----

① 数字来源于：丹麦卡伦堡生态工业园区建设实例［Z］. 大都市发展资源网，2006-4-3.

（二）美国生态工业园

美国生态工业园涉及生物能源的开发、废物处理、清洁工业、固体和液体废物的再循环等多方面，是在美国环境保护署和总统可持续发展委员会的支持下发展起来的。截至 2001 年上半年，美国至少在 40 个地区建立了生态工业园项目，并取得了非常显著的效果。下表是美国具有代表性的生态工业园情况。

表 5-3 美国代表性生态工业园情况[①]

生态工业园名称	地点	涉及行业和特点
查尔斯港口生态工业园	弗吉尼亚	可持续技术，自然的海岸特色
费尔菲德生态工业园	巴尔的摩，马里兰州	现有工业区的转型，共生，废物再利用，环境技术
布朗斯维尔生态工业园	德克萨斯州	废物交换和营销的区域或实际方法
河岸生态工业园	柏林敦，佛蒙特州	城市环境中的农业工业园区，生物能源，废物处理
查塔诺加生态工业园	田纳西州	内城和原有军工制造设施的再开发，环境技术，绿色区域
绿色协会生态工业园	明尼阿波利斯，明尼苏达州	内城，小规模绿色产业孵化器，废物再利用
普拉兹堡生态工业园	纽约	大型军事基础的再开发，资源和废物管理，国际快邮服务
东海岸生态工业园	奥克兰，加利福尼亚	以资源再生为基础的园区，自然美化，提高能源效率
伦敦德里生态工业园	新汉普	小规模的以社区为基础的园区
特灵顿生态工业园	新泽西	现有工业区的再开发，清洁生产
Civano 生态工业园	土孙，亚利桑那州	可更新能源和环境技术的商贸联合体
富兰克林生态工业园	卡罗莱那州	商贸、住区一体化的新开发，环境产业，自然特色
雷蒙生态工业园	华盛顿州	幼树森林里的新园区，固体和液体废物的循环
遮荫边（Shadyside）生态工业园	马里兰州	现有设施的革新，小规模环境和技术产业
萨格特郡生态工业园	华盛顿州	有着支持体系和中心的新园区，环境工业

[①] 图表来自：《生态工业园：工业发展的必然趋势》，2003 年。

20世纪90年代，美国总统可持续发展理事会指定了四个社区作为生态工业园区的示范点，他们分别是马里兰州巴尔的摩的费尔菲德生态工业园、弗吉尼亚州的查尔斯港口生态工业园、德克萨斯州的布朗斯维尔生态工业园和田纳西州的查塔诺加生态工业园。这四个示范生态工业园区的设想和侧重点各不相同。德克萨斯州的布朗斯维尔可以算作是"虚拟"生态工业园区，田纳西州的查塔诺加则重视与区域可持续发展规划的联系，其对工业生态园区的设计覆盖了该区域的工业、服务业、旅游业，以及住宅等多方面。目前，美国的生态工业园得到长足发展，大部分生态园区的发展已不再仅限于工业园区内，而是扩展到社区、城市的更大范围中。美国的生态工业园各具特色，代表着不同的生态工业园规划特点。

1. 改造型的查塔诺加（Chattanooga）生态工业园区

查塔诺加曾经是美国以污染严重闻名的制造业中心。杜邦公司率先推行清洁生产与废弃物零排放，不仅减少了污染，而且还带动了园区内环保产业的发展，使老工业区的面貌发生了变化。该生态工业园的突出特征是通过重新利用老工业企业的工业废弃物，减少污染和增进效益。像查塔诺加生态工业园的这种革新方式对老工业区改造很有借鉴意义，并且尤其适用于老工业企业密集的城市。目前，园区内某一企业的旧钢铁铸造车已被改造为用太阳能处理废水的生态车间，旁边比邻的是利用循环废水的肥皂厂与急需肥皂厂副产品做原料的另一家工厂，建立起了完整的生态工业网络。[1]

2. 全新型的乔克托（Choctaw）生态工业园区

乔克托是根据生态工业园的理念建设起来的新型园区。以俄克拉何马州大量的废轮胎资源为原料，采用高温分解技术将这些废轮胎资源化而得到炭黑、塑化剂和废热等产品，从而进一步衍生出不同的产品链。同时注重园区内废水的综合利用与循环。其特点是基于园区所在地丰富的特定资源，采用废物资源化技术构建出核心工业生态链，进而扩展成工业共生网络。[2]

3. 虚拟型的布朗斯维尔（Brownsville）生态工业园区

该园区被建设成了一座"虚拟生态工业园"，不位于同一区域的企业通过废物交换也可以建立彼此之间的生态工业联系。布朗斯维尔生态工业园区根据相关企业的特性建立了"工业共生"路线图，建立了自己的数据库，列出了本

---

① 杨明奕. 生态产业园区的原则及分类 [J]. 中国环境报, 2003-7-18.

② 杨明奕. 生态产业园区的原则及分类 [J]. 中国环境报, 2003-7-18.

区及附近地区现有企业生产的产品及废料或排放物，园内咨询专家对这些企业的排放物或废料进行分析，并且找出有可能会使用这些排放物或废料的潜在企业，以促使它们加入到生态工业园区的"工业共生"系统中来。它的优点是不必在园区某一固定地点重新建设企业，根据需要，新型工业将被充实进来补充现存企业和增加废物交换，这要比"现实生态工业园"更具可复制性。

（三）加拿大工业生态园

根据加拿大最近对共生和能量再循环的一体化生态工业园进行研究的结果，加拿大 40 多个工业园区中有 10 个被认为具备很强的生态工业园发展的可能性（见表 5-4）。

表 5-4　加拿大代表性工业生态园情况

地　点	主要工业、设施与产品
英属哥伦比亚范库弗峰（Vancouver, British Columbia）	蒸汽、造纸厂、包装、工业园
伯恩赛德（Buxnside Industrial Park）	建材、炼油、制浆与造纸
萨斯喀彻温省萨斯喀彻温堡（Fort Saskatchewan, Sask）	化学品、发电厂、苯乙烯、PVC、生物燃料
安大略圣玛利少特（Sault Ste. Marie, Ontario）	发电厂、钢厂、造纸厂、薄板厂、工业园
安大略兰提库克（Nanticoke, Ontario）	发热站、炼油厂、钢厂、水泥厂、工业园
安大略康沃尔（Cornwall, Quebec）	热电厂、造纸厂、化学品、食品、电器、塑料和混凝土产品
魁北克比坎克尔（Becancour, Quebec）	化学品（H_2O_2、HCL、CL、N_aOH、烷基苯）、Mg、Al
魁北克东蒙特利尔（Montreal East, Quebec）	石化、精炼厂、压缩空气、石膏板、金属精炼、沥青
新布朗斯威克圣约翰（Saint John, New Brunswick）	电厂、造纸厂、炼油、酿酒厂、炼糖厂等
若瓦斯克帝亚土帕（Point Tupper, Nova Scotia）	发电站、制浆与造纸、建筑板、炼油

资料来源：《生态工业园：工业发展的必然趋势》，2003 年。

在加拿大的众多生态工业园之中，伯恩赛德工业园（Buxnside Industrial Park）规模最大，最具代表性。

伯恩赛德工业园位于新斯科舍的达特茅斯（Dartmouth，Novascotia），容纳了1200多家企业，占地约2000英亩，主要是由一些在工业加工过程中会产生剩余物的小型公司组成，如纸浆加工造纸厂、建筑板厂、石油提炼厂等。园区鼓励企业生产、使用和出售环境友好产品，对企业管理者和员工进行环境意识和环保技能培训教育，引进再利用、再恢复、再循环物质的企业，并成立伯恩赛德清洁生产中心，为园区内企业提供有关废物排放最小化、资源利用效率最大化等预防污染环境和清洁生产的信息服务与技术支持。经过近十年的发展，园区副产品交换网络已经相对比较丰富，各企业之间已基本建立工业生态网络关系，能量的梯次流动和废物的循环利用在园区内已普遍出现。

（四）发展中国家的生态工业园

发展中国家由于工业发展滞后，污染严重，所以，在20世纪90年代纷纷仿效发达国家规划与建设生态工业园。表5-5列出了亚洲有代表性发展中国家生态工业园项目情况。

表 5-5 亚洲有代表性发展中国家生态工业园项目

国家或地区	生态工业园或生态城市名称
菲律宾	Laguna 国际工业园、轻工业与科学园、Carnelray 工业园、LIMA、Laguna 技术园、菲律宾国家石油公司石油化学工业园、清洁城市中心项目
印度尼西亚	Lingkungan（LIK）、Tanggerang、三宝垄（semarang）、Industrial Zona Maris
印度	Narda、Tirupur 纺织工业、泰米尔 Nadu 制革业、加尔各答铸造业、泰米尔 Ndau 造纸/制糖业、Bagelore 水项目、Ankleshwari、Nandeseri、Thane-Belapur
马来西亚	LHT 资源联合项目
中国台湾地区	台南技术工业园、长华海滨工业园、共同合作系统项目（CSSⅡ）
越南	Amata（环境管理）、Hanoi Sai DongⅡ（可行性研究）
泰国	泰国工业园主管部门计划项目（Map Ta Phut、Northern Region、Amata Nakorn、Eastern Sea Board、Bang Poo）、Samut Prakarn 省 CPIE 项目（亚洲开发银行资助）、曼谷（Panapanaan）
斯里兰卡	经济与工业发展部计划项目

资料来源：《生态工业园：工业发展的必然趋势》，2003 年。

三、国际典型生态工业园特征解析

通过对各国生态工业园的考察，可以发现，每个国家，甚至每个生态工业园的具体情况、操作模式、产业结构、园区设计、设施配置等各具特色。但是，在比较研究的基础上，通过对不同国家、地区代表性生态工业园共性与个性的归纳和总结，可以得出生态工业园建设的规律性经验。

（一）共同点分析

世界各国生态工业园区发展的重点不同，但著名的园区均有一些共同的特点，主要表现在以下方面。

1. 在主导产业发展上有明确的目标

成功的生态工业园大部分均以主导产业为核心，其他产业与企业围绕主导产业形成工业生态共生网络，这一特点在美国表现得尤为突出。主导产业的选择十分重要，往往一个产业甚至产品的成功，将会极大地增强区域的竞争优势，并将对工业园区的发展产生重要的影响。而过多的产业发展目标会误导区域的发展方向，使区域难以形成优势，甚至会丧失内在引力。

2. 政府在相关政策上大力支持

生态工业园的发展是一个长期过程，在项目运作的前期比较缓慢，整体盈利能力较弱，园区外的企业，尤其是领先的大企业加入生态工业园区积极性不高，此时最需要政府的支持。各国政府在促进生态工业园的发展过程中，均制定了相应的扶植政策，创造了有利于其发展的条件与环境，通过市场机制与法律手段等对生态工业园的创建与发展进行干预。

3. 园区内均建立了比较完备的物质循环系统

纵观世界成功的生态工业园区，基本上都具备资源再生、产品再造、废弃处理等功能，这要归功于生态工业园完备的物质循环系统。大部分代表性生态工业园均建立了高效化的资源循环系统，专业化的废弃物回收系统，共享化的配套设施集成，绿色化的园区景观环境，一体化的园区服务体系。这使园区内工业生态链或工业生态网络中的物质与能量得以逐级传递，实现了物质与能量的集成优化，从而达到园区经济发展与生态环保的目标。

4. 形成技术创新网络

大部分代表性生态工业园通过充分发挥生态工业园区各生产要素的协同作用，形成了独具特色的创新网络。各国成功的生态工业园区不仅在生产与销售上形成了共生体系，而且在研究活动层面上也形成了空间上的集聚。在一种能鼓励信息自由交流的体制里，很多不同性质的组织中的人员相互联系，形成网络，发生协同作用，从而导致产品、流程、设计等创新的不断出现。

（二）不同点分析

世界代表性生态工业园建设除在微观园区设计、具体产业组合、管理模式上各具特色外，总体来看，还存在以下两方面明显差异：

1. 生态工业园形成路径不同[①]

生态工业园形成路径主要可分为两种：自发形成和人为规划设计形成。

所谓自发形成是指集聚在园区内的企业因经济利润的吸引在长期的合作过程中自我发展起来的一种工业共生网络形式，这也是产业集聚区的普遍现象。丹麦卡伦堡生态工业园是该种形成方式的典型代表。在卡伦堡工业园发展的初期并没有任何机构对它进行规划和设计，它的发展纯粹是企业的自发行为，是在市场因素的作用下自组织和自协调的过程。目前，美国所涌现出的许多著名生态工业园在开始阶段也都是围绕某一主导产业自发形成的，围绕主导产业形成产业集聚区是美国区域经济发展的显著特点，高度发达的市场机制为生态工业园内工业共生关系的形成提供了广阔的发展空间。除美国和丹麦外，在芬兰、澳大利亚、奥地利以及加拿大的一些地区自发形成的生态工业园也在蓬勃发展。它们在使用资源和适应市场方面都表现出很高的效率和良好的绩效。这些企业集结在一起，相互利用对方的优势，这是满足园区内部运作和外部顾客的某些要求所必需的。它们的链接并不是随意的，而是建立在对整个网络系统思考的基础上的，在不承担过重负担的情况下，该网络的柔性和能力将得到提高。

"人为的规划设计"是工业共生网络在生态工业园内形成的另一种普遍方式，它是在政府、园区管理者和科研机构的参与下，依靠行政命令、政策和技术手段进行规划和设计而形成的。实践表明，准确而充分的数据分析和优秀的系统设计能够实现"零排放"，日本联合国大学零排放研究中心正在潜心研究的项目藤泽（Fujisawa）生态工业园、Bechtel模式在德克萨斯州的布朗斯维尔（Brownsville）工业园的应用以及田纳西州的"精致园"都是依靠精心设计建设而成的。对于这些工业园区，在开始阶段可能是一片"白纸"，园区内的

---

① 王兆华. 生态工业园工业共生网络研究 [Z]. 大连理工大学博士论文，2002：48—50.

企业都是根据预先规划和设计好的方案后期进行招商引入的；也有的园区内本来就存在一些企业，但它们之间缺乏建立工业共生关系的客观条件，共生链条是不连续的，为了弥补共生链条上的空缺节点，在外力的作用下引入了上下游企业，从而形成工业共生网络。

2. 政府在生态园组建与运行中的角色定位不同

根据不同国家和地区政府在生态工业园建设与发展过程中干预程度和方式的差异，政府的角色可以分为政府服务型和政府主导型。

政府服务型是指政府在生态工业园建设与运行过程中不负责规划与具体管理，仅充当服务者和间接支持者的角色，这种类型的政府以美国和丹麦为代表。美国政府对于生态工业园的建设与支持主要在四个方面发挥其作用：环境资源的投入与管理；改革环境管理体制；采取措施，促进技术创新；执行生态产业政策。丹麦政府对于卡伦堡生态工业园的介入和扶持主要体现在：政府采取实际行动支持生态工业园发展，如在政府采购中优先考虑具有生态标签的产品，同时鼓励市民绿色消费等，但政府的职能主要还是集中于法律法规的制定和政策扶持上，为生态工业园的发展提供适宜的政策与法律环境，对于园区内企业之间共生关系的建立、合作伙伴的选择与交易等则由市场机制来安排，政府并不参与园区的经营管理和企业的具体经营事务。

政府主导型是指政府在生态工业园的建设过程中扮演规划者和指导者的角色，这种政府类型以日本为代表，其主要目的是为了集中有限资源，合理配置，加快生态工业园发展。日本的许多生态工业园项目都是由政府提出和主导的，日本政府从政策、计划、财政和金融方面对生态工业项目和循环经济大力引导和支持。但是，日本政府工作的重点主要放在项目的发起和初期的运作上，政府参与项目指导和监督，经过政府推进和鼓动，当生态工业园规划与经营进入正常轨道以后，政府开始逐渐减少对经营与规划的干预，而将工作的重点转移到法规与政策的实施上，市场开始成为园区经营的主要调节机制。

（三）优势分析

1. 成本优势

园区内的企业是一种互惠合作的关系，各企业通过副产品交换，上游企业的废弃物可以成为下游企业的原材料，这就可以提高资源的利用效率，减少环境成本。生态工业园区中优惠的原材料是成本优势的一个重要来源，无论是丹麦的卡伦堡工业共生体还是美国的费尔菲德生态工业园，它们的原材料和能源部分或全部是来自另一企业的废弃物，这些废弃物排放到环境中会对环境造成严重的污染，但如果变成另一企业的原材料，不仅节约了资源，而且使企业降低成本，取得了"一举两得"的效果，参与其中的企业均能从中获得利益。另外，园区内企业共享设施和服务，可以获得共同的经济利益，使运营成本降低。

2. 集聚优势

因为园区内企业的地理位置比较接近，因此，有利于上、下游企业彼此了解，其合作建立在彼此信任的基础之上，这不仅降低了运输成本，也减低了交易成本，由此，各方会有动力加强合作。更为重要的是，由于地理位置的接近，下游企业便于了解上游企业提供的副产品的性质和质量，并能与上游企业及时沟通，协商关于副产品数量与质量方面的信息，以便保证本企业产品的质量。

3. 生态优势

生态工业园是依据循环经济理念和工业生态学原理而设计建立的，其目标是尽量减少废物，通过废物交换、循环利用、清洁生产等手段，最终实现园区的污染"零排放"。园区内企业通过利用上游企业的副产品，从而减少了对资源的需求，降低了废物排放，减少了对环境的污染，从而减轻了对社区环境治理的压力。生态工业园区采用的环境管理是一种直接运用工业生态学的生态管理模式。园区内的企业有着共同的、高标准的环境管理目标，共同对园区进行环境管理。由此，可以改善企业的外部形象，减少环境成本，从而增强企业的竞争能力。因此，从环境角度来看，生态工业园区是最具环境保护意义和生态绿色概念的工业园区。

4. 带动优势

生态工业园是一种新的工业开发模式，这种开发模式提供了一种新的商业机会。通过招募新的成员，孵化新企业，生态工业园可以提供更多的就业机会，带动地方经济发展，成为推动社区发展的新力量。

（四）问题与风险分析[①]

（1）生态工业园成员的合作动力来源于园区的经济、社会、环境效益，也

---

① 刘雪娟等．关于工业生态园的几点思考［J］．科技管理研究，2003（6）．

就是说，他们要满足企业、社区和政府三方面的利益。但是生态工业园中也存在各种不经济性，具体的表现有：

第一，政府因为要扶持生态工业园的发展而必须采取的减免税或补贴政策等会加大政府的财政负担。

第二，企业间的交易成本呈现捆绑模式。园区内处于产业链上的各个企业的搜寻成本、谈判成本、履约成本、风险成本、其他成本均捆绑在一起，一个企业对生产做出重大调整时会影响另一方，加大关联企业的相关成本。网络上一个关键环节节点断掉，则整个网络面临瘫痪的风险。

第三，共生系统中可能会出现某些经济方面的不合理性，比如卡伦堡生态工业园，政府为了保证工业共生网络的有效运行而向市民提供的供暖和燃气比从外面引入的天然气的价格高。

（2）生态工业园的各个成员之间因为副产品交换而增强了相互合作的需求，他们共享服务又产生了合作利益。但过于紧密的合作容易造成企业之间的合作刚性和相互依赖。如果各方协调不到位，又或者有企业单方面退出，就可能产生连锁效应，导致整个共生系统的失败。另外，过度的相互依赖也会提高交易成本，从而造成利益损失。

（3）生态工业园要满足共生的条件和高标准的环境目标，这一切都需要高额的前期投入，而投资回收期可能很长，由此又增加了资金风险。比如全新规划型生态工业园的生态基础设施（一体化的资源再生体系）投资较大，一旦某个节点出现问题，会导致一体化难以实现，则这部分投资会成为很大的沉没成本；又如虚拟生态工业园要承担较高的运输成本，而且对于计算机模型和数据库的依赖性较大，数据获取渠道和真实程度都将影响生态工业园运作。

（4）由于工业共生鼓励企业之间的副产品交换，企业可能因此丧失改进生产工艺的动力，不利于源头技术创新和寻求资源有效利用技术的发展。例如，如果上游企业产生的副产品涉及有毒废弃物，由于下游企业可能作为接受方购买这些副产品，那么上游企业就不会积极地寻求技术进步以寻找替代物质，由此可能造成一种规则上的风险。这就需要管理机构预先制定规范，这又可能增加新的操作成本。

第三节 中观循环经济发展模式之二
——生态城市模式

发展循环经济，就一个区域的建设与发展而言，正确地确定区域的发展目标和发展模式，科学地确定区域的发展方向和总体布局，有效地引导区域的空间拓展和产业发展，在经济和城市建设快速发展的条件下持续维系区域特有的自然环境和景观环境等，至关重要。生态城市作为世界城市建设的新趋势，成为循环经济在城市与区域层次上的理想发展模式。

一、生态城市概述

（一）生态城市内涵

生态城市（eco-city）概念是在1971年联合国教科文组织发起的"人与生物圈"计划研究过程中首先提出来的。苏联生态学家亚尼科斯基（O. Yanitsky, 1984）认为：生态城市是一种理想城市模式，其中技术与自然充分融合，人的创造力和生产力得到最大限度的保护，物质、能量、信息高速利用，生态良性循环[1]。美国生态学家 R. 雷基斯特（1987）认为：生态城市追求人类和自然的健康与活力，且生态健全的城市，是紧凑、充满活力、节能并与自然和谐共存的聚居地[2]。我国著名学者黄肇义和杨东援认为：生态城市是全球区域生态系统中分享其公平承载能力份额的可持续子系统，它是基于生态学原理建立的自然和谐、社会公平和经济高效的复合系统，更是具有自身人文特色的自然与人工协调、人与人之间和谐的人居环境。[3]

上述观点不尽相同，但都强调了城市发展过程中社会、经济、自然复合系统的协调发展，城市发展与生态平衡相得益彰的问题。有的学者是从生态学和城市生态学的观点来解释生态城市的内涵，而有的学者则从生态城市建设和规划目标的角度来揭示生态城市的内涵。随着时间的推移，对于生态城市概念的

① 王如松．高效·和谐——城市生态调控原则和方法［M］．长沙：湖南教育出版社，1988：268.
② Richard Register Ecocity Berkeley: Building Cities For a Healthy Future, North Atlantic Books, USA, 1987.
③ 黄肇义，杨东援．国内外生态城市理论研究综述［J］．城市规划，2001（6）.

阐述越来越综合化和全面化，将生态城市内涵的界定建立和融合在社会、经济、自然、区域、文化等越来越广域的系统结构背景下，既提高了应用的可能性，也体现了时代的要求和科学的进步成果。

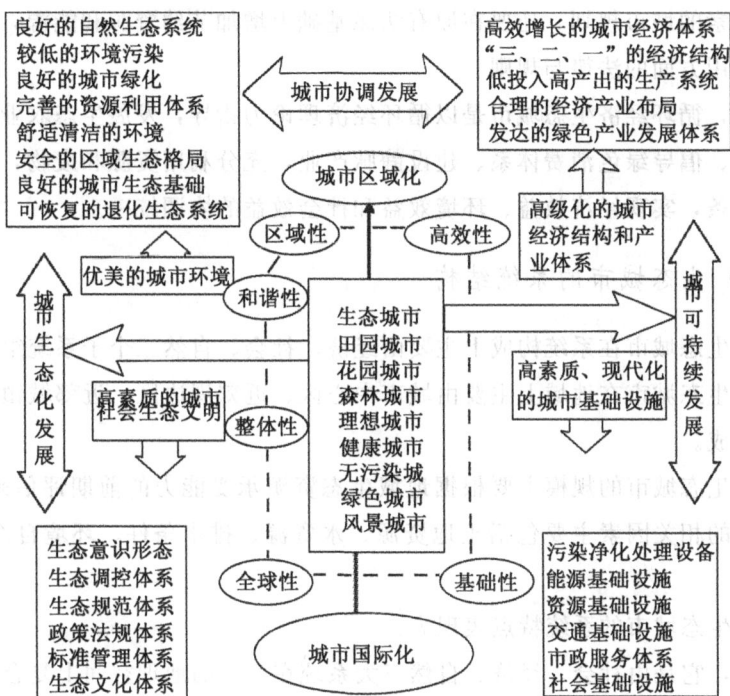

图 5-3　生态城市概念模型图

资料来源：《循环经济导论》，人民出版社，2004 年。

（二）生态城市的特征

如生态城市的概念所述，生态城市是一个复合系统，包括经济、社会、自然、资源等子系统，它强调各系统之间的有效协同和可持续发展，因此，一个生态城市应具有以下特征：

（1）在环境方面，生态城市要拥有优良的自然生态系统、优雅的环境、良好的绿化，完善的自然资源可循环利用体系。

（2）在经济方面，生态城市要拥有合理的产业结构与产业布局，经济增长速度适中，保证城市人口充分就业，其生产、生活方式要符合经济与生态规律，节约资源和能源。

（3）在社会方面，生态城市要倡导公众，包括居民、企业以及相关机构具有良好的环保意识，形成绿色理念，鼓励其开展各种循环经济活动，提倡实施绿色消费模式。

（4）在管理方面，生态城市要拥有健全的规章制度，不仅要有纳入了环境与资源要素的城市规划，还要在原有法律基础上增加节约资源和能源，以及物资回收利用方面的法律与规则。

总之，循环经济生态城市是以循环经济理论为指导，发展生态农业、推行生态工业、倡导绿色消费体系、建设静脉产业，充分利用资源和废物，合理打造产业链条，实现经济效益、环境效益和社会效益的协调统一。

（三）生态城市的系统结构

（1）生态城市在系统构成上主要由经济、社会、自然三个子系统组成。

（2）生态城市在地域上主要由城市中心区、近郊周边区、近郊城镇和自然景观区组成。

（3）生态城市的规模主要根据地域生态资源承受能力的前期评估来确定，资源评估的相关因素主要包括土地资源、水资源、排水条件、环境自净能力、生物等。

（4）生态城市的系统特点表现为：

第一，它是由社会、经济、自然三大系统在相同的地理空间上复合而成的人文系统。

第二，它是一个多层次、多级别的巨大系统。

第三，它是以人为主体的系统，人口高度集中，人在系统中起着能动作用。

第四，它是新陈代谢活动十分活跃的有机体。

第五，它是开放的复杂系统。

（四）生态城市的产业发展

1. 第一产业

生态城市第一产业的发展，对于整个城市的社会经济效益的提高和环境效益的改善起着重要的作用。生态城市第一产业一般都地处城市边缘或郊区，作为一种绿色产业，它强调生态效益和社会效益，在保障城市农副产品供应的同时，也起着保护环境，降低污染的作用。如用农业占地将高速公路与工厂等有污染的区域与居住区分隔开。生态城市农业的作物类型应力求多样化，在粮食、蔬菜、水产等传统基础产业充分保证的同时，大力发展科技含量高、档次高的产品，同时，生态农业的规划与发展也要适宜于休闲度假、观光。生态城市第一产业的生态意义不仅在于其本身的生态化，更重要的是它是整个城市经济——生态系统良性运行的基础。

2. 第二产业

生态城市第二产业发展，要以节约资源、减轻生态负荷、充分利用废弃物为特征，建立起"封闭循环"的工业生产系统，考虑整个城市工业的联动、互补效应，实现区域企业间的有机合作。在产业布局上，应尽可能使生活区和工业区保持职住平衡，减少通勤人口的数量和通勤时间，同时又将生活区和污染工业进行分隔，避免污染和干扰。企业之间应具备有机的联系，形成一个以工业企业为主体的生态环境系统。生态城市提倡建立具有产业聚集性的生态工业园区，以及建设卫星城市。同时，生态城市强调发展健全的回收利用产业，保证生产、生活废弃物的再回收与再利用。

3. 第三产业

第三产业往往是衡量一个城市的重要标志。生态城市的第三产业必须为第一产业和第二产业的绿色化发展创造有利的信息条件和市场环境。第三产业要避免过分密集地分布在某个区域，生态城市的中心结构体系要求和城市布局形态相适应，大城市设中心、副中心、区级中心、居住区中心等多级中心体系，避免市级中心职能过度集中。城市中心选址，尤其是市级中心的选址，应考虑和自然环境最大限度的接近。生态城市的交通系统要进行生态化规划，市中心限制机动车辆的进入，避免将快速路引入中心地区，应强调步行和自行车交通系统。同时生态城市的教育、文化、广播电视、科学研究等事业应通过影响人们的素质、技能、思想与行为等，提高市民的生态意识，树立城市的环保形象。

国外生态城市理论与实践联系比较紧密，在生态城市建设方面，已经取得了良好的进展。

二、国际典型生态城市发展情况

生态城市在国外有着广泛的影响，目前，全球有许多城市正在按照生态城市的目标进行规划和建设，例如巴西的库里蒂巴、澳大利亚的哈利法克斯、美国的克里夫兰①和伯克利市②、德国的 Erlangen 和弗莱堡③、印度的班加罗尔、新西兰的 Waitakere 和丹麦的哥本哈根等。这些城市都非常具有代表性，本节将选取澳大利亚的哈利法克斯、欧洲德国的弗莱堡市和发展中国家巴西的库里蒂巴市进行研究。

（一）澳大利亚生态城市情况

澳大利亚比较有代表性的生态城市主要包括哈利法克斯市、怀阿拉布市和阿德莱德市。其中，哈利法克斯生态城是澳大利亚第一例生态城市规划，它不仅涉及社区和建设的物质环境规划，而且还涉及社会与经济结构。它走出传统商业开发的老路，提出了"社区驱动"的生态开发模式。④

哈利法克斯（Halifax）生态城位于澳大利亚阿德雷德市内城哈利法克斯街的原工业区，是澳大利亚第一例生态城市规划。哈利法克斯生态城是由一家非赢利性公共组织——澳大利亚城市生态公司和生态城市股份有限公司合作开发的，并且得到其他团体和参与者的支持，如工会、租赁者协会、教育协会、工业、环境及社区组织等。1994 年 2 月，哈利法克斯生态城项目获"国际生态城市奖"，1996 年 6 月，在伊斯坦布尔举行的联合国人居会议的"城市论坛"中，该项目被作为最佳实践范例。

1. 城市开发原则

哈利法克斯生态城市开发的目标、原则、价值取向等方面与传统的商业化开发具有明显的不同。

（1）恢复退化的土地。充分重视土地的生态健康性和潜力。

（2）尽量保持生态原貌。重视生物区的有关参量，城市开发尽量与原有景观、土地固有形式、生物区存在状况相适应。

（3）阻止城市无限制蔓延。不占有、开垦自然绿带范围，在生态极限允许的范围内相对提高人类住区的密度。

（4）提高能源利用效率。通过使用可再生能源、能源替代产品和提高资源再利用技术，提高经济效益。

---

① 美国克里夫兰生态城市网站资料 http：//www. ecocleveland. org.

② Rigister R. Eco-city Berkeley：Building Cities for A Healthy Future，[M] . CA：North Atlantic Books，1987.

③ Klaus Hoppe, On the Way to Sustainable City Environment policy in Freiburg [C] . Internet Conference on Eco-city development（Feb-June2003）. http//www. ias. unu. edu/proceeding/icibs/ecocity03/papers.

④ 陈勇. 澳大利亚哈利法克斯生态城开发模式及规划综述 [Z] . 杭州市环保局网站，2004-8-22.

（5）保证健康和安全。在城市生态环境可承载的条件下，合理规划空间布局，使用安全、节能的建筑材料，为人们创造健康的、舒适的居住、工作和游憩空间。

（6）鼓励社区建设。创造广泛、多样的社会及社区活动。

（7）促进社会平等。城市管理体系的设计充分纳入各阶层市民，体现社会平等原则。

（8）保护历史遗迹。最大限度保留有意义的历史遗产。

2. 城市规划特点

（1）充分利用能源。在水循环利用方面，通过收集、储存雨水和中水，节约城市清洁水和饮用水。落到屋顶、太阳能收集板、小路、外廊、阳台的雨水被收集并输送到地下水池，与经过过滤的下水道污水、淋浴和洗漱用水而得到的"中水"（grey water）混合，用来灌溉屋顶花园、维护生产性景观植被，同时从生态廊道渗入场地。哈利法克斯市正在力争将区内所有的水循环利用，水的输入量争取趋向零。

在电循环利用方面，城市在区域内制造能量、获取资源并就近使用，如通过太阳能光电板发电，过剩的电力则输送至蓄电池。共用设施沟设有先进的光纤电信系统如光缆电视、PABX 电话网，使区内外信息交流安全、方便。

在废物利用方面，在区内设置一些堆肥厕所，使富含有机质的污水变成为区内植被的肥料，同时还可制造沼气。在小型市场附近建有太阳能水生动、植物温室，污水将在这里通过生物过程得到处理，并提供堆肥和洁净的灌溉水。

（2）重视城市土地规划。哈利法克斯生态城的城市布局格网呈方形，公寓街坊围合成一个个方形庭院和广场，其中偶尔穿插一些圆形点缀如花坛、小景观等，为避免重复，没有一个庭院采用同样的形式围合。城市的"经纬"是厚实、有弹力的土墙，由它们围成约 7.6 米左右的格网结构。土墙的墙体可使用数百年，它支撑着楼板、屋顶，并起到储热的作用，而且还在紧凑的城市布局中吸收噪音。

（3）发展节约型建筑。哈利法克斯的建筑一般在 2 到 5 层之间，上有屋顶花园、观景楼。顶层花园不仅可以用来游戏与休息，还可以种植一些植被。全区屋顶花园上有一千多个太阳能收集器，通过它们可以热水、取暖、制冷或给蓄电池充电。城市建筑选用对人体无毒、无害、无过敏、节能、低温室气体排放的建筑材料，避免使用木料，减少对森林的砍伐，避免使用传统的钢筋水泥，减少了对环境的污染。城市建筑中的阳台、凉亭、帐篷和树木等可以保护户外活动的人们免受紫外线辐射，并可作为避雨场所。

（4）实施生态管理。哈利法克斯创立了"社区驱动"的生态管理模式，社区的规划、设计、建设、管理和维护全过程都纳入了社区居民参与，这是一种社区自助性开发、管理方式。哈利法克斯生态城市管理组邀请个人和作为重要组织的代表加入。管理组建立土地信托公司或土地银行来实施规划、控制财政、购买土地，并对区内生态开发的不当行为提出警告；生态开发公司取代传统的开发商，进行具体工程的开发、建设、实施，是社区基本的开发实体；社区委员会则代表社区内的业主，处理社区内部的冲突、协调各种关系，以便居民更好地在城市开发与管理过程中参与、设计和维护。

（5）促进城乡平衡。哈利法克斯生态城市建设还注重了城乡统筹规划。其新城开发着手于两方面的恢复：乡村与城市。城市周边的乡村地区的土地也被划入整个开发的范围，通过生态恢复、发展生态农业等手段，促进其合理使用。乡村的土地被开发成食物基地、蔬菜用地、娱乐场所及城市以外的教育场地等。哈利法克斯新城规定每个居民必须恢复至少1公顷退化的土地，人们通过堤岸改造、种植本土植被，使农业地区受到严重侵蚀的区域得到了改善。

（二）欧洲生态城市情况

欧盟曾对15个成员国的首都进行了一项连续的调查，意在比较城市居民的生活质量。调查标准是综合性的，包括大气污染、饮用水质量、公共交通状况、绿地面积、垃圾收集、停车费、生活费用、幼儿园数量、医院病床数量、犯罪率和日照天数等。调查结果表明，北欧国家的首都处于最前列，这除了得益于这些国家及城市的地理位置、气候等自然条件外，更重要的原因在于其政府长期以来重视环境和社会问题，重视改善居民的生活质量，居民也因此养成了良好的生活方式和生态意识，特别是丹麦首都哥本哈根在多项指标上都处于前列。

哥本哈根是丹麦第一个生态城市，哥本哈根生态城市的建设为丹麦和欧盟的生态城市建设积累了有益的经验。哥本哈根在建立生态城市过程中，首先制定了一系列规则与制度，将资源与环境要素纳入到城市规划与管理之中，提高市民的绿色意识与环保责任感，同时从各个环节减少资源消耗，并积极倡导环境友好的生产和生活方式，鼓励市民参与城市生态建设。

1. 哥本哈根生态城市环境目标[①]

（1）试验区内水的消费量减少10％。

（2）电消费量减少10％。

（3）回收家庭垃圾，减少城区垃圾生产。

（4）通过建立60个堆肥容器，回收10％的有机垃圾制作堆肥。

（5）回收40％的建筑材料。

2. 哥本哈根生态城市组织和制定实施办法

（1）制定生态城市建设、规划、实施、管理、推广等一系列手册。

（2）建立绿色账户，衡量政府、企业、社区、居民等社会主体生产、经营、消费行为的生态化程度。

（3）考虑生态因素，制定21世纪议程行动计划。

（4）协调、整合各部门、各团体、各阶层的职能，分工协作，促进生态城市项目建设。

3. 哥本哈根生态城市建设特点[②]

（1）建立绿色账户。哥本哈根市的绿色账户记录了一个社区、一个学校或者一个家庭日常活动的资源消费，提供了有关环境保护的背景知识，有利于提高人们的环境意识。使用绿色账户，使哥本哈根市能够比较不同城区的资源消费结构，确定主要的资源消费量，并为有效削减资源消费和资源循环利用提供依据。在学校和居民区建立绿色账户，确定水、电、供热和其他物质材料的消费量和排放量。

（2）开展生态市场交易日。这一制度是改善地方环境的又一创意活动。哥本哈根市每个星期六，商贩们携带生态产品（包括生态食品）在城区的中心广场进行交易。通过生态交易日，一方面鼓励了生态产品的生产和销售，另一方面也让公众们了解到生态城市项目的其他内容。

（3）重视生态教育。吸引学生参与生态城市的建设，是该市建设生态城市、发动社区成员参与的一部分。哥本哈根生态城市项目十分注重吸引学生参与，其绿色账户和分配资源的生态参数和环境参数试验对象都选择了学校，在学生课程中加入生态课，甚至一些学校的所有课程设计都围绕生态城市主题，同时对学生和学生家长进行与项目实施有关的培训，还在一所学校建立了旨在

---

① 黄肇义，杨东援. 国外生态城市建设实例——丹麦生态城市建设. ［Z］. 中国住宅网，2001-8-22.
② 黄肇义，杨东援. 国外生态城市建设实例——丹麦生态城市建设. ［Z］. 中国住宅网，2001-8-22.

培养少年儿童对生态城市感兴趣、增加相关知识的生态游乐场。

（三）发展中国家生态城市情况

一些发展中国家在生态城市建设方面，也取得了很大的成功。其中最为著名的就是巴西的库里蒂巴市，它位于巴西东南部。是帕拉南州的首府。该市是巴西城市化进程中发展最快的城市之一，在快速城市化的过程中比较成功地解决了一系列的城市问题，实现了污染少、犯罪率低和受教育水平高的城市发展目标。库里蒂巴之所以能够有效避免其他许多城市存在的失业、人口拥挤、环境恶化等"城市病"，主要原因是该市采取了不同于其他城市的城市发展模式和途径：以优先发展公共交通为基础，取代不利于环境的私人轿车，关注环境，采用适用技术，鼓励市民参与城市的规划。

库里蒂巴市在具体的行动上主要采取了以下措施：

（1）结合自然情况进行城市设计。库里蒂巴市首先成功根治了困扰市中心建设的水患。政府没有搞"截弯取直"的水利工程，也没有铺设硬制化的河床与河道，而是通过立法保护自然排水系统，并对其进行合理利用。市政府在河道两旁修建了人工湖，并建设了有蓄洪作用的公园，治理水患的同时美化了环境。公园中同时保留着森林、草地和湿地景观，陆地三大生态系统使得生物多样性被极好的保护。河两岸通过改造，建成体育场、休闲场所和城市绿地。库里蒂巴的绿地一种是天然的，可以放牧；另一种人工草坪使用的是生命力与适应力极强的乡土草种，不怕践踏。公交线路和单车道把公园、绿地与城市交通系统连接起来。这种城市设计可以解决许多问题。它节约了防洪方面的巨大开支，而且把防洪用地建成公园之后，使得库里蒂巴市人均绿地占有面积，改善了城市环境。

（2）合理规划城市交通系统。库里蒂巴市采取了优先建设公共交通系统，提倡步行交通发展的策略，建立了方便而快速的公交网络，全市有四分之三的人乘坐公共汽车，并把自行车道和步行区作为城市整体道路网络和公共交通系统的有机组成部分。库里蒂巴全市一年可以节约 700 万加仑燃料，使城市天空呈现蔚蓝色，使库里蒂巴成为巴西空气质量最好的城市之一。方便的公共交通使小汽车的使用和汽油的消耗较其他同类巴西城市低 30%，也使库里蒂巴市低收入居民的平均出行开支大大降低。

（3）城市管理鼓励市民参与。库里蒂巴市政府鼓励企业、团体和居民参与公益活动，并建立了相应的激励机制和措施。例如，在市区的特定区域，开发商可以通过"购买"特许权，在建筑物限高之上多建两层。再比如，开展"让垃圾不成垃圾"活动，发动市民参与可再生物质的回收工作。可以用垃圾交换物品，贫困家庭可用袋装垃圾换取公共汽车票、食品或孩子用的笔记本等，而有的物品是当地农民季节性剩余产品，从而又增加了农民的收入。这些活动和计划的实施，既降低了城市运营成本，又提高了废弃物处理回收效率，同时节约了资源，保护了环境，还提供了大量就业机会。库里蒂巴市的成功经验已引起发展中国家广泛的关注。[①]

三、国外生态城市建设经验总结

世界代表性生态城市的建设都采取了有力的措施，并取得了良好的效果，总结国外生态城市建设经验，主要可归纳为以下几条。

（一）制定明确的发展目标

各国生态城市建设不仅包括物质环境"生态化"，还包含经济建设、社会文明的"生态化"，同时兼顾不同区域空间、代际间发展需求的平衡。生态城市的成功只有在经济系统、人的系统和自然系统相和谐的基础上，建立起新的协作关系时才有可能实现。所以，生态城市的建设必然是一个长期的循序渐进的过程，需要根据各国具体城市的发展状况制定相应的建设目标和指导原则。除了上文论述的三个代表性生态城市在城市发展过程中都制定了明确的目标与原则外，其他国家生态城市的建设也同样具有明确的目标。如美国生态城市制定了明确的生态城市议程，包括空气质量、气候变化、能源、绿色建筑、绿色空间、基础设施、政府领导、邻里社区、公共健康、文明增长、区域主义、交通选择、水质量等系列的具体目标和指导原则。[②] 新西兰生态城市建设目标包括建立可持续的、动态的、公平的环境、经济和社会三个方面，并依据目标制定了更具体的措施。[③]

（二）以可持续发展战略为指导

世界各国已将可持续发展战略作为社会发展模式，在这一战略思想指导下，各国将建设生态城市作为现代城市的演化方向与模式，这体现了人们追求

---

① 乔纳斯·热比诺维兹等. 库毕蒂巴的城市规划 [J]. 城市发展研究，1999（2）.

② 美国克里兰夫生态城市网站资料，hltp://www.ecocleveland.org.

③ 新西兰 Waitake，生态城市网站资料.http://www.waitakere.govt.ng.ecocity/.

高效的合理的人居环境的愿望。生态城市是人类可持续聚居的模式之一，因此生态城市的建设必须以可持续发展的思想为指导，因地制宜，因材施政。巴西的库里蒂巴市以可持续发展的城市规划在全球范围内产生了重大的影响；① 澳大利亚政府在有关城市建设的总体规划中遵循了生态可持续发展的原则，比如增加绿地面积、推广绿色适用建筑、对土地进行生态恢复等；② 德国则在城市发展中重视森林、河谷等生态区的保护，将环境保护与经济的协调发展视为城市和区域发展的根本基础，制定了可行的环境规划、城市规划、能源规划和气候保护规划等。③

（三）重视与城市周边地区的协调

生态城市的地理概念在空间上包括城市周边近郊及远郊地区，因此某一城市的规划和发展必须同大范围的区域规划、局部规划乃至国土规划相协调。各国代表性生态城市规划过程中，很多生态城市制定了长期的区域发展政策和局部环境政策，大部分均包括了区域协调的思想，城市政府在复杂的区域环境中进行协调工作，城市面临的许多重大事务均在区域的层面与众多参与者协调，并规定局部地区的环境政策必须与区域发展政策相协调。

（四）加强先进科技支撑力度

在生态城市的建设中，世界各国许多城市都重视生态适应技术的研制和推广，以科技为城市建设的强大后盾。大部分代表性生态城市均重视发展生态农业、生态工业、生态建筑、生态园技术、循环经济技术、太阳能利用等技术的开发与应用，建立能源、环境研究中心，通过多形式、多渠道、多层次地发展生态实用技术培训，落实专业人才的培养，以高科技为依托，促进城市发展。

（五）重视政策和资金支持

大部分国家为了推进生态城市的建设，政府在制定计划时，出台了一系列政策，如鼓励在新城市建设和修复中进行生态化设计，强化循环经济项目建设，推动资源回收再生利用，规划城市交通路线和设施，规范交通规划，鼓励

① Alley T. Curitiba: A Visit to Ecological City [J]. Urban Ecologist, 1996 (4).

② 澳大利亚城市生态协会网站资料，http://www.urbanecology.org.an.

③ Klaus Hoppe, On the Way to Sustainable City Environment policy in Freiburg [C]. Internet Conference on Eco-city development (Feb—June2003). http//www.ias.unu.edu/proceeding/icibs/ecocity03/papers.

对有利于环境保护的交通方式，提倡节约能源、水和其他资源，避免对水、土壤和大气的污染，鼓励在商业和家庭生活中自觉保护环境等。而且国外很多生态城市都很重视相关理论和应用的研究，启动了专项基金扶持生态适用技术的研究。如澳大利亚怀阿拉市政府资助成立了干旱区城市生态研究中心，开展对生态城市的理论和应用研究。[①] 美国克里夫兰市政府成立了全职的生态城市基金会，启动了生态城市建设基金，用于该市生态城市的宣传、信息服务、职业培训、科学研究与推广。[②]

（六）提倡公共积极参与

大部分代表性生态城市在建设过程中都采取了吸纳公众参与社区管理的"社会管理"模式，这样可以做到集思广益，多方制约，而且有利于提高公众的责任感与使命感。此外，政府还发展决策教育，提高行政、企业人员的环境意识，同时重视基础教育，将生态城市理念灌输到小学、中学、大学各层次的学生中。而且相关部门通过各种手段开展生态城市、绿色家园的宣传，并采用经济手段激励企业、组织、公众等转变经营、管理、生产、行为模式，树立生态观念。

从国际上生态城市建设的成功经验可以看出，解决城市发展面临的生态问题是完全可能的，且有些措施并不需要多少高深的理论和高额的投入，主要在于思想观念的更新和管理方式的转变。

第四节　宏观循环经济发展模式

宏观循环经济发展模式主要表现为循环型社会。所谓循环型社会主要是指：为了实现经济、社会、环境系统的高效、和谐，物质良性循环和可持续发展，以生态学原理为指导原则，通过实现从国家发展战略、社会的运行机制，到全社会各层次主体的思想意识、行为方式以及经济发展模式全方位、多层次的转变，建立一种能够有效并长期稳定地支持经济系统按照循环经济模式运行

---

① 澳大利亚怀阿拉市政府网站资料，http：//www.whyalla.sa.gov.au/envirn/.
② 美国克里兰夫生态城市网站资料，hltp：//www.ecocleveland.org.

的社会功能机制和结构，逐步形成以循环经济的运行模式为核心，适应生态循环的需要，并与生态系统的功能、结构及过程相结合的保护自然，尊重自然极限的生态型、循环型社会。①

一、循环型社会特征解析②

（一）循环型社会是环境友好型社会

循环型社会最主要的特征就是按照生态规律来确定人类活动的方式。循环型社会将经济系统与生态系统同时作为社会发展的子系统加以考虑。建设循环型社会一个最基本的要求就是遵循生态学规律，合理利用自然资源和环境容量，在物质不断循环利用的基础上发展经济，使经济系统和谐地纳入到自然生态系统的物质循环过程中，实现经济活动的生态化。而这种经济发展理念上的革命，需要整个社会的变革作基础。一个关注人与自然和谐共存的社会，是不会盲目地发展经济而置环境于不顾的。所以循环型社会是与环境友好的社会。

（二）循环型社会是和谐型社会

自然生态环境是人类和万物共同的财产，对于人类社会来说，资源环境问题涉及社会的各个方面，每个人不仅都对自然资源和环境享有平等的权利，而且对自然生态环境和人类的可持续发展承担着共同的义务和责任。从本质上讲，环境问题虽然是人与自然相和谐的问题，而实质上还是人与人之间的社会关系和谐问题。只要社会明显存在着为了一部分人的利益或环境特权而牺牲或破坏公众或其他人的环境权益和生存发展的权利，就不可能实现环境问题的最终解决。社会和谐的问题可以适用于国际、国家和区域乃至社区等各个层次。因此，建设循环型社会的目标不仅在于人与自然的和谐，更应该体现在包括社会公平在内的社会方面的和谐，在着力解决资源、环境与人口问题的同时，还要处理好社会内部局部与全局、国内与国际、经济与社会以及社会各阶层之间的关系，在社会关系整体协调、平稳运行中，实现人类社会的可持续发展。

（三）循环型社会是共同建设的社会

循环型社会的形成和发展，不仅需要政府自上而下的推动和引导，更需要

---

① 崔铁宁．循环型社会及其规划理论和方法［M］．北京：中国环境科学出版社，2005：61．
② 李慧明等．论循环型社会的内涵和意义［J］．中国发展，2005（2）．

在全社会自下而上培养自然资源和生态环境的忧患意识和真正形成"发展循环经济、建设资源节约型社会"的广泛共识，并把这种意识与共识付诸日常行动。这就需要一方面对公众进行环境教育，宣传循环型社会的基本理念和行为方式，另一方面，建立和完善能促进公众平等参与环境、经济和社会问题决策的制度和程序，使公众能够通过各种自觉的环境行动，把自己所享有的环境权利和所担负的社会责任有机地统一起来。

（四）循环型社会是以循环模式为标志的社会

为了实现从传统经济运行模式向循环经济运行模式的转变，循环型社会需要建立一个以促进物质减量化、再利用、再循环为目标，有众多功能单元组成，具有合理的层次和结构、功能完善的社会"循环"经济技术体系。这个社会经济技术体系是循环经济的物质技术保障，也是循环型社会的重要物质基础。输入端的减量化，表现在产品生产逐渐实现可循环利用，降低生产和消费过程中投入的资源量，提高生产的物质利用效率和改变传统消费模式与产品结构；再利用是提倡产品及零部件的多次、多级重复利用；再循环是从输出端通过再生利用的方式实现废弃物的资源化，最终建立循环型社会物质循环体系。

（五）循环型社会体现新的价值观

循环型社会的价值观具有多重含义，它贯穿于社会经济生活的各个层面，既包括新的环境价值体系，又包括人类社会自身新型的价值体系（发展观、生存观、消费观等）。在这种新型价值观指导下，生产者以提供绿色产品为生产理念，实行绿色生产模式；消费者改变传统的消费模式，主动选择绿色产品，注重消费过程中对环境的友好，自觉履行废弃物分类回收处理的责任与义务，最终形成人与自然和谐发展的价值观，建立环境友好的生活方式。

（六）循环型社会体现新的环境伦理观

循环型社会的伦理观，既区别于"人类中心主义"的伦理观，又区别于"生态中心主义"的伦理观，是一种"以人为本"的伦理观。"人类中心主义"片面强调人类的需要而忽视了人类作为自然有机整体的一个组成部分与环境之间的依存关系。在处理人与自然的关系时，人类利益至上的原则并不能防止我们做出看似有利而实则贻害无穷的行为。"生态中心主义"强调生态环境对人的本源意义，这本身是无可厚非的，但是如果不考虑人类作为自然界的一个群体具有强烈的追求生命质量的欲望和不断增强的开发自然的能力的基本事实，以及由各种原因造成的人类社会内部不同国家、不同地区以及不同阶层之间在经济发展和满足基本生活能力方面的不平等性，而一味强调人对自然的关爱和保护，则很难得到社会的认可与支持，在现实中也不可能实现。

二、从传统社会向循环型社会转变的核心内容

从传统经济社会向循环型社会转变的根本宗旨是为了通过人类社会经济发展模式的转变，从根本上解决长期困扰人类的经济发展与生态环境的矛盾，纠正社会经济发展与生态系统要求的偏离，实现可持续发展目标。宏观上看，向循环型社会转变要解决的核心问题是完成现有经济模式向循环经济模式的转变和社会、经济制度的生态化。其中经济模式的转变是最为核心的内容，包括环境资源的可持续开发利用及其进行修复建设的问题，即资源开发、系统建设、优化管理，产业生态化和废弃资源的再资源化体系建设三大部分。其中，环境资源的科学规划管理是循环经济的基础；产业生态化和废弃资源的再资源化是发展循环经济的核心内容；社会、经济制度的整合是循环经济发展模式的依托和支持体系。

（一）循环型社会模式的建立

自然资源利用的不合理是环境问题产生的根源。最初的资源使用决策会严重影响到以后形成的物质链和经济、产业结构，资源使用的最初决策合理与否，在经济和生产的发展方向上起着很大作用，决策的失误，可能会造成难以逆转的生态环境影响和生产恶性循环等重大损失。自然资源最优利用的科学规划是以往较少考虑到的一个重要环节，做好这一点，将会为环境的改善、经济与环境协调发展提供巨大机遇。

建立循环型社会，需要经济结构和经济运行模式向生态化转变，实现产业生态化。

1. 资源开发、建设的系统化管理

对自然资源进行统筹管理，实现资源的优化配置和可持续地开发利用，并及时对环境资源进行修复和建设。主要需完善下述内容：

（1）完善资源、能源管理信息系统。明晰资源存在现状：包括储量、性质、分布、用途等；资源、能源开发利用状况；相关产业、行业的结构、布局、数量及开发利用资源、能源种类、消耗资源状况；新型清洁能源、新型材料及可再生能源替代情况；资源管理相关科学技术信息、新能源资源开发技术

及相关信息。

（2）自然资源开发利用和修复建设的系统规划管理。建立自然资源开发、建设规划理论、方法体系和资源规划综合决策机制；将资源管理规划纳入社会经济发展总体规划；对资源合理定价并建立起优化管理的社会、市场机制及相应的反馈机制。

2. 产业生态化

产业生态化指产业结构和生产模式生态化。社会产业生态化，可分为各产业之间的循环经济体系的建立和各产业自身生态化两个层次。主要内容包括：

（1）发展生态农业，实现农业与其他产业间的生态链、网结构的建立和运行。

（2）实现工业生态化，建立生态工业结构和生态工业的运行模式；微观上，企业实现清洁生产和绿色管理的全过程控制；形成工业与农业、服务业之间的生态产业链、网结构和运行模式。

（3）服务业自身的生态化及为实现整体产业生态化所采取的服务业的新取向。

3. 建立废弃物再资源化体系

（1）建立并完善全社会废弃物再回收、再资源化机构和组织。

（2）充分发挥市场机制作用，促进废弃物回收、循环利用。

（3）发展资源信息网络建设并提供相关服务。

（二）循环型社会的社会、经济制度建设

将循环经济发展战略贯彻到社会、经济、文化各个方面，实现社会、经济制度的整合，是保障循环经济模式建立和长期、稳定发展的根本手段。

（1）实现意识转变，形成绿色文化氛围。发展环境教育，全社会树立生态意识，扩大和深化可持续发展的公众参与广度与深度，实现生产和消费思想、模式的转变等等。

（2）战略、制度调整。对社会、经济、环境、科技发展战略进行调整并实现综合决策。加强政策和法规制度建设，完善资源最优利用和再生循环方面的政策、法规；明确社会主体——政府、企业、公众在废弃物再资源化中的责任分工。

（3）循环型社会的规划体系。开展基于循环型社会目标的发展规划理论、方法、程序及其指标体系研究，包括：国民经济宏观循环经济规划，循环型区域规划，循环城市规划，资源系统管理规划，生态产业规划和生态型企业规划，并纳入社会经济发展总体规划之中进行落实和实施。

（4）循环型社会的社会、经济及技术机制。建设循环型社会最终需要完成循环型社会框架、制度及协调机制的整合，建立市场激励机制、自适应调节和正反馈等功能机制；发展环保产业及资源回收利用产业；调整科技发展战略，建立和谐的社会技术激励机制等。

三、国际建设循环型社会的代表国家——日本

日本是建设循环型社会最为典型的国家，其许多经验与做法非常值得学习与借鉴。日本不仅建立了完备的法律体系，而且提出了循环型社会基本计划，在全社会范围内形成了发展循环经济的合力。

（一）制定循环型社会战略目标和推进计划

2003 年，日本内阁会议正式批准并颁布了"日本循环型社会推进基本计划"，本计划明确提出了日本建设循环型社会的中期目标：

（1）与 2000 年相比，将资源生产效率提高 40%。

（2）与 2000 年相比，将资源循环利用率提高 40%。

（3）削减废弃物的最终处理量，与 2000 年相比削减 50%，约为 2800 万吨。

（4）与 2000 年相比，人均废弃物排放量消减 20%。

（5）扩大循环型商务市场，争取达到 1997 年规模的 2 倍。[①]

为达到这些目标，日本政府所采取的措施如下：[②]

1. 确保自然界的物质循环

为确保自然界的物质循环，控制天然资源中尤其是化石燃料及矿物资源等在自然界中无法再生的资源的使用量，使资源的再生及持续利用成为可能，在考虑到环保的同时推进已经可以收集到的生物资源的利用。在积极利用生物质能等可再生的能源的同时，采取整备森林等保护自然环境的措施。另外，关于生物质能的有效利用，实施日本生物质能综合战略（2002 年 12 月 27 日内阁会议决定）。

---

① 小柳秀明. 日本建设循环经济的措施，2005 年 4 月。
② 日本循环型社会推进基本计划，2003 年 3 月。

2. 变革生活方式

为切实推进循环型社会的形成，以儿童到老人等各个年龄层为对象，在学校、地区、家庭、公司、野外活动的场所等多种场合大家彼此互相协作，综合地推进环保教育和环保学习的实施。

另外，为使国民、NPO/NGO 以及事业者能够开展如普及租赁制度、利用旧货店及修理店、举办跳蚤市场、绿色购买、自带购物袋、回收废弃物等的再利用及再生利用的活动，提供必要的信息等支援。

在进行信息提供时，为了向各广大的阶层普及环境意识，注意与 NPO/NGO 等民间团体协作开展各种宣传活动及利用包括大众传媒在内的各种媒体。

3. 振兴循环型社会商务

为积极推进循环型社会的形成，国家自身作为事业者及消费者也在进行绿色购买的同时，为使各主体积极利用再生品等绿色产品、服务及再生能源，培养循环型社会商务市场，国家应提供环保标识及有关绿色产品、服务的信息，推动再生用品等的质量、安全性的评价标准及评价试验方法的规格化。另外，为使各主体能够自主地进行绿色购买，促进符合市场机制的合理的费用分担，积极研究各种税费、押金制度、垃圾处理手续费等经济手法的效果。为使事业者能够在生产活动中切实引入环保体系，积极促进包括中小企业在内的事业者导入环境管理系统，采取编制、公开环境报告书及实施环境会计等自主的措施。

4. 实现安全、安心的废弃物等的循环利用及处理

产品的制造者，应采取自主措施尽量减少用于产品的生产工艺及用于产品的有害物质的使用量，同时完善有害物质的正确回收、再生利用及处理系统。实施以废弃物等的有害性评价为首的废弃物等的循环利用及处理对于环境的影响的调查研究，普及和开发正确的处理技术。

关于建设工程产生的废弃物等，根据法律及国家的方针，积极推进其再生资源化，同时，积极推动公共设施建设中的再生资源等的利用，采取切实的措施推动循环型社会的实现。

将核实废弃物的运输及处理用的管理表系统及宣言制度电子化，采取对不正确处理等违法行为的发生进行监视、打击的措施来控制非法处理，同时，采取万一出现非法处理时能够适当且迅速地恢复原状的措施。

5. 完善循环型社会的基础设施

为实现循环型社会，废弃物等的循环利用及处理设施不可或缺。对于这些

设施，充分采取支援技术开发及经济补助措施，以及提供民间为主导的公共服务即 PFI（Private Finance Initiative）等各种手法，充分保障再生利用能力及设施的合理配置，促进这些基础设施的建设。在继续建设最终处理场，推动地方公共团体的共同处理的同时，推动大城市周围都道府县的跨地区的联合对策。

（二）构建完备的循环型社会法律体系

日本为发展循环经济，构建了异常完备的循环经济法律法规体系，由于前一章已经对此进行了详细论述，在此不多加阐释。

（三）完善循环经济发展的政策机制

1. 强化行政管理机制

2001 年 1 月，日本环境厅在机构改革中升格为环境省，将原来多部门执掌的废弃物管理职能统一划归环境省，由大臣官房下属的废弃物、回收利用对策部统一管理。为了实现环境与发展二者之间的平衡，针对国内环境问题，谋求建立循环经济体系和循环型社会体系，日本政府设置了"环之国"会议机制，该机制由日本内阁成员与 10 位日本民间的有识之士组成。"环之国"的基本理念是彻底抛弃 20 世纪的"大量生产、大量消费、大量废弃的社会模式"，谋求建立"以可持续发展为基本理念的简洁、高质量的循环型社会"，以及"以清洁生产、资源综合利用、生态设计和可持续消费等为指导思想的、运用生态学规律来指导人类社会经济活动的循环经济发展模式"。

2. 建立有效的政策机制

这里所讲的政策机制主要是指资金投入机制与税收政策。多年来，日本政府一直积极支持循环利用项目，其中返还制度起到了十分重要的激励作用，日本环保产业的发展也得益于该政策的实施。日本环保产业 1996 年产值为 16 万亿日元，其规模和水平都达到世界一流，已成为一个门类齐全的新兴产业，成为日本新的经济和技术增长点之一。日本政府为了加强环保设备的投入，制定了一系列的贷款优惠政策，如利用非营利性的金融机构为企业提供中长期的优惠利率贷款等。

为了促进循环经济的发展，制定了一系列资金投入政策，如在预算制度上采取的主要政策有：

（1）创造型的技术研究开发补助金制度。对中小企业从事的有关环境技术开发项目给予补贴，补助费占其研发费用的1/2左右。

（2）对废弃物再资源化工艺设备生产者给予相当于生产、实验费的1/2的补助。

（3）对引进先导型合理利用能源设备予以补贴，其补贴率为1/3，补贴金额最高上限为2亿日元。

（4）推进循环型社会结构技术实用化补助优惠政策。对民间生产企业采用的高效实用技术（3R技术）给予2/3的补贴，补贴金额最高上限为1亿日元。

在融资制度上采取的主要对策是：

从事3R研究开发、设备投资、工艺改进等活动的各民间企业，根据不同情况分别享受政策贷款利率。日本政策开发银行的政策利率分为三级，各级利率分别为1.85%、1.80%、1.75%；融资比例（贷款占投资经费比重）为40%；中小企业金融公库利率为1.45%。在税收优惠政策方面，对再资源化设备的引进与投入采取特别折旧、固定资产税、公司所得税等优惠政策。使用再商品化设备可享受设备价值1/4的特别折旧；制造利用再生资源产品的设备的特别折旧率为原价值的14%。制造利用特定再生资源产品设备的特别折旧率为1/4。在退税政策方面，对于废塑料制品类再生处理设备，在使用年度内，除了普通退税外，还按取得价格的14%进行特别退税。对废纸脱墨处理装置、处理玻璃碎片用的夹杂物去除装置、再生铝制造设备、清洗空瓶装置等，除实行特别退税外，还可获得三年的退还固定资产税待遇。

（四）明确社会各层在建设循环型社会中的责任[①]

日本国家机关、地方政府、企业、非政府组织和公众等在建设循环型社会的过程中，以循环经济法律法规为依据，根据各自的责任和义务，互相协作、积极配合，共同推动国家制定的循环型社会基本计划目标的实现。

1. 政府

在推进循环型社会建设中，日本政府以环境省和经产省为主，在其他部门协调配合的基础上，与地方政府、企业、非政府组织和国民建立了良好的合作伙伴关系，不仅制定了严格的法律法规，而且采取了各种有效的综合措施，切实推动有关法律、法规的执行，同时通过基金支持循环型社会形成的各主体的活动，采取整理、提供信息等各种政策手段，为各主体的行动奠定基础。同

---

① 国家环保总局．建设循环型社会政府企业公众各司其职［N］．中国环境报，2005-6-15．

时，日本政府自身也作为消费者与相关者，为实现循环型社会率先采取绿色采购行动。

2. 企业

日本企业主要从以下几个方面积极参与推进循环型社会事业活动：企业在产品设计和生产中充分考虑环境因素，广泛开展"生态设计"和采用可循环利用的材料，注重从源头削减和控制污染物产生，为社会提供高品质、低环境负荷产品；企业利用自身人才、技术优势，自主、自觉、自发地参与到推进循环型社会事业之中，尽可能充分合理地利用生产过程中产生的以及来自社会的废弃物，使之得到合理循环利用。

3. 公众

建设循环型社会，日本民众养成了良好的环境保护意识。日本公众都非常重视垃圾分类工作，严格按照环境保护局每年向家庭发放的介绍垃圾处理和再生利用状况的宣传手册排放垃圾，积极参与废旧资源回收和垃圾减量化活动。同时，日本公众还积极参与政府和企业为推进循环经济所发起的各项行动，并对其实施效果进行监督。

（五）打造循环经济发展的产业链条

日本主要从以下几个方面打造循环经济产业链条：

1. 构建"循环经济"的三维产业体系

第一，企业内部大力发展生态工业，以清洁生产为中心，根据"循环型社会构想"设计生产过程，促进原料和能源的循环利用，实现经济增长与环境保护的双重效益。

第二，通过企业间的"工业代谢"和"共生关系"，形成生态工业园区。

第三，在社会整体循环的维度上，大力发展绿色消费市场和资源回收利用产业。在绿色消费中，贴有政府认可的环境标志的商品才可出售（表明该产品从生产到使用和回收的全过程符合保护环境的要求）。目前资源回收利用产业已成为日本21世纪的支柱产业之一。

2. 大力发展分解产业

在日本，人们将把废弃物转换为再生资源的企业形象地称为"静脉产业"，因为这些企业能使生活和工业垃圾变废为宝、循环利用，如同将含有较多二氧化碳的血液送回心脏的静脉，包装材料回收利用在日本已形成新的产业体系。"静脉产业"不仅将成为日本建设"循环型社会"的主力军，而且成为扩大就业机会、促进经济发展的新领域，有着广阔的前景。

3. 构建区域循环经济

其主要做法是将生态系统规律应用于区域规划，依据区域内的具体实际，制定一套可利用再生资源的方案，逐步淘汰传统产业，优化产业结构，组建循环经济产业系统。例如，早在 1997 年，日本就设立了"ECO－TOEN"工程。所谓"ECO－TOEN"工程，是把零排放作为形成区域协调发展的基本思路，以此来振兴地方经济，形成环境协调的地方经济和先进的环境城市。

还有，就是注重风能、太阳能、地热资源等可再生能源的开发利用，实现从"能源耗竭型"经济向"能源再生型"经济的转型。

（六）发展循环经济技术体系

为达到减少资源投入量的目的，日本采取了"双管齐下"的方式，一是开发新的生产工艺，提高产品的成品率；二是对废弃物加以循环利用。

1. 以生物技术和信息技术促进资源节约

把生物技术和信息化技术应用在各种工艺流程和产品生产过程中，能够极大地提高生产效率和产品质量，从而收到减少资源和能源使用量的效果。因此，这项措施成为日本开发新一代产业技术的主要手段之一。

2. 研究新材料、新能源技术

材料工业（包括纤维、化学、水泥、金属冶炼）是耗能和耗费资源型产业的代表，日本的技术开发目标是实现资源和能源效率提高 4 倍。例如，化学工业正在开发计算机化学、分子设计技术、纳米技术、生物与化学融合化技术、新一代催化剂的研制技术、超临界流体反应场技术、光和激光反应场技术、联合实时化学技术、合成机器人技术和 Insitu 分析技术等。金属冶炼工业正在开发干式和湿式冶炼技术、高度循环利用技术和零排放技术。纤维产业的新技术有复合材料的分离分解技术、化纤的热循环、生物降解性纤维技术、超临界碳酸气体染色加工利用技术、无卤素工艺、应用生物技术的低能源和低环境负荷的纤维制造和加工技术、取代石油的化纤原料技术等。

3. 开发节能汽车技术

在汽车制造业中，以丰田公司的先驱牌汽车为开端，使用电力和汽油的混合动力汽车已经由各个汽车制造厂家相继开发并投入使用。用三升汽油行驶100 千米的"三升车"成为各家开发竞争的焦点。

第六章　我国发展循环经济国情分析

　　改革开放以来，中国经济发展步入快车道，连续 20 多年近 9% 的经济增长速度，使中国国民生产总值不断增加，人民生活水平不断提高。但是，这也使中国面临着日益激化的能源供需矛盾和日益严峻的环境问题。"2003 年，在 340 个受监测的中国城市中，空气质量良好的只有 41%，轻度污染的占 32%，严重污染的达到 27%。截至 2003 年年底，中国有近 30% 的国土面积受到不同程度的酸雨污染，30% 的水源受到严重污染，荒漠化土地面积已扩大到 260 万平方千米。"[①]

　　中国与发达国家的国情和发展阶段均不相同，我国实行的是社会主义市场经济制度，而且，目前正处于重化工业阶段，这一发展阶段是不可逾越的，这就意味着今后一段时间对于资源与能源的需求还将上升。如何以有限的资源与能源支撑今后的经济发展，保持与修复现有环境能量，有效协调经济增长与生态平衡的关系，成为当前我国迫切需要解决的问题。曲格平先生认为，"只有切实转变发展方式，实施可持续发展战略，走循环经济发展之路，才能实现中国经济发展与环境保护的双赢。"[②] 在这方面，"中国政府已经把能源可持续发展的理念确定为国家的能源利用战略。这一战略包括两方面的基本内容，即如何确保经济合理持续发展的能源供应和高效使用能源，同时解决和能源过程有关的环境问题。从中长期发展前景看，这一战略有 3 个支撑点：即提高能效、发展新能源特别是可再生能源、实行矿物能源特别是煤炭的清洁使用。"[③]

　　本章主要分析了目前我国所处的经济发展阶段，并对此阶段我国社会呈现的若干特点进行了阐释，在此基础上，对我国今后经济发展对资源与环境的需

---

　　① 曲格平．中国积极促进能源可持续发展 [E]．新华网，2004-10-19.
　　② 曲格平．发展循环经济，走出环境恶化困境 [E]．http://sdep.cei.gov.cn/index/a/aindex.htm，中国科技信息研究所加工整理.
　　③ 曲格平．发展循环经济，走出环境恶化困境 [E]．http://sdep.cei.gov.cn/index/a/aindex.htm，中国科技信息研究所加工整理.

求进行了预测，探讨了我国经济发展在环境与资源方面面临的问题，最后提出
了我国经济发展的可行性选择。

第一节 我国发展循环经济的经济背景分析

目前，我国经济建设与发展正处于一个崭新的时期，经济增长取得了举世
瞩目的成绩。主要表现为：国民经济快速发展，经济总量不断扩大；城乡居民
生活水平显著提高；商品短缺状况基本结束，粮食综合生产能力上了新台阶；
全方位对外开放的格局基本形成；经济体制改革不断深化，市场在资源配置中
的基础性作用大大增强，宏观调控实现了从政府直接控制向间接控制为主的转
变。但是，如果从资源、能源与环境的角度对我国现阶段经济发展态势加以衡
量，情况不容乐观。

一、我国面临的环境库兹涅茨曲线分析

在本书第三章已经对环境库兹涅茨曲线进行了论述，回顾西方发达国家的
经济增长道路，可以看出，这些国家的经济增长实际上经历了环境库兹涅茨曲
线所反映的"先污染、后治理"的过程。但是，我国的经济增长不能再走西方
先污染、后治理的老路，从环境库兹涅茨曲线角度分析，原因有以下几方面：

（一）中国未来环境改善的价值难以弥补现期环境破坏的成本

从经济学的角度分析，货币有时间价值，环境改善的出现也存在着时间价
值的问题。如果环境库兹涅茨曲线的上升到达顶点需要很长时间，这意味着我
国在较长时间里要承受环境污染给人们生活质量带来的影响；如果环境污染达
到一定的程度，就会给国民的身心健康带来损害；若我国环境污染超过生态阈
值，则由于生态系统的崩溃，人们的生存将不能得到保证。我国在改革开放的
近 20 年中，经济发展总体上仍然承袭了"资源型""规模型""高污染、高排
放"的发展模式，环境保护与治理让步与经济发展。

据世界银行的报道，我国由于空气和水的污染，造成的直接经济损失占
GDP 的 3％～8％。目前，据统计，我国用于治理污染、恢复生态方面的资金
投入比从污染和环境中得到的经济收益的总和已高出数倍甚至 10 倍以上。在

这种情况下，未来环境改善的现值往往难以弥补现实环境破坏的成本。如果环境退化超过一定的生态阈值，它就将被锁定在这一发展轨迹，并成为不可逆演化。如果许多重要资源如森林、渔产、土壤在经济发展的初期便严重枯竭或退化，那么，这种损害往往是无法弥补的，即使能够恢复，也将需要投入很长的时间和很高的成本。实际上，我国现在的环境退化程度已经远远高出西方国家同等收入水平时的退化程度，甚至，我国在人均 GDP 不足 1000 美元的时候便接近了发达国家在 20 世纪 60 年代的环境退化水平。中国如果采取"先污染、后治理"的发展方式，那么中国的发展轨迹很可能被锁定在 AXDC 轨道上（如图6-1所示），没有获得经济的更高发展而整个系统便已经陷入崩溃。

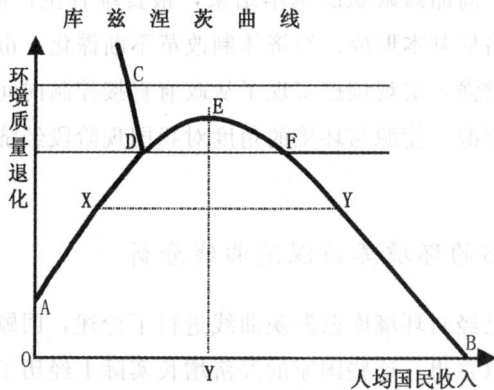

图 6-1　中国环境库兹涅茨曲线示意图

（二）中国承接了发达国家的污染转移，我国面临的环境库兹涅茨曲线更加陡峭

发达国家在很大程度上通过国际投资和国际贸易渠道将一些重污染的、对自然资源（可再生）与环境损害严重的投资项目转移到了国外——发展中国家。这使发达国家减少乃至保护了本国自然资源耗竭与环境损害（如日本等），同时通过海外投资及国际不平等分工获得巨额利润，将超额利润应用于本国资源与环境的维护与再生，使本国资源与环境得以保护与改善。而发展中国家却在这种贸易与投资中承接了发达国家的工业污染，使本国资源与环境受到损害。在现有国际贸易分工体系下，发展中国家处于产业链、贸易链底层，通过大量输出自然资源密集的初级产品换取外汇，又由于贸易规则的不平等，国际初级品市场价格的严重扭曲，资本回报很低。大量发展中国家面临经济发展资

金匮乏局面，更没有富余的资金投入到本国资源与环境恢复与改善中，为了发展经济、获得更多的资金、赚取更多的外汇，只能依赖自然资源的更大量出口，承接更多的发达国家的环境污染转移，进入恶性循环。国际贸易是发达国家污染转移的一个重要国际渠道。发达国家通过国际贸易从发展中国家获得大量廉价原材料和半成品，出口给发展中国家知识、技术附加值高的高价格商品，使发展中国家沦为发达国家的廉价的原材料供应基地，造成发展中国家双重贫困：经济贫困和环境贫困。当今非洲等一些资源型经济体面临环境与经济双重贫困的现实就证明了自然资源（可再生）与环境——经济增长倒"U"曲线只是发达国家经济增长的规律，并不具有普遍意义。我国实际上也存在这一问题。由于我国在国际分工体系不具备优势，产业结构以劳动密集和资源密集型产品为主，在片面强调经济增长的时期，没有兼顾环境效益，导致在国际贸易中我国自然资源与环境损害程度加重。

二、我国现阶段经济发展特点

（一）我国工业化正处于重化工业发展阶段

我国正处于工业化过程中期的初级阶段，重化工业、高能耗工业、技术含量低的产业比重大。近年来，我国以钢铁、化工、建材等行业为代表的重化工业，为国民经济持续快速发展做出了重要贡献。2004 年与 2000 年相比，我国国内生产总值重工业增加值的比重从 2000 年的 43.6% 提高到 2004 年的 46%，提高了 2.4 个百分点，重工业部门占工业增加值的比重提高到 2004 年的 67.6%。在今后一个时期中，我国工业在国民经济中的比重还将趋于上升，工业将保持略高于国内生产总值的增长速度，预计 2010 年以后会进入基本稳定时期。[①] 由于重化工业行业在发展中投资增长过快，生产能力超出市场预期需求，产品结构不合理，高消耗、高污染、低产出的问题十分严重。过去某些高耗能产业给我国的资源利用、环境保护和生态建设带来了巨大压力，导致某些资源、能源地区的能源枯竭、资源浪费、大气和水资源受到严重污染等问题。目前，我国经济发展遭遇的资源、能源瓶颈与高耗能产业建设有着密切的关系。如果不改变现有的工业发展方式，我国的资源、能源与环境供给将难以支

---

① 国家发展改革委宏观经济研究院课题组．"十一五"时期经济和社会发展的战略选择 [J]．宏观经济研究，2005（9）．

撑下一步经济增长。

以制造业、重化工业为主的产业结构对自然资源需求与消耗量极大，在利用效率偏低的状况下，导致我国自然资源消耗过快。近年来，我国大部分地区出现了电荒、油荒、矿荒现象，实际上就是长期以来我国重化工业发展模式的弊端的体现。然而，在我国的工业化进程中，重化工业阶段是不可逾越的发展阶段。预计我国在未来五年将延续 20 世纪 90 年代末以来的居民消费结构升级拉动钢铁、建材、化工、汽车、机械、有色金属为代表的重化部门发展的局面。我国工业化将同时呈现以下特征：在总量上，规模扩张和份额提高并存；在结构上，"重化工业化"和"深度加工化"并存；在路径上，传统工业化和新型工业化并存，面临的结构调整和转型的任务更加复杂。如果要实现 2020 年 GDP 翻两番的经济发展目标，而又要保持现有的环境质量，资源生产率就必须提高 4~5 倍；如果想进一步明显改善环境质量，资源生产率就必须提高 8~10 倍，这种设想显然是不现实的。

因此，发展重化工业必须坚持以"低消耗、低排放、高效率"为基本特征的"循环经济"模式。而且，在发展循环经济的过程中，不能操之过急，必须正视我国正处于重化工业的发展阶段，不能即刻追求环境与生态指标的快速转好，需要有打持久战的准备。

（二）我国市场经济体制还处于完善阶段

我国的市场化改革虽已取得了长足的进展，社会主义市场经济体制已基本确立，但经济体制尚不完善，支撑这一基本框架的重要支柱，如现代产权制度、信用制度和社会保障制度还比较薄弱。目前，我国发展循环经济面临着很多限制因素，制度安排是其中一个重要方面。我国现行的经济制度安排中有许多地方制约循环经济的发展。例如，企业增值税是我国现行税收制度中的主要税收来源，而这种税收制度对企业节约资源和循环利用资源起到的是抑制作用。因为循环利用资源的企业原材料成本较低，其成本中增值部分所占比例较高，而增值税是按增值的比例缴纳税收，因此，按产值计算，循环利用资源反而需要缴更高比例的税。

再如，我国目前资源价格普遍偏低，不能正确反映市场需求与供给关系，造成企业在资源开发与利用的过程中大量开采、大量使用、大量废弃，难以形成循环利用的机制。资源利用的指标和核算体系还不健全；法律法规体系有待完善，特别是再生资源回收利用方面的法规建设仍是薄弱环节；技术开发和推广应用不够，缺乏符合国情的循环经济技术支撑体系等。[①] 缺乏适合于循环经济发展的制度体系和运行机制是循环经济发展缓慢的根本原因。有利于循环经济发展的政策体系应该包括生产者责任延伸制度，消费者绿色消费制度，生态补偿制度，生态环境要素合理定价与有偿使用制度，绿色投资制度，政府绿色采购制度等等。不对循环经济发展进行合理的制度安排，难以解决资源与环境的市场失灵问题，也不可能达到国家缓解资源瓶颈、提高经济效益的预期效果。

（三）我国微观经济主体呈现规模小、相对分散的状况

现阶段，我国企业规模小而分散的情况，使发展循环经济缺乏规模支撑。我国企业普遍存在规模小、资本少、基础弱、效率低和效益差等问题。具体表现为：公司治理结构不完善、从制度上严重影响了企业的发展；不重视企业经营发展战略的制定；市场定位不明晰，产品供大于求，需求不足；盲目采购，库存大，资金占用多；技术装备落后；财务预算不严谨；科技基础薄弱，自主开发能力差；经济效益不佳，负债率偏高等。技术水平不高、发展观念落后、资金来源匮乏导致了我国大量中小企业以牺牲环境为代价来实现企业利润，如山西的小煤矿、贵屿的手工作坊等。这种"五小"企业在我国污染密集型和资源型行业占有很大的比重，导致了矿产资源的急剧浪费，对当地生态造成了严重破坏。目前，贵屿地下水遭到了严重污染，没有水可供饮用。实践表明，只有实现规模经济，循环经济才能得以发展。例如，山东省在几年前强行关闭了一批年生产能力在 5 万吨以下的小造纸厂，在政府的支持下建立了几个年产量超过 20 万吨的大造纸厂，实现了造纸生产能力的规模化集聚，不仅使造纸产量得到了很大提高，经济规模扩大，而且使造纸业产生的污染同时下降了。

（四）我国居民生活、消费方式正处于转型升级阶段

随着建设小康社会步伐的加快，我国社会消费结构和人民消费方式将继续发生新的变化，人民群众对经济社会发展提出了比温饱阶段更高、更全面的要求，而随着社会结构和利益关系更趋复杂多样，统筹兼顾各方面利益的难度也将加大。一方面，要顺应社会消费结构和生活方式的变化，大力增加"住、行"产品供给，满足我国消费者"发展型"的追求，鼓励消费。我国近期公布

---

① 马凯. 贯彻和落实科学发展观大力推进循环经济发展 [Z]. www.harbin.gov.cn/hrbzfw/hrb115, 2004-9-28.

的"十一五"规划，特别强调要扩大国内需求，调整投资和消费的关系，增强消费对经济增长的拉动作用。另一方面，要积极转变消费模式，确立资源节约型和环境友好型的生活方式和消费模式。提倡的是在消费效用不变的情况下，减少资源等要素的投入量，降低消费活动对环境的破坏。通过改变产业结构、技术创新、提供替代产品、转变消费理念等办法，提高人民的消费效用。如原来乘坐豪华型、高排放轿车，现在改为乘坐环保节能型轿车；原来的砖瓦钢筋结构住宅改为由可回收再利用的节能建材建筑的住宅等。通过调整消费需求结构，转移消费需求增长点，从而达到刺激内需，发展经济的目的。这两方面内容虽然并不矛盾，但在实际操作过程中，政府政策运作将增大难度。

由以上分析可见，我国经济发展到现阶段，生产、生活、管理的粗放型模式由来已久，无论是企业的生产经营行为，公众的生活消费行为，还是政府对经济活动的管理行为，都形成了粗放的惯性；而且以重工业为主的产业结构短期内不但难以改变，且有"加重"的趋势；此外，各地发展观念上的"唯GDP论"并没有彻底改变，政绩考核没有生态、环境指标。从国家宏观政策来看，还没有形成系统性的促进节能降耗的政策体系。这些因素正是我国多年来经济增长方式转变缓慢的原因，也是导致我国发展循环经济工作处于十分复杂的局面的根源。我们提倡发展循环经济，必须正视我国的经济发展阶段，考虑我国经济社会目前呈现的各种特点，以免多走弯路。

第二节　我国发展循环经济的资源环境背景分析

党的十六大提出了全面建成小康社会的发展目标，要达到小康社会对经济与环境资源的具体目标指标（即在2001—2020年的20年中，我国国内生产总值年均增长率保持在7％左右，人口继续增加，工业化、城市化加速发展，经济规模继续扩大），如何提高经济增长的环境效益，保障经济增长与人民生活必需的环境与资源安全，是全面建设小康社会必须面对和需要解决的问题。

一、当前我国循环经济复合系统协调性的宏观测算

在本书第二章，对循环经济复杂系统的协调性进行了规范分析，并给出了循环经济复杂系统协调发展模型的几何解释。根据理论与实证相结合的研究方

法，在此，以我国循环经济系统发展为例，对我国近五年循环经济系统的经济社会发展度、资源环境容许度、人力资源与制度要素支持度进行简要的宏观测算。

（一）指标的选取

借鉴已有的研究成果，特别是中国科学院可持续发展研究组的中国可持续发展战略指标体系以及黑龙江人民出版社出版的《区域可持续发展的评价与调控》中区域可持续发展指标体系，对于经济、社会、资源、环境、人口、制度六个子系统，分别选取了若干具有代表性的指标，具体如下表所示：

表 6-1　六系统指标数据

系　统 ＼ 年　份		2000	2001	2002	2003	2004
经 济 子 系 统						
经规规模	GDP 年均增长速度％	7.5	8.3	9.1	10	10.1
	人均 GDP 增长率％	6.7	7.6	8.7	8.8	8.8
产业结构	第一产业总产值（亿元）	14628.2	15411.8	16117.3	16928.1	20768.07
	第二产业总产值（亿元）	44935.3	48750	52980.19	61274.12	72387.19
	第三产业总产值（亿元）	29904.6	33153	36074.75	39187.95	43720.61
经济效益	全社会劳动生产率（元/人）	12566	13222	14211	18632	18295
	每万元 GDP 消耗的能源（吨）	1.4	1.4	1.4	1.4	1.4
	能源生产弹性系数	—	1.78	1.87	1.7	1.62
	能源消费弹性系数	—	—	1.21	1.42	1.6
经济推动力	全社会固定资产投资相当于 GDP 的比例（％）	36.8	38.8	41.5	47.4	51.5
	人均储蓄存款额（元）	5077	5780	6766	8018	9197

续 表

系 统	年 份	2000	2001	2002	2003	2004
社 会 子 系 统						
生活质量	农村居民家庭人均纯收入（元）	2253	2366	2476	2622	2936
	城镇居民家庭人均可支配收入（元）	6280	6860	7703	8472	9422
	城镇居民人均消费性支出（元）	—	—	6030	6511	7182
	农村居民人均消费支出（元）	—	—	1834	1943	2185
	城市居民家庭恩格尔系数（%）	—	38.2	37.7	37.1	37.7
	农村居民家庭恩格尔系数（%）	—	47.7	46.2	45.6	47.2
文化生活	广播人口覆盖率（%）	92.5	92.9	93.3	93.7	94.1
	电视人口覆盖率（%）	93.7	94.2	94.6	95	95.3
	城镇每百户彩电拥有量（部/百户）	116.6	120.5	126.4	130.5	133.4
	农村每百户彩电拥有量（部/百户）		54.4	60.5	67.8	75.1
社会保障	参加基本养老保险人数（万人）	13617.43	14182.52	14736.6	15506.7	16352.9
	每万人有医生数（人）	16.8	16.9	14.7	14.8	15
	参加基本医疗保险职工人数（万人）	3787	7285.9	9401.2	10901.7	12403.7
社会稳定	刑事案件发生总数（件）	639814	746328	701858	742261	764441
	劳动争议案件当期受理数（件）	—	—	184116	226391	260471
	城镇登记失业率（%）	3.1	3.6	4	4.3	4.2

续　表

年份 系统			2000	2001	2002	2003	2004
社会子系统							
教育与 科技	全国普通高等学校数 （所）		1041	1225	1396	1552	1731
	国家财政性 教育经费（万元）		25626056	30570100	34914048	38506237	41000000
	研究与实验发展经费 支出相当于国内生产 总值比例（%）		1	1.07	1.23	1.31	1.44
	科技成果登记数/ 科技活动人员数 （项/万人）		101.9	90.6	82.9	92.8	91.1
资源子系统							
资源 状况	土地 资源	耕地面积（亿亩）	19.3	19.2	18.9	18.5	18.4
		耕地面积 占总面积的%	13.36	13.29	13.25	12.85	12.88
	林木 资源	林地面积（万公顷）	12824	22919	23072	23397	23505
		林地面积占 总面积的%	23.83	23.87	24.27	24.37	24.72
	草地 资源	牧草地面积（万公顷）	26377	26385	26352	26311	26271
		牧草地面积占 总面积的%	27.48	27.48	27.72	27.41	27.63
	水 资源	全国水资源总量 （亿立方米）	27701	26868	28255	27460	24130
		人均用水量 （立方米/人）	453.4	437.7	429.3	412.9	426.8
矿产资源	**主要矿产资源新查明储量**						
	煤资源量（千吨）		5423	1392414	876189	8756213	12764353
	铁资源量（矿石万吨）		50622	4702	20324	7646	1634
能源	能源生产总量 （万吨标准煤）		106988	120900	138369	159912	184600
	原油生产总量占能源 生产总量的比重%		21.8	19.4	17.3	15.1	13.5
	天然气生产总量占能 源生产总量的比重%		3.4	3.3	3.1	2.9	3

续　表

系　统 \ 年　份		2000	2001	2002	2003	2004
资源子系统						
资源消费水平	能源消费总量（万吨标准煤）	130297	134914	148222	170943	197000
	石油消费量（万吨）	22439.3	22838.3	24779.8	27126.1	
	煤炭消费量（万吨）	124537.4	126211.3	136605.5	163732	132599
	万元 GDP 用水量（立方米/万元）	554	518	469	413	391
	全国生态用水总量（亿立方米）	574.9	599.9	618.7	630.9	651.2
资源开发保护能力	林业系统营林固定资产投资（万元）	1614486	2015639	3082417	3963491	4080892
	能源加工转化率（%）	70.96	70.41	69.78	69.79	
	全国自然保护区个数（个）	1227	1551	1757	1999	2194
	水土流失治理面积（万公顷）	8096.05	8153.94	8541	8971.36	9200.45
	地质勘查投入（万元）	2176666	2223651	2220273	2597619	3129145
	国土资源管理机构人员（人）	220923	196497	193316	165820	184466
环境子系统						
环境情况	大气	工业废气排放量（亿标立方米）	138145	160863	175257	198906	237696
		SO₂ 排放	1995	1948	1927	2159	2255
	水	废水排放总量（亿吨）	415	433	439	459	482
		工业废水排放总量（亿吨）	194.2	202.7	207.2	212.3	221.1
		废水直接排入海的（亿吨）	8.2	8.6	9.8	11.5	14.1
固体废弃物	工业固体废弃物产生量（万吨）	81608	88764	94509	100428	120030
经济损失	环境污染直接经济损失（万元）	17807.9	12272.4	4640.9	3374.9	36365.7

续 表

系 统		年 份	2000	2001	2002	2003	2004
环境子系统							
环境治理能力	环境控制	工业废水排放达标率（%）	76.9	85.2	88.3	89.2	90.7
		工业固体废弃物综合利用量（万吨）	37451	47285	50061	56040	67786
		三废综合利用产品产值（亿元）	311	345	386	441	573
		环境污染治理投资总额占GDP比重（%）	1.13	1.14	1.3	1.39	1.4
	环境建设	建成城市环境噪声达标区数（个）	2463	3111	3128	3573	3693
		人均公共绿地面积（平方米）	3.7	4.6	5.4	6.5	7.4
		生活垃圾清运量（万吨）	11819	13470	13650	14857	15509
		本年污染控制项目（个）	239.4	174.5	188.4	221.8	308.1
人口子系统							
人口规模		人口出生率	14.03	13.38	12.86	12.41	12.29
		人口自然增长率	7.58	6.95	6.45	6.01	5.87
人口结构		城镇总人口数占总人口比重（%）	36.22	37.66	39.08978	40.53	41.76
		15～64岁人口占总人口比重（%）	70.15	69.99	70.59	71.34	71.59
		65岁以上人口比重（%）	6.96	7.09	8.16	8.34	8.58
人口素质		每十万人大学生拥有量（人）	36110	—	55541	64875	67945
		成人文盲率（%）	12.29	9.08	11.63	10.95	10.32
就业情况		就业人员数（万人）	72085	73025	73740	129227	129988
		经济活动人口（万人）	73992	74432	75360	76075	76823

系　统	年　份	2000	2001	2002	2003	2004
制　度　子　系　统						
现有水平	国家机关、党政机关和社会团体就业人数占就业总人数百分比（％）	1.5	1.5	1.5	—	—
	公共管理和社会职工人数（万人）	1104	1087.5	1056	1146.3	1170.2
	市场化程度	—	—	—	—	—
	公众参与程度	—	—	—	—	—
	环境、资源产权状况	—	—	—	—	—
管理能力	循环经济行政管理财政支出（亿元）					
	已出台的循环经济法律、政策数目					
	征收排污费和城市水资源费收入（亿元）					109.5
	循环经济管理人员素质					—
	循环经济管理机构数					—
……	……	—	—	—	—	—

注：上表中，对于某些不连续指标，作者进行了修正；对于没有直接出现在以上年鉴中的指标，作者根据相关指标进行了计算。

数据来源：《中国统计年鉴》（2001—2005 年），《中国环境年鉴》（2001—2005 年），《中国国土资源年鉴》（2001—2005 年），《全国环境统计公报》（2001—2005 年）。

由于衡量制度水平的指标在我国目前的各种年鉴中均很少涉及，作者不能主观臆定，以免衡量效果不科学，所以制度子系统大部分指标缺失。

（二）指标的处理

考虑到数据本身的特点和分析的目的，对原始数据采用极值法进行标准化，标准化公式为：

$$x'_i = \frac{x_i}{\max x_i} \qquad (i=1,\ 2,\ \cdots,\ n)$$

式中，x_i——代表指标原始数据；

　　　x'_i——代表标准化数值；

　　　n——代表数据个数。

在标准化过程中，对于正项指标数据，采用上式直接进行标准化计算；对逆向指标数据，先计算其倒数，然后再按上式进行标准化。

指标权重的确定，主要采取专家付权的方式，同时参考了"第三届 CCICED第五次会议"上经济增长与环境课题组《中国和谐可持续发展评价》项目的指标权重确定原则。

原始数据标准化结果如下表：

表 6-2　原始数据标准化结果以及权重确定

		2000	2001	2002	2003	2004	权		重
经济子系统									
经规 规模	GDP 年均增长速度%	0	30.8	61.5	96.2	100.0	0.30	—	0.15
	人均 GDP 增长率%	0	42.9	95.2	100	100	—	—	0.15
产业 结构	第一产业总产值（亿元）	0	12.8	24.3	37.5	100.0	0.22	—	0.06
	第二产业总产值（亿元）	0	13.9	29.3	59.5	100.0	—	—	0.07
	第三产业总产值（亿元）	0	23.5	44.7	67.2	100.0	—	—	0.09
经济 效益	全社会劳动生产率（元/人）	0	11.5	28.7	105.9	100	0.28	—	0.08
	每万元 GDP 消耗的能源（吨）	50	50	50	50	50	—	—	0.08
	能源生产弹性系数	50	64	100	32	0	—	—	0.06
	能源消费弹性系数	0	0	0	53.8	100	—	—	0.06
经济推 动力	全社会固定资产投资相当于 GDP 的比例（%）	0	13.6	32.0	72.1	100.0	0.2	—	0.1
	人均储蓄存款额（元）	0	17.1	41.0	71.4	100	—	—	0.1
社会子系统									
生活 质量	农村居民家庭人均纯收入（元）	0	16.5	32.7	54.0	100.0	0.24	—	0.04
	城镇居民家庭人均可支配收入（元）	0	18.5	45.3	69.8	100	—	—	0.04
	城镇居民人均消费性支出（元）	0	0.0	84.0	90.7	100.0	—	—	0.04

续　表

		2000	2001	2002	2003	2004	权		重
生活质量	农村居民人均消费性支出（元）	0	0.0	83.9	88.9	100	—	—	0.04
	城市居民家庭恩格尔系数（％）	50	100.0	54.5	0.0	54.5	—	—	0.04
	农村居民家庭恩格尔系数（％）	50	100.0	28.6	0.0	76.2	—	—	0.04
文化生活	广播人口覆盖率（％）	0	25	50	75	100	0.16	—	0.04
	电视人口覆盖率（％）	0	31.3	56.2	81.3	100.0	—	—	0.04
	城镇每百户彩电拥有量（部/百户）	0	23.2	58.3	82.7	100	—	—	0.04
	农村每百户彩电拥有量（部/百户）	0	72.4	80.6	90.3	100.0	—	—	0.04
社会保障	参加基本养老保险人数（万人）	0	20.7	40.9	69.1	100	0.2	—	0.07
	每万人有医生数（人）	95.5	100.0	0.0	4.5	13.6	—	—	0.06
	参加基本医疗保险职工人数（万人）	0	40.6	65.2	82.6	100	—	—	0.07
社会稳定	刑事案件发生总数	0	85.5	49.8	82.2	100.0	0.16	—	0.03
	劳动争议案件当期受理数（件）	0	0.0	70.7	86.9	100	—	—	0.03
	城镇登记失业率（％）	0	41.7	75.0	100.0	91.7	—	—	0.1
教育与科技	全国普通高等学校数（所）	0	26.7	51.4	74.1	100	0.24	—	0.05
	国家财政性教育经费（万元）	0	32.2	60.4	83.8	100.0	—	—	0.05
	研究与实验发展经费支出相当于国内生产总值比例（％）	0	15.9	52.3	70.5	100	—	—	0.07
	科技成果登记数/科技活动人员数（项/万人）	100	40.5	0.0	52.1	43.2	—	—	0.07
资源子系统									
土地资源	耕地面积（亿亩）	100.0	88.9	55.6	11.1	0.0	0.15	—	0.07
	耕地面积占总面积的％	100.0	86.3	78.4	0.0	5.9	—	—	0.08

续　表

		2000	2001	2002	2003	2004	权　重		
林木资源	林地面积（万公顷）	0.0	94.5	95.9	99.0	100.0	0.1	—	0.05
	林地面积占总面积的%	0.0	4.5	49.4	60.7	100.0	—		0.05
草地资源	牧草地面积（万公顷）	93.0	100.0	71.1	35.1	0.0	0.1	—	0.05
	牧草地面积占总面积的%	22.6	22.6	100.0	0.0	71.0	—		0.05
水资源	全国水资源总量（亿立方米）	86.6	66.4	100.0	80.7	0.0	0.15	—	0.07
	人均用水量（立方米/人）	100.0	61.2	40.5	0.0	34.3	—		0.08
矿产资源	主要矿产资源新查明储量								
	煤资源量（千吨）	0.0	10.9	6.8	68.6	100.0	0.15	—	0.05
	铁资源量（矿石万吨）	0.0	54.0	100.0	2.8	0.0	—		0.05
	铁资源量（矿石万吨）	100.0	6.3	38.2	12.3	0.0	—		0.05
能源	能源生产总量（万吨标准煤）	0.0	17.9	40.4	68.2	100.0	0.15	—	0.05
	原油生产总量占能源生产总量的比重%	100.0	71.1	45.8	19.3	0.0	—		0.05
	天然气生产总量占能源生产总量的比重%	100.0	80.0	40.0	0.0	20.0	—		0.05
资源开发保护能力	林业系统营林固定资产投资（万元）	0.0	16.3	59.5	95.2	100.0	0.2	—	0.03
	能源加工转化率（%）	100.0	53.4	0.0	0.8	1.2	—		0.04
	全国自然保护区个数（个）	0.0	33.5	54.8	79.8	100.0	1.0		0.03
	水土流失治理面积（万公顷）	0.0	5.2	40.3	79.3	100.0	—		0.04
	地质勘查投入（万元）	0.0	4.9	4.6	44.2	100.0	—		0.03
	国土资源管理机构人员（人）	100.0	55.7	49.9	0.0	33.8	—		0.03
环境子系统									
	环境情况								
大气	工业废气排放量（亿标立方米）	100.0	77.2	62.7	39.0	0.0	0.4	0.1	0.05
	SO₂排放	79.3	93.6	100.0	29.3	0.0	—		0.05

		2000	2001	2002	2003	2004	权　重		
水	废水排放总量（亿吨）	100.0	73.1	64.2	34.3	0.0	—	0.1	0.05
	工业废水排放总量（亿吨）	100.0	68.4	51.7	32.7	0.0			0.03
	废水直接排入海的（亿吨）	100.0	93.2	72.9	44.1	0.0	—	—	0.02
固体废弃物	工业固体废弃物产生量（万吨）	100.0	81.4	66.4	51.0	0.0	—	0.1	0.1
经济损失	环境污染直接经济损失（万元）	56.3	73.0	96.2	100.0	0.0		0.1	0.1
环境治理能力									
环境控制	工业废水排放达标率（%）	0.0	60.1	82.6	89.1	100.0	0.3	—	0.08
	工业固体废弃物综合利用量（万吨）	0.0	32.4	41.6	61.3	100.0			0.08
	三废综合利用产品产值（亿元）	0.0	13.0	28.6	49.6	100.0			0.07
	环境污染治理投资总额占 GDP 比重（%）	0.0	3.7	63.0	96.3	100.0			0.07
环境建设	建成城市环境噪声达标区数（个）	0.0	52.7	54.1	90.2	100.0	0.3	—	0.08
	人均公共绿地面积（平方米）	0.0	24.3	45.9	75.7	100.0	—		0.08
	生活垃圾清运量（万吨）	0.0	44.7	49.6	82.3	100.0			0.07
	本年污染控制项目（个）	48.6	0.0	10.4	35.4	100.0			0.07
人口子系统									
人口规模	人口出生率	0.0	37.4	67.2	93.1	100.0	0.2	—	0.1
	人口自然增长率	0.0	36.8	66.1	91.8	100.0			0.1
人口结构	城镇总人口数占总人口比重（%）	0.0	26.0	51.8	77.8	100.0	0.2	—	0.07
	15~64 岁人口占总人口比重（%）	10.0	0.0	37.5	84.4	100.0			0.07
	65 岁以上人口比重（%）	100.0	92.0	25.9	14.8	0.0	—	—	0.06

续　表

		2000	2001	2002	2003	2004	权		重
人口素质	每十万人大学生拥有量（人）	0.0	35.0	61.0	90.4	100.0	0.3	—	0.15
	成人文盲率（%）	0.0	100.0	20.6	41.7	61.4	—	—	0.15
就业情况	就业人员数（万人）	0.0	1.6	2.9	98.7	100.0	0.3	—	0.15
	经济活动人口（万人）	0.0	15.5	48.3	73.6	100.0	—	—	0.15

注：由于制度子系统大部分指标缺失，所以没有对其进行标准化计算，以下计算结果均不包括制度子系统数据。

（三）计算结果

（1）根据第二章第三节公式（1）进行计算，计算结果见表 6-3。

表 6-3　各系统贡献综合评价值

年份\贡献度	2000	2001	2002	2003	2004
IE	0.070	0.267	0.506	0.739	0.900
IS	0.167	0.394	0.508	0.677	0.872
IR	0.568	0.514	0.565	0.345	0.418
IEN	0.380	0.494	0.592	0.659	0.600
IP	0.067	0.376	0.411	0.764	0.882

由以上测算结果可见，经济子系统、社会子系统、人口子系统对于整个国家的可持续发展的贡献程度正在逐年增强，环境子系统的贡献程度 2004 年有减弱趋势，而资源子系统的贡献程度整体呈下降趋势。

（2）根据第二章第三节公式（2）进行计算，计算结果见表 6-4。

表 6-4　循环经济复合系统中两子系统协调发展静态评价

年份\静态协调	2000	2001	2002	2003	2004
IES（C）	0.9514	0.9367	0.9994	0.9694	0.9862
IER（C）	0.7508	0.8765	0.9709	0.8033	0.7591
IEEN（C）	0.8451	0.8865	0.9574	0.9600	0.8500

年份 静态协调	2000	2001	2002	2003	2004
IEP（C）	0.9985	0.9457	0.9521	0.9873	0.9910
ISR（C）	0.7994	0.9399	0.9715	0.8338	0.7730
ISEN（C）	0.8937	0.9498	0.9580	0.9906	0.8638
ISP（C）	0.9499	0.9910	0.9515	0.9567	0.9951
IREN（C）	0.9058	0.9900	0.9865	0.8433	0.9091
IRP（C）	0.7493	0.9308	0.9230	0.7906	0.7681
IENP（C）	0.8436	0.9408	0.9095	0.9473	0.8590

由以上测算结果可以看出，资源子系统、环境子系统与其他子系统的静态协调性较之经济、社会、人口子系统与其他子系统的静态协调性要弱，而且有下降趋势。

（3）根据第二章第三节公式（3）进行计算，计算结果见表6-5。

表6-5　复合系统协调发展静态评价

年份 静态评价	2000	2001	2002	2003	2004
I［C（t）］	0.805	0.911	0.938	0.849	0.807

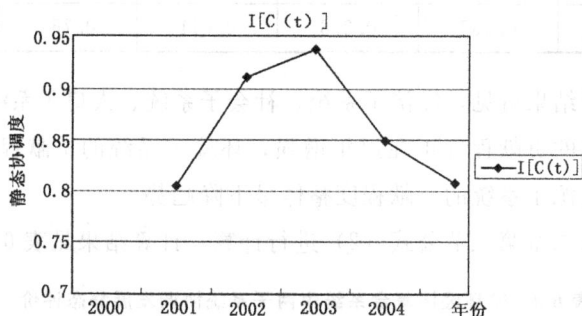

图6-2　复合系统协调发展静态评价图

由图中可见，我国循环经济复合系统整体静态协调程度近五年中由上升转为下降，2004年接近2000年水平。

（4）根据第二章第二节公式（4）进行计算，计算结果如下：

循环经济复合系统2000—2005年动态协调度为：

$$I_b(t) = 0.8619$$

循环经济复合系统 2000—2005 年动态发展度为：

$$I_b(t) = 0.5093$$

（5）根据第二章第三节公式（5）进行计算，计算结果见表6-6。

表 6-6　两子系统弹性协调静态评价值

年份 弹性协调	2001	2002	2003	2004
EIeIs	2.080	3.101	1.370	0.759
EIsIr	−14.197	2.941	−0.860	1.356
EIrIen	−0.317	0.498	−3.436	−2.387
EIenIp	0.065	2.133	0.132	−0.575
EIeIr	−29.525	9.120	−1.179	1.030
EIsIen	4.503	1.464	2.957	−3.238
EIrIp	−0.021	1.062	−0.452	1.372
EIeIen	9.365	4.540	4.052	−2.459
EIsIp	0.294	3.123	0.389	1.861
EIeIp	0.611	9.685	0.533	1.413

从上表测算结果中可见，环境子系统与资源子系统同其他子系统的弹性协调程度较差，即环境子系统与资源子系统的发展速率总是低于其他子系统的发展速率。

（6）根据第二章第三节公式（6）进行计算，计算结果见表6-7。

表 6-7　循环经济发展度静态评价值

年份 发展度	2000	2001	2002	2003	2004
I_D	0.119	0.331	0.507	0.708	0.886

从上表中测算结果可见，循环经济发展度呈逐年上升趋势。

（7）根据第二章第三节公式（7）进行计算，计算结果见表6-8。

表 6-8　循环经济容许度静态评价值

年份 发展度	2000	2001	2002	2003	2004
I_B	0.474	0.504	0.578	0.502	0.5

从上表中测算结果可见，循环经济容许度已从上升趋势转为下降趋势，并且近几年变化不大。

（8）由于制度子系统数据缺失，所以无法计算循环经济支持度。

（9）根据第二章第三节公式（10）进行计算，计算结果见表6-9。

表6-9　循环经济发展度与容许度的弹性协调静态评价值

弹性协调　　　　　年　份	2001	2002	2003	2004
$EI_B I_D$	0.035	0.275	−0.333	0.058

二、我国自然资源与环境的总体状况

从20世纪80年代改革开放以来，我国经济实现了高速增长，但是由于粗放型的、以牺牲环境与资源获得规模增长的经济发展模式，使我国社会、生态面临很多问题，如植被退化、水土流失、大气污染、水资源匮乏、有毒物排放等，这不仅影响到经济发展后劲，而且已经成为国家安全的隐患。尽管我国在经济建设的同时也对资源与环境进行了必要的投资、治理与维护，但是，并没有改变自然资源与环境"局部改善，整体恶化"的总体趋势。

从土地资源来看，我国土地总面积虽然排名世界第三位，但人均土地面积仅 0.784hm²（11.65 亩），相当于世界平均数的 1/3；人均耕地 0.106hm²（1.59 亩），不足世界人均的 43%。我国水土流失严重，目前，我国水土流失面积为 356 万平方千米，占国土面积的 37.42%，每年流失表层土在 50 亿吨以上。耕地的肥力主要储存在表层土上，表层土的流失导致了土壤肥力的不断衰退和生产能力的不断下降。水土流失不仅造成当地地表有机土壤大量损耗、流失，加剧了生态植被的破坏，引起土地沙化，而且还直接导致所在生态区域的水源枯竭、污染，江河淤塞，水域洪水泛滥。近些年，东北地区松花江—嫩江流域，中部黄河、长江流域的水域生态环境被严重破坏与此直接相关。而且，我国土壤沙化程度进一步加剧，我国目前沙化土地有168.9 万平方千米，约占国土总面积的 17.6%，其中有 116 万平方千米的沙漠，是在目前技术和财力条件下难以治理的；土壤质量变差，盐渍化发展突出，在干旱和半干旱地区，40% 的耕地存在不同程度的退化，现在形成的盐渍化土地近 37 万平方千米，加上原生的盐渍化土地，面积已达 80 万平方千米。耕地一经盐渍化，农作物产量急剧下降。荒漠化导致了土地生产力严重衰退，使土地耕作层变薄，土壤粗化，肥力下降，土地盐渍；荒漠化还加剧了西部整个生态环境恶化，使水土流失日益严重。仅每年流入黄河的 16 亿吨泥沙中，就有 12 亿吨来自西北荒漠化地区。此外，非农用地大幅度增加，耕地资源在不断减少，中国经济的增长与发展在很大程度上依赖于土地系统，土地的退化直接威胁到可持续发展的潜力。[①]

从水资源来看，我国年均水资源总量为 28124 亿立方米，居世界第 6 位，但由于人口众多，地域辽阔，人均水量仅为 2400 立方米，仅相当于世界人均的 25%，低于人均 3000 立方米的轻度缺水标准，是世界上缺水的国家之一。在水资源使用和管理上，我国面临着水资源短缺与浪费并存、洪涝灾害与生态失衡并存、水环境污染与水管理不善并存的突出矛盾。全国七大河流和流经城市的河段 70% 都受到程度不同的污染，一些地区的地下水和饮用水源受到严重污染，使人们生活受到严重威胁，经济遭受重大损失。我国江河湖库及近海海域普遍受到不同程度的污染，总体上呈加重趋势。海河、辽河、淮河、巢湖、滇池、太湖污染严重，七大水系中，不适合作饮用水源的河段已接近 40%；工业较发达城镇河段污染突出，城市河段中，78% 的河段不适合作饮用水源；城市地下水 50% 受到污染，水污染加剧了我国水资源短缺的矛盾，对工农业生产造成危害。其中淮河流域和滇池最为严重。[②] 据 1999 年统计，全国工业用水量为 2484 亿立方米。1993—1999 年间，平均每年增加 139.5 亿立方米，年均增长 7.1%。每万元工业增加值取水量约为 330 立方米，是日本的 18 倍，美国的 22 倍。工业废水大量排放，造成水环境状况日趋恶化，水体使用功能下降，一些地区因水中重金属中毒导致的伤残、死亡事件令人触目惊心。[③] 据有关资料显示：2002 年，七大水系 741 个重点监测断面中，29.1% 的断面满足 Ⅰ—Ⅲ 类水质要求，30% 的断面属Ⅳ、Ⅴ类水质，40.9% 的断面属劣Ⅴ类水质。2002 年，全国工业和城镇生活废水排放总量为 439.5 亿立方米，比上年增加 1.5%，其中工业废水排放量 207.2 亿立方米，比上年增加 2.3%，城镇生活污水排放量 232.3 亿立方米，比上年增加 0.9%。由于 80% 以上的污水未经处理就直接排入水域，已造成 90% 以上的城市水域严重污染，近 50% 的重点城镇水源不符合饮用水标准，就连城市地下水都有 50% 受到严重污染。水中有毒有害的有机物问题已经越来越突出，一些城市饮用水中已有 20 多种

---

①　曲格平．关注中国生态安全 [M]．北京：中国环境出版社，2004．

②　佚名．我国水污染现状 [Z]．http：//www．xmdili．com/Article，2005-5-19．

③　中国工业可持续发展研究 [M]．北京：经济科学出版社，2002：8、150—151．

致癌物。水资源不合理的开发利用，尤其是水污染的不断加重，引起了普遍缺水和严重的生态后果。[①] 而且，我国水资源利用效率不高。西北一些地区农灌区长期采用大水漫灌、串灌，土壤盐渍化加剧，下游出现荒漠化；地下水超采严重。[②]

从能源来看，我国矿产资源虽然总量丰富，但人均占有量仅为世界人均量的 58%。目前，我国能源发展面临着能源资源的严重约束。从目前掌握的能源资源看，煤炭的剩余可采储量约为 1100 亿吨，石油的剩余可采储量约为 24 亿吨，天然气的剩余可采储量约为 2 万亿立方米。从人均拥有量来看，煤炭、石油和天然气分别为世界人均水平的 70%、10% 和 5%。按目前剩余可采储量和能源消费量来看，煤炭还可以开采 60 年，石油还可以开采 13 年，天然气还可以开采 40 年。[③] 我国的一次能源结构长期得不到优化，煤炭在一次能源中的比例保持在 70% 以上，天然气、水电等清洁优质能源的比重很低。而且能源效率比国际先进水平低 10 个百分点，如火电机组平均效率 33.8%，比国际先进水平低 6~7 个百分点，能源利用中间环节（加工、转换和贮运）损失量大，浪费严重。关系到国计民生的一些用量大的支柱性矿产，如铁、锰、铝、铜、硫、磷、钾等矿产，资源条件差，探明储量少，主要矿产贫矿和难选矿多。据预测，近年来，由于储量消耗速度大于增长速度，到 2010 年，已探明的 45 种主要矿产中只有 23 种能够保证需求，到 2020 年，将下降为 6 种。

与此同时，矿产资源的破坏浪费现象严重。据统计，我国共、伴生矿产资源综合利用率不到 20%，矿产资源总回收率只有 30%，与国外分别相差 30% 和 20%。[④] 而且，对于能源矿产的开发与使用，对周围地区环境造成了严重的环境污染，并诱发了多种地质灾害，破坏了生态。据 2000 年统计，全国县及县以上工业废气排放总量达到 123151 亿立方米；工业 SO_2 排放量 1149 万吨；每年排入大气中 90% 的 SO_2，70% 的烟尘、85% 的 CO_2 来自燃煤。其中，酸雨、SO_2 和烟尘危害最为严重。长江以北地区以 SO_2 和烟尘污染为主。我国华中地区酸雨污染最为严重，其中心区域酸雨年 pH 值低于 4.0，酸雨出现频率在 80% 以上。目前，酸雨波及的面积达 100 万平方千米，年均降水 pH 值低

① 唐显枝. 水环境的现状及其可持续发展 [J]. 给排水在线，2005-8-13.
② 王梦奎等. 新阶段的中国经济 [M]. 北京：人民出版社，2002：230.
③ 国务院发展研究中心. 我国可再生能源现状及展望 [Z]. http://resource. stockstar. com/newenergy/，2006-4-1.
④ 潘文灿. 国土资源可持续利用的形势战略 [J]. 中国人口·资源与环境，2001 (1).

于 5.6 的区域占全国面积的 40％。[1]酸雨对土壤、水体、森林、建筑、名胜古迹、人文景观均带来严重危害，不仅造成重大经济损失，更危及人类生存和发展。SO_2 和烟尘污染直接导致人体呼吸道疾病剧增，破坏正常的生活、生产秩序。此外，固体废弃物、电子垃圾污染也很严重，不仅占用土地、破坏景观、而且废物中的有害成分通过刮风进入空气传播，经过下雨进入土壤、河流或地下水源，对环境的即时和潜在危害很大。

三、我国未来经济发展对环境与资源需求预测

我国未来经济发展对环境与资源的需求包括水资源、矿产、能源的需求以及排放到自然环境中的污染物产生量及排放量的承载能力。国家信息中心与国家环保总局环境规划院联合完成的《国家中长期环境经济综合模拟系统研究》项目，对我国今后十五年的经济增长环境需求做出了科学的预测。

（一）经济发展的水资源需求

1. 工业用水需求预测

从现在到 2020 年是我国工业增长的扩张期，工业用水在水资源需求中将占绝大比例。根据项目预测结果，从工业行业用水结构来看，电力、纺织、钢铁、化工、造纸 5 大行业对水资源的需求量占整个工业用水需求的将近 90％左右，除电力、钢铁行业由于重复用水率的提高 2010 年比目前略有下降外，其他行业用水需求均呈增长趋势。到 2010 年，五大行业的水资源需求量将分别为 588.77 亿 m^3、98.93 亿 m^3、103.78 亿 m^3、85.58 亿 m^3、87.51 亿 m^3。到时，这 5 大行业用水需求将占整个工业用水量的 83.37％，其中电力行业用水需求占 50.89％；到 2020 年，5 大行业的用水需求将分别达到 804.91 亿 m^3、139.05 亿 m^3、137.05 亿 m^3、103.32 亿 m^3、102.95 亿 m^3，5 大行业用水需求将占整个工业用水量的 82.62％，其中电力行业用水需求占 51.66％。

如图 6-3 是我国工业用水变化趋势预测图。

从我国工业用水变化趋势预测中可见，我国工业用水量将随着工业增加值的上升而急剧增加。

---

[1]　2002 中国可持续发展战略报告 [M].北京：科学出版社，2002：111.

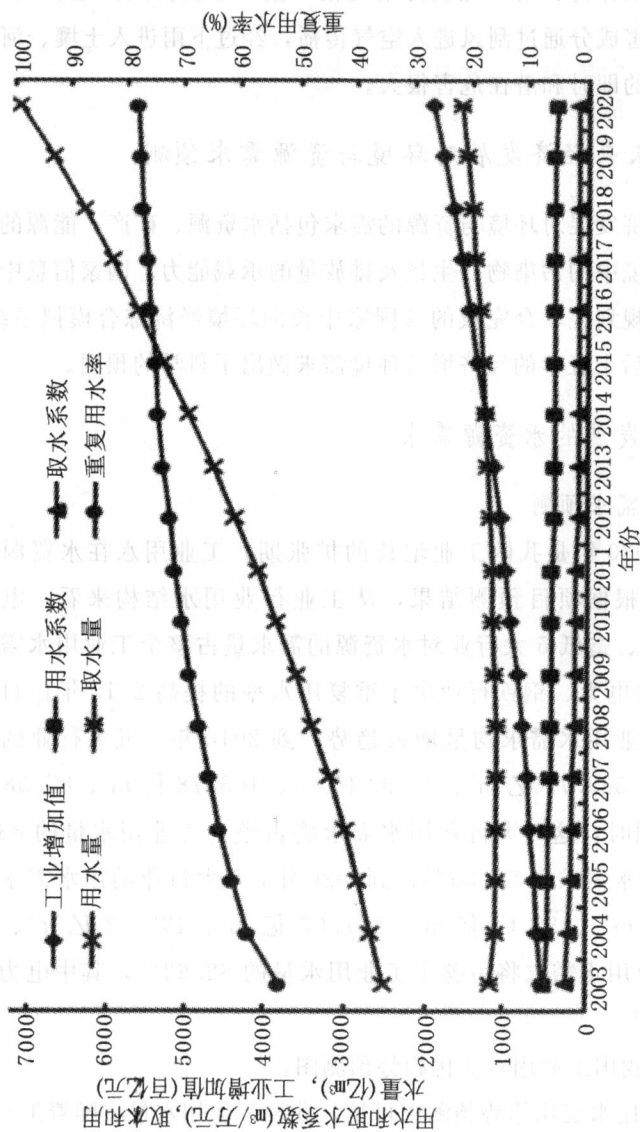

图6-3 我国工业用水变化趋势预测图

资料来源：国家信息中心、国家环保总局。国家中长期环境经济综合模拟系统研究[R]，2004年8月。

2. 农业用水需求预测

种植业灌溉用水效率低下一直是困扰我国水资源利用的重要问题。表 6-10 对种植业用水需求情况作出预测。

表 6-10 灌溉播种面积、耕地面积和灌溉用水定额的用水量

年 份	灌溉播种面积（亿亩）	播面灌溉定额（m³/亩）	用水量（亿 m³）
2002	13.5	250.0	3375.16
2010	15.7	241.5	3791.55
2015	16.09	230.4	3707.4
2020	16.49	219.8	3622.95

资料来源：国家信息中心，国家环保总局环境规划院. 国家中长期环境经济综合模拟系统研究［R］. 2004 年 8 月.

从表 6-10 中可见，虽然在整个预测期内单位播面灌溉用水量在逐年下降，但由于 2002—2010 年灌溉播种面积增速较快，所以，在此期间灌溉用水量仍然保持微量提高，将在 2010 年左右达到高峰，用水量大概为 3792 亿 m³。

3. 生活用水需求预测

随着经济和城市化进程的发展，城市居民生活水平不断提高，市政基础设施建设规模不断扩大，城市人口、人均用水量和用水普及率都将相应增加，所以，在 2005—2020 年整个预测期内，城市用水都将呈现上升趋势。

据预测，如果不提高中水回用率，到 2010 年和 2020 年城市生活用水量将分别达到 530 亿 m³ 和 744 亿 m³，这意味着在城镇人口分别比 2003 年增长 0.28 和 0.7 倍的同时，城镇生活用水量分别增长 0.85 和 1.26 倍，城市生活缺水将不可避免。但如果采用生活回用水措施，那么到 2010 年和 2020 年生活取水量将如表 6-11 中所示，分别为 466 亿 m³ 和 568 亿 m³，仅比 2003 年增加 0.45 倍和 0.76 倍。

表 6-11 城市生活用水需求预测

年 份		2003	2010	2015	2020
人口（亿人）	城市	4.33	5.68	6.6	7.53
	小城镇	1.15	1.08	1.13	1.12
	农村	8.86	7.92	6.55	5.81

续　表

年　份		2003	2010	2015	2020
用水系数 （L/人·d）	城市（镇）	222.72	234.74	240.65	240
	农村	98.66	121.22	139.71	140
用水普及率 （%）	城市	71.9	90	94	98
	小城镇	49.3	61.7	64.5	67.2
中水回用率 （%）	城市	5.28	20	27.5	35
	小城镇	0	5	10	15
取水量 （亿 m³）	城市	229	375	439	487
	小城镇	93	91	92	81
	农村	319	322	334	297
	合计	641	788	866	865

资料来源：国家信息中心，国家环保总局环境规划院．国家中长期环境经济综合模拟系统研究［R］．2004 年 8 月．

4. 水资源供求分析

根据《中国可持续发展战略研究》的预测，由于降水时空变化、泥沙淤积、全球气候变暖等不利因素的影响，到 2030 年，全国的水资源量与现在相比将有所减少，预计为 27102 亿 m³，水资源开发利用率将由现在的 19.45% 上升到 24.5%。从《国家中长期环境经济综合模拟系统研究》项目对全国的供水与蓄水预测结果看，我国的可供水量基本能满足社会经济发展的需要，但如果保持高速经济增长，则将会有 400 亿 m³ 左右的缺水量。同时，由于我国存在水资源分配不均衡的现象，目前北方的水资源开发利用程度大部分已超过 50%，北方缺水现象非常严峻。而且随着水污染的不断加剧，污染型缺水已经成为制约我国水资源供应安全问题的一个重要因素。另外，根据中科院国情分析小组的研究结果，到 2030 年，我国大部分地区的人均水资源占有量将低于 1700m³/人。要实现我国建设小康社会、21 世纪中叶经济发展水平达到中等发达国家的战略目标，从水资源供求前景来看，情况不容乐观，而且重点流域的水质前景堪忧。

（二）经济发展的能源需求

（1）能源需求预测。根据我国预定的经济发展目标，该项目对我国未来十五年能源总体消耗量做出了预测（见表 6-12）。

表 6-12 能源消耗量预测结果

能源种类	单 位	2002	2010	2015	2020
煤炭消费量	（万吨）	139259	221207	239501	254631
焦炭消费量	（万吨）	12251	27078	29011	30474
原油消费量	（万吨）	22540	35003	47857	61371
汽油消费量	（万吨）	3607	5545	6083	6539
煤油消费量	（万吨）	869	1480	1802	2141
柴油消费量	（万吨）	7853	11092	12304	12345
燃料油消费量	（万吨）	3883	5457	5497	5214
天然气消费量	（亿立方米）	282	774	1110	1476
电力消费量	（亿千瓦小时）	14829	32662	39438	47528
能源消费总量	（万吨标准煤）	148221	227741	266082	304083

从表 6-12 中可见，今后各种能源的消耗量都将呈上升趋势，其中煤炭、电力、天然气消耗量增速较快，2020 年的消费量分别是 2002 年的 3 倍和 4 倍。从我国能源结构来看，煤炭仍将是我国今后很长一段时期的重要能量来源。

表 6-13 各行业煤炭消费量及其所占比重

行业 \ 年份	煤炭消耗量（万吨）				行业所占比重（%）			
	2002	2010	2015	2020	2002	2010	2015	2020
1 种植业	742	866	700	546	0.53	0.39	0.29	0.21
2 畜牧业	618	380	307	241	0.44	0.17	0.13	0.09
3 其他农业	263	237	197	159	0.19	0.11	0.08	0.06
4 煤炭开采和洗选业	7274	10059	10017	9519	5.22	4.55	4.18	3.74
5 石油和天然气开采业	898	977	1016	1296	0.65	0.44	0.42	0.51
6 黑色金属矿采选业	61	131	144	143	0.04	0.06	0.06	0.06
7 有色金属矿采选业	83	108	106	99	0.06	0.05	0.04	0.04
8 非金属矿采选业	606	617	615	540	0.43	0.28	0.26	0.21
9 食品烟草及饮料	2605	2669	2130	1647	1.87	1.21	0.89	0.65
10 纺织业	1267	1149	930	735	0.91	0.52	0.39	0.29
11 服装皮革羽绒制品	171	156	110	76	0.12	0.07	0.05	0.03
12 木材加工及家具制造	243	301	258	207	0.17	0.14	0.11	0.08
13 造纸及纸制品业	1747	2007	1684	1314	1.25	0.91	0.70	0.52

行 业 \ 年份	煤炭消耗量（万吨）				行业所占比重（%）			
	2002	2010	2015	2020	2002	2010	2015	2020
14 印刷业	57	71	64	54	0.04	0.03	0.03	0.02
15 石油加工及炼焦业	9843	14137	17925	21469	7.07	6.39	7.48	8.43
16 化学工业	7531	8061	6521	5083	5.41	3.64	2.72	2.00
17 医药制造业	483	565	500	421	0.35	0.26	0.21	0.17
18 化学纤维制造业	720	797	689	568	0.52	0.36	0.29	0.22
19 橡胶制造业	252	308	261	205	0.18	0.14	0.11	0.08
20 塑料制品业	104	121	97	69	0.07	0.05	0.04	0.03
21 水泥制造业	6208	10407	9548	8240	4.46	4.70	3.99	3.24
22 其他非金属矿物	2661	3725	3370	2881	1.91	1.68	1.41	1.13
23 黑色金属冶炼业	11845	22782	21520	19410	8.51	10.30	8.99	7.62
24 有色金属冶炼	1307	2034	2002	1922	0.94	0.92	0.84	0.75
25 金属制品业	217	240	178	109	0.16	0.11	0.07	0.04
26 环境保护设备制造	4	5	4	3	0.00	0.00	0.00	0.00
27 其他机械	2080	2314	1973	1615	1.49	1.05	0.82	0.63
28 机械设备修理业	2092	2326	1983	1623	1.50	1.05	0.83	0.64
29 其他工业	215	375	392	397	0.15	0.17	0.16	0.16
30 电 力	65174	123153	145765	167499	46.80	55.67	60.86	65.78
31 煤气生产和供应业	1069	1489	1322	1161	0.77	0.67	0.55	0.46
32 自来水	36	45	43	40	0.03	0.02	0.02	0.02
33 建筑业	554	878	833	751	0.40	0.40	0.35	0.29
34 货物运输及仓储业	761	749	556	320	0.55	0.34	0.23	0.13
35 旅客运输业	290	231	165	94	0.21	0.10	0.07	0.04
36 商业饮食业	809	919	791	570	0.58	0.42	0.33	0.22
37 环境服务业	0.3	0.3	0.2	0.2	0.0	0.0	0.0	0.00
38 其他服务业	767	751	677	561	0.55	0.34	0.28	0.22
39 居民生活消费	7603	5070	4110	3044	5.46	2.29	1.72	1.20
合 计	139259	221207	239501	254631				

资料来源：国家信息中心、国家环保总局环境规划院. 国家中长期环境经济综合模拟系统研究［R］.2004 年 8 月.

从上表6-13中可见，我国各行业发展对煤炭消耗量的增长程度不同，煤炭消耗中，电力、石油加工及炼焦、黑色金属冶炼及水泥等行业占相当大的比重，2020年将分别为167499万吨、21469万吨、19410万吨和8240万吨。并且各行业对煤炭的需求将一直呈上升趋势。

（2）能源供求分析。我国人均能源可采储量远低于世界平均水平，2003年，人均石油、天然气、煤炭可采储量分别为世界平均值的10.0%、5.0%和57%，能源供应面临较大挑战。我国经济社会发展对能源的依赖比发达国家大得多。我国终端能源用户在能源消费的支出占GDP的比例为13%，而美国仅为7%。我国目前8个高耗能行业的单位产品能耗平均比世界先进水平高47%，而这8个行业的能源消费占工业部门能源消费总量的73%。虽然节能潜力较大，但由于当前出现了重化工业加速发展、居民消费增加、国际制造业转移等新情况，我国在节能方面遇到的挑战前所未有。到2020年，石油消费量最少也要4.5亿吨，届时，石油的对外依存度有可能接近60%，相当于目前美国的水平（2003年美国的石油对外依存度为66.2%）。中国石油供应的一大半将依赖国际资源，一方面会对国际石油市场的供求关系产生重要影响，另一方面会使中国的石油安全问题变得十分突出。由于我国的经济增长对石油的依赖程度高，国际石油价格的持续大幅度上涨，对我国经济的伤害更大。

（三）经济发展的环境需求

经济发展对环境的需求主要表现为污染物的产生与排放量是否超过环境容纳的极限。

1. 大气污染预测

根据经济发展趋势及对能源燃料需求分析，预计2010年和2020年二氧化硫产生量将分别达到4032万吨和5370万吨。工业二氧化硫产生量分别为3812万吨和5255万吨；居民二氧化硫产生量将由于生活燃料气化率的提高而降低，到2020年为42万吨。工业各行业中，电力、有色金属冶炼、黑色金属冶炼、化工、水泥、石油加工及炼焦是二氧化硫产生量增长的主要行业（具体预测结果见表6-14）。

表6-14　燃烧过程各行业二氧化硫产生量预测结果　　单位：万吨

行　业	2002	2010	2015	2020
1　种植业	14.16	16.94	12.41	7.61
2　畜牧业	11.80	7.42	5.44	3.37

续 表

行　　业	2002	2010	2015	2020
3　其他农业	5.03	4.63	3.49	2.22
4　煤炭开采和洗选业	41.66	69.05	62.44	46.80
5　石油和天然气开采业	20.68	23.17	22.50	22.73
6　黑色金属矿采选业	0.51	1.12	1.15	1.00
7　有色金属矿采选业	1.24	1.65	1.51	1.19
8　非金属矿采选业	11.58	12.09	10.92	7.55
9　食品烟草及饮料制造业	48.07	51.23	38.33	23.46
10　纺织业	25.28	23.85	17.78	11.43
11　服装皮革羽绒及纤维制品制造业	3.56	3.48	2.38	1.45
12　木材加工及家具制造业	4.25	5.45	4.52	3.07
13　造纸及纸制品业	33.47	39.60	30.61	19.07
14　印刷业及其他文教用品制造业	1.14	1.47	1.21	0.83
15　石油加工及炼焦业	26.41	34.00	38.50	35.97
16　化学工业	85.74	104.63	95.81	77.65
17　医药制造业	9.18	10.99	8.82	5.92
18　化学纤维制造业	15.33	17.23	13.56	8.94
19　橡胶制造业	5.03	6.48	5.16	3.42
20　塑料制品业	2.13	2.72	2.06	1.28
21　水泥制造业	9.95	62.53	61.36	49.94
22　其他非金属矿物制造业	38.83	57.70	48.84	34.94
23　黑色金属冶炼及压延加工业	74.61	150.62	140.37	114.08
24　有色金属冶炼及压延加工业	21.38	33.87	30.25	22.99
25　金属制品业	4.15	4.71	3.20	1.62
26　环境保护设备制造业	0.07	0.08	0.06	0.04
27　其他机械电气电子设备制造业	33.51	38.71	30.25	23.99
28　机械设备修理业	32.79	38.92	30.41	24.11
29　其他工业	3.33	5.93	5.68	4.66
30　电力及蒸汽热水生产和供应业	1081.46	2038.84	2607.14	3276.25
31　煤气生产和供应业	2.71	3.75	3.00	2.10

续　表

行　业	2002	2010	2015	2020
32　自来水的生产和供应业	0.68	0.89	0.76	0.56
33　建筑业（环境保护设施建设）	10.91	17.70	15.29	10.96
34　货物运输及仓储业	25.84	31.02	28.21	24.30
35　旅客运输业	9.86	9.55	8.37	7.10
36　商业饮食业	46.61	58.27	51.87	42.36
37　环境服务业	15.67	18.41	14.59	8.62
38　其他服务业	0.01	0.01	0.00	0.00
合　　计	1747.00	2965.80	3419.28	3900.15

资料来源：国家信息中心、国家环保总局环境规划院．国家中长期环境经济综合模拟系统研究［R］．2004年8月．

大气中烟尘产生量到2020年将达到29384万吨，其中电力行业将为26746万吨，占总产生量的90%。因此，控制电力行业的烟尘产生量尤为重要。工业重点行业烟尘产生量预测结果见表6-15。

表6-15　各行业烟尘产生量预测结果　　　　单位：万吨

行　业	2002	2010	2015	2020
1　煤炭开采和洗选业	128	194	184	167
2　造纸及纸制品业	162	175	141	105
3　石油加工及炼焦业	87	124	151	172
4　化学工业	485	532	508	488
5　水泥制造业	152	286	281	247
6　电力及蒸汽热水生产和供应业	12112	21567	24403	26746

资料来源：国家信息中心，国家环保总局环境规划院．国家中长期环境经济综合模拟系统研究［R］．2004年8月．

2. 废水和污染物产生预测

根据该项目预测，2010年和2020年工业废水产生量将分别达到417.9亿吨和744.5亿吨，是2003年的1.15倍和2.69倍；废水中COD的产量将分别达到2082万吨和3214万吨，氨氮产生量达到101万吨和171万吨，大约为2003年污染总量的1.3倍和2.1倍。从行业结构看，2010年和2020年废水产生量位居前四位的行业将分别是化工、造纸、钢铁和电力行业。如图6-4是我国工业废水产生和排放量随工业增加值增长的变化图。

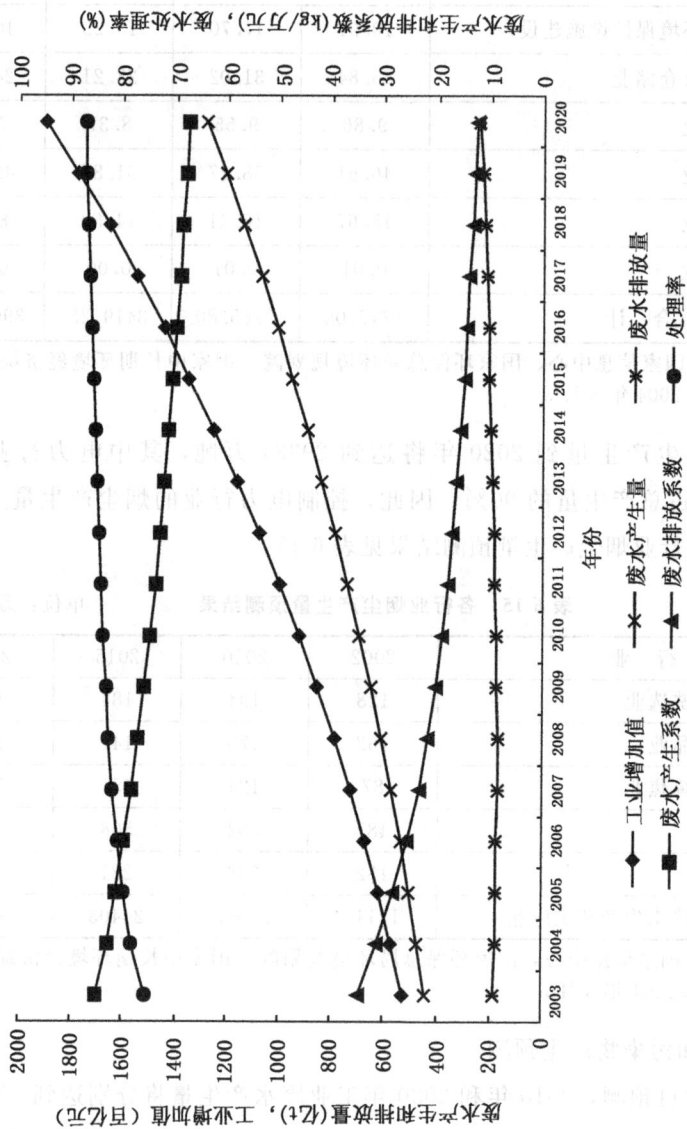

图6-4 工业废水产生和排放量随工业增加值增长的变化趋势图

从图中可见,我国工业废水产生量随工业增长急剧增加,由于图中对工业废水排放量的预测考虑了废水回收利用因素,所以曲线上升平缓,但曲线并没有下降趋势,即表明废水排放将持续增加。

我国六类主要工业固体废弃物的产生量,2010 年将为 116996 万吨,2020 年将为 149578 万吨,分别比 2003 年增长 30.1% 和 66.3%。具体预测结果见表 6-16。

表 6-16 我国工业固体废弃物产生量预测 单位:万吨

类 别	2003	2010	2015	2020
工业固体废弃物总产生量	89932	116996	135028	149578
一般性工业固体废弃物总产生量	88731	115722	133510	147842
危险废弃物产生量	1171	1274	1517	1737

资料来源:国家信息中心、国家环保总局环境规划院. 国家中长期环境经济综合模拟系统研究 [R]. 2004 年 8 月.

从生活垃圾污染预测来看,我国 2010 年城市人均生活垃圾产生量将达到 1.06 千克/天·人,预测 2020 年我国城市人均生活垃圾产生量将达到 1.2 千克/天·人。

3. 环境供求分析

从环境供给方面看,我国的环境问题已经相当严重。我国水环境面临的严重问题依然是水体污染和水资源短缺。我国主要河流有机污染普遍,面源污染日益突出。其中,辽河、海河污染严重,淮河水质较差,黄河水质不容乐观。主要淡水湖泊富营养化严重,多数城市地下水受到一定程度污染,且有逐年加重的趋势。我国的大气环境污染仍以煤烟型为主,主要污染物是总悬浮颗粒物和二氧化硫,少数特大城市属煤烟与汽车尾气污染并重类型。一项研究表明,在我国被统计的 338 个城市中,只有 33.1% 的城市达到国家空气质量二级标准,剩余 66.9% 都超过二级标准,其中有 137 个超过三级标准,占统计城市的 40.5%。

一般来讲,环境对污染物的吸纳能力存在临界阈值。当污染物排放量超过环境吸纳能力,则必然引起环境污染。我国许多环境污染严重的地区,污染物排放量在很大程度上早已远远超过了环境自净力的临界值,我国环境承载能力已近极限。

总之,我国经济增长面临的自然资源与环境约束状况是极为严峻的。因此，在现有情况下，不仅要实现经济增长由粗放型向集约型转变，更要向有效经济增长方式转变，以实现自然资源、环境与经济增长的良性循环。

四、我国经济发展在环境与资源方面面临的问题

（一）资源与环境供求矛盾突出

通过对我国资源与环境总体水平的分析，可见，我国资源拥有量有限，资源禀赋较差，人均资源量都严重不足。然而，由于我国正处在工业化和城镇化高速发展的时期，对资源总需求量和总消耗量呈不断扩大趋势。改革开放以来，经济持续高速增长，我国资源供求矛盾变得越来越突出，许多重要资源已由净出口国变为净进口国。从 1990 年到 2001 年，我国石油消费量增长 100%，天然气增长 92%，钢增长 143%，铜增长 189%，铝增长 380%，锌增长 311%，10 种有色金属增长 276%。目前，我国的钢材消费量已经达到 2.5 亿吨，接近美国、日本和欧盟钢铁消耗量的总和，约占世界总消费量的 40%；电力消费已经超过日本，居世界第二位，仅次于美国。[①] 在今后的一段时期，我国仍将处于工业化发展阶段，2020 年要实现 GDP 翻两番，而且居民消费水平和消费总量将进一步提高，大量高档消费品将进入家庭，对能源与资源的需求将进一步大幅度提高。我国经济发展的资源、能源缺口相当巨大。

（二）资源的利用效率不高

在资源有效供给有限的情况下，我国资源浪费严重，利用效率低下。发展循环经济的目的之一就是提高资源利用效率，即提高单位资源产能。

目前，我国资源利用效率不高主要体现在三个方面：

（1）资源产出率低。目前，我国单位产值能耗是世界平均水平的 2 倍多，比美国、欧盟、日本、印度分别高 2.5 倍、4.9 倍、8.7 倍和 43%。按现行汇率计算，我国单位资源的产出水平相当于美国的 1/10，日本的 1/20，德国的 1/6；我国每吨标准煤的产出效率，只相当于美国的 28.6%，欧盟的 16.8%，日本的 10.3%；每立方米水的产出效率，世界平均是 37 美元，我国只有 2 美元，英国是 93 美元，日本是 55 美元，德国是 51 美元。[②]

---

① 朱之鑫. 循环经济为什么要加快发展 [N]. 经济日报，2004-12-20.
② 中国能源利用总体状况 [Z]. http://finance.sina.com.cn/leadership，2006-2-28.

（2）资源利用效率低。我国七个行业（石化、电力、钢铁、有色、建材、化工、纺织）主要产品单位能耗平均比国际先进水平高40％；燃煤工业锅炉平均运行效率比国际先进水平低15％～20％；机动车百千米油耗比欧洲高25％，比日本高20％。我国建筑采暖、空调能耗均高于发达国家，其中单位建筑面积采暖能耗相当于气候条件相近的发达国家的2～3倍。[①]

（3）资源综合利用水平低。目前，我国矿产资源总回收率为30％，比国外先进水平低20个百分点。我国木材综合利用率约为60％，而发达国家一般都在80％以上。同时，"三废"综合利用潜力很大。2003年，我国工业固体废弃物综合利用率只有55.8％。[②]

（三）资源对外依赖度不断提高

由于我国经济增长迅速，国内资源与能源难以完全满足生产、生活需求，导致我国能源和重要资源对外依存度不断提高。2004年，我国进口原油达12272万吨，是世界第二大石油消费国，石油的对外依赖度超过40％，同时，总的能源对外依存度也上升到6％；我国也是铜矿、锰矿砂等其他多种资源产品的最大进口国，2004年，我国初级产品的贸易逆差高达767亿美元。[③] 在今后一个较长时期内，我国都将处于以重化工业为主的发展阶段，高能耗、高物耗、高污染的局面在短期内仍难以消除。由于国内资源不足，到2010年，我国石油对外依存度将达到57％，铁矿石将达到57％，铜将达到70％，铝将达到80％。到2020年，中国石油进口量将超过5亿吨，天然气将超过1000亿立方米，两者的对外依存度分别将达到70％和50％。[④]

第三节 世界各国发展循环经济对我国的启示

通过以上两节的分析，可以得出结论：我国经济增长不能再沿袭"先发展、后治理"的老路。现阶段，我国到底应该选择什么样的途径来实现社会、

① 中国能源利用总体状况［Z］. http：//finance. sina. com. cn/leadership，2006-2-28.
② 宋德勇，欧阳强. 循环经济的特征及其发展战略［J］. 江汉论坛，2005（7）.
③ 我国力图降低能源资源对外依赖度［Z］. 中国环保网，2005-8-1.
④ 宋德勇，欧阳强. 循环经济的特征及其发展战略［J］. 江汉论坛，2005（7）.

经济的可持续发展？我国从发达国家的成功作法中应该借鉴哪些经验？如何结合国情，制定适合我国循环经济发展的政策体系？这些都是需要进一步研究的问题。

一、我国经济发展的可行性选择

正像世界银行一份报告所指出的那样，"我们拒绝先增长后治理的方式"。[①] 原因在于，经济增长所导致的环境退化与污染往往是不可逆的，其潜在的、累积的成本非常巨大。中国为实现经济有效增长，必须摒弃发达国家曾经走过的"先污染后治理，先破坏后恢复"的传统工业化老路，在经济增长过程中，适时进行自然资源（可再生）持续利用与环境的恢复、保护与投资建设，谋求经济与环境的协调发展，走新型工业化之路。

目前，我国有效协同人与自然、经济增长与社会发展进步有几种可行性选择，一是末端治理；二是源头预防；三是全过程控制，发展循环经济。

我国现在解决环境问题的重要方式是末端治理。这种治理方式难以从根本上缓解环境压力。一方面投资大、费用高，建设周期长，经济效益低，企业缺乏积极性，而且随着污染物的减少，边际成本增加，难以为继。另一方面，末端治理往往使污染物从一种形式转化为另一种形式，不能从根本上消除污染。而且，末端治理的生产方式使企业满足于遵循环境法规而不是去投资开发污染少的生产方式。末端治理的模式将阻碍中国直接进入更为现代化的阶段，加大了在环境治理方面对发达国家的依赖。所以，末端治理的方式难以成为我国经济发展的最佳选择。

源头预防较之末端治理更进一步，它要求减少经济源头的污染产生量，要求企业界在生产阶段和消费者在使用阶段就尽量避免各种废物的产生与排放。但是，源头预防不能完全避免污染物的产生，而且对于经过使用的产品、包装、旧货等不在源头预防的考虑范围之内。可见，源头预防也不能彻底解决问题，所以它也不是我国经济发展的最优选择。

循环经济是一种全过程控制，它以"3R"为原则，通过预防减少废弃物的产生，尽可能多次使用各种物品；尽可能使废弃物资源化或堆肥；对无法再利用的废弃物进行无公害处理。它是尽可能以最小的资源消耗和环境成本，获得尽可能大的经济效益和社会效益，从而使经济系统和自然生态系统的物质循

---

① The Quality of Growth. Copyright 2000 by the World Bank.

环过程相互和谐，使资源永续利用的一种经济发展模式。发展循环经济可以缓解我国现阶段环境与资源约束矛盾，减轻环境污染，提高经济效益，实现可持续发展。"从中国经济发展前景来看，我们必须把发展循环经济确定为国民经济和社会发展的基本战略目标，进行全面规划和实施，这样才能有效克服在现代化过程中出现的环境与资源危机"。[①]

二、世界循环经济成功经验对我国的启示

通过国际比较研究以及对我国国情综合分析的基础上，世界上发展循环经济、建设循环型社会的成功做法对我国推行循环经济有很多可借鉴之处，中国在整体战略的制定上可以借鉴日本模式，如制定循环经济发展规划、编制"循环经济基本法"等；在具体政策措施的实施上，可以借鉴美国的一些成功经验，如鼓励排污权交易，完善环境、资源税收体系等。世界循环经济成功经验对我国的启示主要体现在以下几方面：

（1）做好循环经济战略规划。发达国家为促进循环经济顺利发展，均根据本国国情制定了相应的战略规划，如日本的《循环型社会形成推进基本计划》等。我国在发展循环经济过程中，也应该针对目前的经济、社会发展阶段，编制相关规划，加强宏观指导，逐步建立资源节约型国民经济体系。我国"十一五"经济和社会发展规划中，确定了将发展循环经济，建设资源节约型、环境友好型社会作为战略目标，在地方"十一五"规划制定中，也应把资源节约、降低消耗放在突出位置，加大产业结构调整的力度，大力发展高新技术产业和第三产业，形成有利于资源持续利用和环境保护的国际贸易格局。应按照新型工业化道路的要求，全面推行清洁生产，加快循环经济发展。同时，编制节能、节水、节约土地、资源综合利用等专项规划，提出战略目标、发展重点和政策措施。

（2）完善循环经济法律体系。在法律建设方面，可以大力借鉴发达国家经验，在三个层面上完善我国循环经济立法。我国《循环经济促进法》正处在起草过程中，可以作为国家发展循环经济的基本法，这是第一层次。在第二层次综合法的制定方面，尽管我国已经出台了《清洁生产促进法》《清洁生产审计条例》，但这些立法思想在其他的资源环境法律中体现不充分。我国目前在资源再生利用和可持续消费等重要领域的立法基本处于空白，应尽快出台相关法

---

① 曲格平. 发展循环经济是 21 世纪的大趋势［A］. 论循环经济［E］. 北京：经济科学出版社，2003.

律法规。同时，在第三层次专项法方面，应修订主要耗能行业节能设计规范，并制定重点行业、重点领域节约能源、资源、废弃物循环利用的专项法律，使我国循环经济发展有法可依，并与现有环境法律相协调。

（3）制定循环经济相关政策。各国在发展循环经济过程中，制定了大量行之有效的政策，我们应该大力借鉴，强化我国循环经济政策的导向作用。政府要充分运用市场机制，制定相关财政、税收、价格、投资、贸易等政策，形成资源节约和循环利用的激励和约束机制。其中，排污权交易制度在美国治理环境污染的过程中发挥了积极的作用，我国可以充分借鉴。排污权交易将市场机制引入环保治理体制，用经济杠杆推动污染主体——企业治理污染。在制定排污权交易政策的过程中，美国针对不同类型的环境问题设计了不同的管理体系，我国也可以吸取美国这一重要经验，并且在形式上也可以采取排污许可证交易和总量控制排污交易。目前，我国经济比较发达的长江三角洲一些地区对排污权交易已经进行了有益的尝试，实践表明，我国在排污交易初始产权的制度安排、排污权的计量基准、排污交易市场建设等方面还需进一步制定有效措施。

（4）巩固循环经济社会基础。发达国家非常重视运用各种手段，在全社会范围内开展循环经济宣传教育活动，使公众真正了解什么是循环经济，并将可持续发展理念作为自身的行动指导。我国自古以来便提倡勤俭节约，在发展循环经济的过程中，更应注重舆论宣传，提高社会大众的觉悟与意识，使公众将环保、节约、循环的理念融入日常生活中。政府应鼓励家庭购买环保汽车、环境友好型产品、绿色住宅等，减少与避免奢侈型消费，节水节电，废物利用，进行垃圾分类等。同时还应在全社会范围内建立信息发布制度，及时发布国内外相关产品、资源、技术、管理信息，为形成循环经济回路创造良好的条件。

第七章　我国发展循环经济的对策建议

目前，在循环经济研究领域，能否提出对我国社会经济发展有指导意义的、切实可行的政策建议是重点与难点问题。在循环经济发展战略选择与运行模式上，国内理论界与实业界基本达成了共识，即我国当前应以建设循环型社会为战略发展目标，在循环经济发展模式上采取小循环（清洁生产）、中循环（生态园与生态城市）、大循环（循环型社会）三种模式。但对于发展循环经济的政策研究，在理论与实践上均还处于探索阶段。2005年，从国情出发，根据我国目前的经济发展形势，国务院颁发了《关于加快发展循环经济的若干意见》，提出"建立和完善促进循环经济发展的政策机制"，"加大对循环经济投资的支持力度"；"利用价格杠杆促进循环经济发展"；"制定支持循环经济发展的财税和收费政策"；"加强法规体系建设"等措施。本章主要针对《关于加快发展循环经济的若干意见》，从宏观措施、重点行业、重点领域等方面对发展循环经济的政策进行了研究。

第一节　我国发展循环经济的宏观政策建议

根据《关于加快发展循环经济的若干意见》，借鉴发达国家经验，从宏观上看，我国发展循环经济应以战略规划为重点，从价格、财税、产权、科技、投资、消费各方面制定有利于循环经济发展的政策措施。

一、国家发展循环经济的战略选择

（一）发展循环经济的战略立足点

（1）立足于长远。发展循环经济，彻底转变经济增长方式和消费模式是一项长期的系统工程，不可能一蹴而就。必须从"大处着眼，小处着手"，要有长远的战略眼光和长期的战略安排。

（2）立足于和谐。现代社会进步不仅表现为经济的发展，更表现为人类社会与生态环境的和谐共处，社会的进步和经济的发展必然得益于资源与环境的保持与改善。发展循环经济，人与自然和谐相处，才能促进经济的发展和社会系统的协调。

（3）立足于发展。"循环"不是目的，而是手段，在追求"循环"的同时必须重视"经济"。使经济萎缩的"循环经济"，是与我们的初衷相违背的。循环经济，要立足于促进经济社会的发展，以同样的资源提供更多的产品和服务，提高经济效益，缓解资源压力，保护生态环境，实现可持续发展。

（二）发展循环经济的战略重点

（1）转变经济增长方式。发展循环经济，必须牢固树立和认真落实科学发展观，按照走新型工业化道路的要求，大力调整经济结构，加快技术进步，提高全社会的资源节约意识，同时综合运用经济的、法律的和必要的行政手段，尽快从根本上改变"高投入、高消耗、高排放、不协调、难循环、低效益"的粗放型经济增长方式。

（2）重构资源利用模式。发展循环经济，目的在于在经济运行中对资源、能源需求实行减量化。即在生产和消费过程中，用尽可能少的资源、能源（或用可再生资源），创造相同的甚至更多的财富，最大限度地充分回收利用各种废弃物。

（3）变革传统消费模式。发展循环经济，必须改变以往的消费模式及消费结构，避免过度消费、奢侈性消费，提倡在消费领域全面推广和普及节约技术，合理引导消费方式，鼓励消费能源资源节约型产品，逐步形成节约型的消费模式。

（4）重建社会经济理念。发展循环经济，必须重构社会经济理念，引导政府机构将"循环经济"的理念引入公共管理过程中，引导企业把工业生态理念植入企业文化中，引导公众将节约、环保理念融入日常生活中。

（三）发展循环经济的战略目标

国家发改委宏观经济研究院"我国循环经济发展战略研究"课题组提出，

我国发展循环经济的总体战略目标是[①]：用 50 年左右的时间，全面建成人、自然、社会和谐统一的、资源节约的循环型社会，资源生产率、循环利用率、废弃物的最终处理量等循环经济的主要指标以及生态环境、可持续发展能力等达到当时世界先进水平，极大提高生态环境质量并整体改善生存空间，全国全面进入可持续发展的良性循环。

我国发展循环经济的总体战略目标应分 3 个阶段进行：

近期是 2005 年至 2010 年，建立比较完善的促进循环经济发展的法律法规体系、政策支持体系、技术创新体系和有效的激励约束机制。

中期是 2011 年至 2020 年，基本建成具有循环经济特征的经济社会体系，建立起完善的循环型社会的管理体系和政策法规体系。

长期是 2021 年至 2050 年，全面建成人、社会、自然和谐统一的循环型社会。资源生产率、循环利用率、废弃物的最终处理量等循环经济的主要指标以及生态环境、可持续发展能力等达到当时世界先进水平，极大提高生态环境质量并整体改善生存空间，全国全面进入可持续发展的良性循环。

（四）发展循环经济的战略模式选择

在国家发展战略上，应将自然资源与环境总量持续供给能力作为国家综合实力的一项重要指标，强化国家的可持续发展能力。为此，应以自然资源与环境要素调整国民经济核算，纠正以往单纯注重经济指标和经济能力的发展战略，将国家技术创新体系与自然资源节约利用、环保投资结合起来，形成经济与环境——生态的良性循环。结合国民经济结构的战略性调整，促进高新技术改造传统产业，淘汰高能耗、重污染的落后技术工艺。通过投资结构的调整，诱导环保型项目及相关产业群的形成。坚持环境与发展综合决策，污染防治、生态环境保护与经济结构调整并重。从开发和建设的源头控制生态破坏，污染防治要靠产业、产品结构的调整。为此，必须坚决关停耗能高、污染严重"十五小"企业。同时大力发展对自然资源与环境破坏较少的第三产业，以吸纳大量劳动力就业。改变原来污染的末端控制方式，实行源头和生产全过程的控制。同时，应坚持依法治理环境，完善环境法规、标准和政策，明晰自然资源产权，利用市场机制和法律等手段，强化环境管理。

---

① 国家发展改革委宏观经济研究院循环经济课题组. 循环经济：模式分析与对策研究［E］. 人民网，2005-12-25.

二、发展循环经济的总体对策建议

曲格平先生认为，"当前和今后长时期内我国面临的环境形势还很严峻。'十一五'期间，随着城市化迅速发展和工业化进入中期发展阶段，资源消耗和环境压力仍在不断增大，环境形势仍不容过分乐观。"为此，曲先生提出六点建议：

（1）加快产业转型步伐。除通过教育提高各级干部和公众的可持续发展认识外，应当对各产业部门提出更加明确、更加具有强制性的资源和环境保护要求。当前，重点要放在"八大重点行业上"，要把这种要求确定为工业行业的市场准入条件，以加快产业技术和结构转型。

（2）积极扶持循环经济发展。循环经济不仅是一条经济可持续发展之路，也是防治环境问题的根本性措施。要按照循环经济的原理改造传统产业，发展新兴产业。对新建工业企业和园区，从设计开始就要遵循循环经济的基本要求。对达到循环经济一定指标要求的企业和园区，应在税收和信贷等政策上给以优惠。

（3）改善自然资源价格机制。应采取积极步骤，减少直至取消对一些资源生产和消费尚存的政府"补贴"；要利用市场机制，提高资源税收和价格。这是提高资源效率、减少浪费和防治环境污染的有效措施。

（4）加大城市大气污染防治的力度。城市能源和交通规划的政策应当进一步向环保倾斜。如果按目前的态势，"十一五"期间城市大气环境难有大的进展。

（5）改进流域水资源合理使用和污染防治。流域特别是跨地区流域性生态退化和水质污染日益严重，应当进一步协调好流域水资源合理使用和污染防治。各流域和地方规划经济发展时，应以可利用的水资源为经济发展的重要先决条件，在保证生态用水的前提下，平衡好水的各种需求。应在各流域普遍推行流域污染总量控制制度和水污染许可证制度。

（6）强化法律实施力度。我国已有控制环境污染和保护自然资源法律26部。国务院和地方政府也制订了许多环境保护方面的规章制度，主要环境领域都做到有法可依。国家每个五年计划期间都做出国民经济发展规划安排，其中都有环保要求和指标。不能落实的原因虽然很多，但授予环境管理部门的监督管理权限过小是一条重要原因。国务院和各级政府应支持环境管理部门依法监督。同时，环境管理部门也要履行职责，理直气壮地依法进行监督。

三、发展循环经济的资源价格对策

（一）我国目前资源价格机制存在的问题

（1）资源产品价格长期以来处于低位运行。既不能反映资源产品价值，又不能反映资源产品的供求关系，导致我国经济发展中片面追求增长速度而不计资源消耗现象的形成。由于资源产品与加工工业品的"比价复归"，更由于我国资源产品开发和使用中没有计算应包含的资源补偿价值和价格，致使资源产品价格不能实现对资源产品利用的调节，资源产品价格仍然偏低，资源产品的粗放式利用现象十分普遍。

（2）自然生态资源的价格形式没有得到完全的确立。我们虽然实行了谁污染谁治理的环境保护政策，实行了退耕还林还草的补偿政策等，但这些措施的形成和实现不是以完善的价格形式出现，不能反映资源市场的供求关系。

（3）资源价格体系不健全。长期以来，在我国的价格管理体制中，一直是以商品价格体系为管理的中心，虽然也有资源产品价格及自然生态的补偿政策，但没有上升为资源价格的制度化和计量测算的理论科学化，没有形成资源价格体系。

（4）资源价格管理体制没有形成。资源价格管理体制包括资源价格管理机构的设置和资源价格管理权限的划分。我国现行的资源价格体制还建立在以传统的商品价格为管理对象的基础之上，对资源价格尤其是自然生态资源的补偿价格，既缺乏完整的定价依据，也没有规范确定价格的方法，甚至没有介入其管理范围。

（二）完善资源价格对策建议

发展循环经济，需要"理顺自然资源价格，逐步建立能够反映资源性产品供求关系的价格机制"。对于资源价格的改革，建议如下：

1. 近期资源价格改革重点

（1）水资源价格改革方向。

①改变水价一价制，合理确定水价的范围。水价确定的下限应该以客观成本核算，即包括在现行技术条件和一般管理水平下，水利工程为提供一定数量和质量的商品水而必需发生的各项支出。水价确定的上限可以调入水地区的水资源影子价格作为参考。水价应结合用水地区、用水对象的不同，根据水市场

的供求关系在水价的上下限进行变动。

②逐步提高水利工程供水价格。水利工程是水资源可持续利用的物质基础，水利工程必须能在较长的时期内正常运行，这就要求在物价变动的情况下，水利工程的固定资产要以重置成本计提折旧，保证水利工程固定资产在物价变动情况下得到合理的补偿。建议在物价变动较大的年份对水利工程的固定资产进行资产评估，以评估结果为计提折旧基础。

③实行阶梯式水价。可以按每月每户用水量进行分级，也可以按每人每月用水量进行分级。阶梯式水价一般分为两段和多段。根据城市居民生活用水现状（包括收入水平、用水习惯、水费支出、支付意愿等）和对未来用水状况的估计，将城市生活用水量分为生存水量、生活水量、享受水量三个阶段。用水量小于生存水量的居民，除了可以享受经国家财政补贴外，其未用足生存水量的部分，可凭水费单领取补贴余额。生活水价格根据水价各项成分核定的全成本（包括工程投资成本、运行和制水成本、服务成本和环境成本等）确定。享受水价格根据市场价格满足特殊需要的原则制定，同时考虑对享受水量开征水资源税。

④完善农业水费计收办法。必须提高农业用水价格，节约水资源。针对我国当前农业发展的特点，可考虑通过对供水单位实行差额补贴的办法来解决农业供水价格问题。农业水价可以严格按《水利工程供水价格管理办法》中的要求核定，执行价可按农民的最大承受能力确定，两者间的差额由国家和地方财政予以补贴。补贴办法可以采取补现金、建工程、修设施等方法。

（2）土地资源价格改革方向。土地产品的价格不仅要反映作为开发产品的成本投入和开发商的合理利润，而且还要反映土地资源的生态环境保护代价。土地资源需要承担两种资源补偿代价：一是土地资源质量的动态下降所带来的利用效益的损失；二是逆转这种损失，即恢复土地资源正常质量水平所需要的投入。所以在核算土地成本构成时，应将当前土地使用者由于使用单位面积土地资源而偿付的直接费用（包括内部环境成本，如耕地占用税、预防污染费、污染治理费），未来单位土地面积使用者因当前土地资源的使用而遭受的净利益损失（对于土地这种可循环利用的资源而言，未来可使用土地资源的人们的净利益损失特指土地资源质量下降的损失），目前由于使用单位面积土地资源而对他人造成的损失，即所谓外部不经济性（包括内部化的环境成本，如环境污染罚款、赔偿等）三部分均考虑在内。土地价格核定过程中既要包括传统土地产品价格，还应包括土地资源价格。

在改革过程中，要加强土地资源的市场化配置，运用价格机制抑制多占、滥占和浪费土地行为，促进土地资源节约利用。

第一，加强土地出让的计划管理，发挥政府对地价的控制和导向作用。在市场经济体制中，土地使用权可以在市场上流动，但其不同于一般商品，必须加强政府宏观调控，引导投资方向，影响地价水平和投资者的经营决策方向，以达到公平竞争的目的。

第二，加强城市地价的动态监测，建立基准地价定期公布制度。依照基准地价制定并公布协议出让土地最低价标准，协议出让土地价格不得低于最低标准。目前我国已建立起国家级地价动态监测体系，并把每年 12 月 31 日作为动态监测的基准日，1 月 1 日向社会公布基准地价。目前工作重点是加强各省、市、自治区的地价监测网建设。

第三，以基准地价为依据，加强对申报地价的审核，完善对成交地价、租金、抵押及土地其他项权力状况的登记，维护合理的价格水平，克服虚报、瞒报土地成交价，依法保护农民的土地权利，对农用地转用和土地征用要严格依法进行。避免土地隐形交易对国有资产造成的流失，保证土地市场的正常运行。

第四，建立健全土地市场体系，把地价管理，如城市土地地价动态监测、基准地价定期公布和更新、土地交易价格申报、信息查询和社会化服务、资料保管和使用、地价预警等方面的内容纳入法制化进程，依法强化土地利用规划的权威，严禁随意改变土地利用的方向，应用法律科学地指导土地交易，经营性用地实行招标、拍卖和挂牌方式出让，培育和规范土地市场，强化土地资源管理。

（3）能源价格改革方向。能源价格改革的基本思路是引入竞争机制、再造监管体系，充分挖掘市场机制的调节能力。

第一，建立竞争型市场结构。必须削弱现有大企业对市场的控制力，包括鼓励国内私人资本、外资进入能源行业，并有必要对国有企业做进一步的重组，实现有效竞争。

第二，再造基于市场经济的能源价格监管体系，建立职能完备的能源价格监管机构，完善监管的规则体系以及利益相关者间的制衡机制。

第三，建立能源价格补偿与限制机制。对于如风能、生物质能、潮汐能、太阳能等可再生能源的开发和使用，政府可以进行定额补贴（即根据可再生资源与常规能源的成本差额，按单位予以定额补贴，但其价格由市场决定）和按可再生资源的实际成本核定价格，并强制经销企业全额收购的方法进行价格改革。前者可用于已建立竞争性市场的行业，后者可用于仍垄断经营的行业。同时，对于增量国有资源使用权的分配，可通过规范的招标进行；对存量国有资源的使用，建立完整、科学的资源税、费体系（如资源税征收标准根据资源产品价格的水平分档设计，资源税征收基础改按产量计征为按占用资源量计征）。

① 石油价格改革的对策。

第一，打破垄断，充分发挥市场在石油资源配置中的作用。逐步放开石油炼制、批发、零售领域，赋予石油消耗大省或具有符合条件的经营企业直接进口原油、成品油的权限，分批逐步放开炼油厂直接进口原油和自主在国内市场销售成品油的权限。

第二，完善石油价格接轨办法，成品油出厂价格、批发价格实行政府指导价，零售价格则放开，增强价格接轨的同步性，加强对国际国内市场的监测，努力使接轨价格反映国内市场供求关系、市场消费结构变化以及炼化企业生产经营成本变动情况，尽量避免滞后接轨造成进销价格倒挂，在逐步放开原油、成品油进口限制的同时，分步推进进口原油、成品油进口代理费制度改革；优化石油调配计划，减少运输成本，引导石油资源的优化配置，避免价差过大引起油气资源的无序流动。

第三，建立和完善我国石油期货市场，积极参与国际石油价格形成，充分发挥石油期货市场的发现价格、转移风险、套期保值和优化资源配置的功能，提高我国在国际石油价格形成中的地位。

② 天然气价格改革的对策。天然气发展中的首要问题，也是天然气发展的最主要的障碍问题，就是它的成本结构和定价问题。天然气的定价必须充分考虑天然气供应链各环节的利益，使各环节既有利可图，又能避免产生暴利，维护好弱势用户的利益。

第一，适度放松政府管制，引入竞争，加快天然气勘探开发市场的开放，允许非国有公司进入天然气生产领域，以迅速扩大我国的天然气产量，并考虑引入进口天然气，以形成一定竞争性的供方格局。

第二，尽快构筑与国际市场价格相联系的天然气价格，努力降低管道运输成本和天然气生产成本。同时明确天然气行业面临外部竞争，它与煤炭、石油、核能、电力等其他能源有互替性，是竞争关系，要完善替代价格机制。

第三，改变对管输环节价格管制的方式和内容。首先实行管输费上限价格规制，主要是确定和批准管输费计价方法同时，允许供需双方根据输气量和均衡性来确定合同价格。其次实行管道运输特许经营制度，引入对经营权的竞争，选择高效率企业经营天然气管道，降低管输费。再次对管输费用标准的透明、公平性作出原则规定，保证各类用户以公平价格获得服务。最后天然气工业管输环节的规制应加强对定价方式、买卖合同条款的规范和监督。

③ 电力价格改革的对策。推进电力价格改革，要按照国务院已确定的电力体制和电价改革方案，以及发改委新近出台的《上网电价管理暂行办法》《输配电价管理暂行办法》和《销售电价管理暂行办法》，充分发挥市场在电力资源配置中的基础性作用，目标是在发电环节实行厂网分离、竞价上网。在自然垄断经营的输配电环节建立独立的由政府管制的输配电价格体系，对销售电价逐步实行与上网电价联动的机制。加强用电价格需求侧管理，建立合理的用电价格体系，推行分时电价，限制高耗能产业用电，促进节约用电和合理用电。在发电价格尚未完全实现市场化之前，作为过渡办法，建立煤电价格联动机制，理顺"市场煤"和"计划电"之间的价格关系。

2. 完善资源价格机制的远期对策

（1）以资源的稀缺性为基础进行定价，促进资源节约和提高开采效率。国内外经济发展的实践表明，维持较高的资源价格可以促使企业节约资源投入，同时有利于提高资源开采程度和利用效率。资源价格应以其价值为基础，合理厘算成本。资源价格是众多内在价值的综合表现，其成本必须包括生产成本、要素成本、补偿成本、机会成本、生态成本、环境成本、发展成本等等。这需要针对各种资源的具体特点，应用相应的资源价值测算方法和价格模型，科学确定资源价格的具体水平；同时理顺资源比价关系，调整我国原油、天然气和发电用煤之间不合理的比价关系，减少行业间的价格摩擦。在国内资源市场逐步形成、资源价格机制逐步完善的情况下，使国内资源价格尽量向国际市场靠近，与国际接轨。如美国、加拿大的石油和煤炭价格主要取决于国际市场价格。美国石油价格是以纽约商品交易所的西德克萨斯油价为参照价，加拿大油价取决于阿尔伯达省埃德蒙顿油价，而埃德蒙顿油价是按美国纽约商品交易所的西德克萨斯油价扣除埃德蒙顿到纽约的运输费用和美国的进口关税计算出来的。

（2）构建市场与政府相结合的资源定价体制。目前，国家着力强调充分发挥市场作用，进行资源合理定价。但是笔者认为，从当前中国具体国情来看，完全依靠或过分依靠市场对资源进行价格调整为时尚早。虽然发挥市场机制决定资源价格，可以促进资源利用效率的提高，但是市场价格不能反映资源的使用成本和外部成本。尤其是在当前我国环境资源产权不明晰的情况下，过分依靠市场定价，会导致资源价格无法实现自然资源开采、使用的合理补偿和代际公平，或出现资源市场暴利。所以，要使资源价格能够反映社会成本、环境成本、发展成本，政府必须加以干预。对能形成有效竞争的自然资源，放宽价格管制，采取市场定价的价格形成机制，真实反映自然资源的稀缺程度和供求关系；对关系国计民生的重要短缺自然资源和具有自然垄断特性的资源实行政府监管定价，达到有效抑制因价格过低引起的过度需求、环境恶化、代际不公平等现象。在资源价格设计比较合理、资源交易市场逐步建立、资源管理制度相对完善的条件下，政府可以逐渐退出。

（3）完善资源价格管理体制。制定合理利用资源的价格政策，设置资源价格管理机构，合理划分管理权限等是保证资源价格体系健康运行必不可少的。在行政体制上，可以现行的商品价格管理机构为基本框架，加强与政法、环保、财税、工商、农林等国家行政职能部门的联合，强化计划价格机制作用，实现国家对资源的必须的行政管理的要求；同时又要代表国家规范资源市场价格秩序，指导资源市场交易主体的价格制定；设置资源价格调节基金制度，通过资源的有偿利用并以资源的动态供求关系为标准，核定资源产品和自然生态资源价格，并代理国家收取必需的资源补偿及调节费用。在管理形式上，可以推行资源资产化管理，改造现有的自然资源情况表或自然资源平衡表，使自然资源平衡表成为国家资源性资产的实物账户，建立资源性资产价格体系和自然资源价格评估方法，在此基础上建立起资源性资产的价值账户，按照所有权和经营权适当分离的原则，形成资源性资产负债表，培养和规范产权市场，管理产权交易，使国家资源所有权在经济上得到实现。

四、发展循环经济的财税政策建议

（一）发展循环经济过程中，公共财政面临的困难与问题

1. 我国财政在建立节约型社会过程中面临的主要困难

（1）环境与资源产权不明晰，收益主体缺位，政策效应大打折扣。大部分环境与资源属于公共产品，产权属于国家或政府，产权边界不明晰，存在所有者缺位问题。在这种情况下，即使制定了完善的财税政策，但由于相关利益主体不明确，没有一个真正的利益实体（如某企业、某利益集团）因此受益，导致他们缺乏执行政策或监督政策实施的积极性，使政策效果难尽人意。

（2）环境与资源保护的专门财政收入渠道窄，财政预算拨款有困难。我国的资源与环境预算在我国的支出预算中所占比重低，目前用于环境投资的公共资金有限，全国总投资仅占到 GDP 的 1.3%，其中包括了企业投资、民间投资以及其他资金。真正的财政资金不到 1%。

（3）地方政府与中央政府博弈，地方保护主义盛行，使某些财政政策难以落实。在现行体制中，中央政府与地方政府的分权，造成了中央与地方利益的不一致。地方政府更多的是追求本地区利益的最大化，在发展经济和环境保护、节约资源的选择偏好上总是倾向于前者，而将责任推给中央或下任，造成相关政策在执行与监督力度上不到位。

2. 我国财政面临的主要问题

（1）政府重视不足。长期以来，节约资源、保护环境都不是包括财政政策在内的各种经济政策的重点，没有引起足够的重视。由于经济发展迅速，资源匮乏、能源短缺，政府才真正关注这一问题，并制定相应政策，填补过去的政策空白。

（2）调节手段单一。从税收政策来看，环境税制不完善，还没有真正意义的环境税；税收优惠政策目前仅采用税收减免一个单一措施。从财政支出来看，目前预算中缺乏与节约资源、保护环境直接相关的科目，而且除预算内的财政资金对相关领域与项目进行支持外，缺少其他政策手段。

（3）执行效率偏低。由于财政资金投入有限，导致技术开发力度不足，设备落后，相关产业发展缓慢，而且资金投入过于分散，难以形成规模效应，资金使用效率偏低。

（二）发展循环经济的财税政策

发展循环经济的财税政策的制定要把节约与效率放在首位。应以节约使用资源和提高资源利用效率为核心，以节能、节水、节材、节地、资源综合利用和发展循环经济为重点，综合运用税收与财政支出政策，全面节约资源。并且在统筹规划的基础上，突出重点，对重点领域、重点行业加大支持力度，对矛盾突出、迫切需要解决的问题，尽快出台相应政策，同时弥补现有财政政策的某些不足，完善促进形成资源节约利用的长效机制。

1. 近期支持循环经济发展的财政政策

（1）完善有利于资源节约的税收和收费政策。目前，结合国务院颁布的《建设节约型社会近期重点工作分工》，我国财税政策主要应在以下方面进行调整并尽快出台相应措施：

① 调整高耗能产品进出口税收政策。在进口税方面，降低高耗能产品进口关税，对相关进口企业给予所得税减免等税收优惠，对导致高能耗的仪器、设备、技术的进口提高进口关税与进口环节增值税。

在出口税方面，在国际允许的范围内，大幅提高出口关税，降低或取消此类货物的出口退税。对此类商品的出口进行限额管理。

② 适时开征燃油税。本着"鼓励节约，而不是抑制消费"的原则，征收燃油税。借鉴国外经验，从生产厂家或海关直接征收该税，归为国税，并且实行差别定税，即对汽油类与柴油类用油制定不同税率。操作过程中可由各级国税局征收，合理确定相关利益方的分配收益，分配比例可按各部门在税改前的实际财政支出比例划分。同时设立专项基金对税费所得进行管理。

③ 完善消费税。调节已有的某些消费税种的税率，对节能、环保型消费品降低税率或减免征税；将高能耗、高物耗产品纳入消费税征收范围；建议将对环境污染大的物品（如一次性木筷，一次性包装物，含氧汞电池等）列入征税范围。

④ 调整有利于促进再生资源回收利用的税收政策。加大对再生资源回收利用技术研发费用的税前扣除比例；对生产再生资源回收利用设备的企业及再生资源回收利用企业可以实行加速折旧法记提折旧；对购置相关设备，可以在一定额度内实行投资抵免企业当年新增所得税税收优惠；对再生资源回收利用的企业减免所得税；对生产在《资源综合利用》范围内的废弃再生资源产品的企业予以免征相关所得税。

⑤ 研究以资源量为基础的矿产资源补偿费征收办法。根据不同矿产资源的资源量，实行差别定税，稀缺程度越高，税率越高；在明晰资源产权的条件下，按照矿产品销售收入的一定比例征收补偿费；对所有矿产企业（包括亏损企业）征收矿区使用费；避免矿产资源补偿费与资源税的重复征收；矿产资源补偿费采用从价法征收，随市场价格及矿山企业收益情况而变化。

⑥ 制定鼓励低油耗、小排量车辆的税收政策。低油耗、小排量车辆作为一种节能环保产品，要经过"设计—生产—销售—消费—报废"的产品生命流程。对其实施税收优惠政策，可以考虑从这一产品生命流程各环节采取不同措施：在产品开发设计阶段，对企业与技术提供商实行税收减免或补贴，对节能生产设备实行加速折旧政策；对产品生产企业降低所得税税率；对流通企业实施增值税减免；对消费者免收此类商品消费税，降低此类商品燃料税税率；对

专门回收此类商品的企业，在其营业之初，减免所得税。

（2）优化财政支出结构。在财政支出政策方面，首先要进行预算支出调整，应将节能与环保作为支出的一大类单列，并下设相应子目。在此基础上，做好以下工作：

① 建立清洁生产专项资金。组成专家委员会，对清洁生产有关项目、企业、技术进行评估、审核；对具有一定预期效益的清洁生产项目、企业、技术等予以资助；资助方式可采取由专项资金直接拨款，或通过贴息、低息或无息贷款的形式提供；加强对专项资金的管理，确保专款专用；拓宽专项资金来源，扩大资金融资渠道，采取多种形式加大融资力度。

② 加大财政对政府节约能源和政府机构节能改造的支持力度。对于政府机关的办公场所，以节能设施改造和提倡减少浪费为财政支持重点。进行政府节能采购，各政府机构必须采购有"节能"标识的产品。各级政府在对机构内建筑、照明、采暖、制冷、办公设备、车辆等用能设施、设备和产品等进行节能改造过程中，按一定比例，下拨补贴。对于在节能方面表现突出的机构给予奖励。

③ 加大支持循环经济的政策研究、技术推广、示范试点和宣传教育。增加循环经济政策与技术研究的科研费用；安排专项资金支持能源、资源效率技术的推广项目，对重点、重大项目，政府全资扶植，其他项目以贷款或部分拨款形式推进；在宣传教育上，编印宣传材料与组织培训的费用由财政预算支出，同时提供部分经费支持各类媒体与社会团体在循环经济与节约型社会方面的宣传教育活动。

④ 用政府贴息等手段，加大对企业符合循环经济要求的污染防治项目的投入力度。按照"突出重点，综合平衡"的原则，对符合循环经济要求的污染防治项目、技改项目，不论所有制性质，都给予贴息贷款支持。由中央和地方各级政府确定贴息标准，分期、分批投入。

（3）加大节能、节水和环保认证产品的政府采购。

① 搞好节能、节水和环保产品的认证工作，扩大产品品种范围，为政府进行"节约型"采购提供前提与基础。目前，我国节能产品清单涉及 8 类、84家企业生产的近 1500 个型号的产品，产品范围还不够广，今后必须逐步扩大"节能清单"的范围并实行动态管理，及时进行调整和更新。在此方面，可参照美国与欧洲等国家的经验，拓宽范围。

② 采取集中型采购模式。因为集中采购是以采购产品目录为标准，分散

采购是以采购目录以外的采购限额为准。节能政府采购的实质是将节能产品纳入政府采购的目录，以强制实行。集中采购正符合节能采购的特征。采取集中采购模式，可以获得规模效益，简化程序，提高效率。

③ 对于各种没有按规定购买的政府采购行为，由审计机关进行检查，并处以罚金。

④ 尽快实施节能型政府采购行动。各级政府尽快落实《节能产品政府采购实施意见》，先进行地区试点，总结经验，争取有步骤有计划地尽快在全国范围内展开。

2. 远期促进形成资源节约利用的财政长效机制

(1) 完善生态环境税收体系。目前，我国还没有严格真正意义的环境税，可以勉强归入环境税行列的有资源税、车船使用税、城市建设维护税、城镇土地使用税等，但其环境功能并不突出，也没起到相应的作用；以环境保护为目的设定的税收差别和减免非常少；排污税几乎还是空白；作为环境经济手段的核心——排污费，只是一种不规范的准税性质的收费。税收这一重要的经济手段在环境保护、建设节约型社会方面没能发挥应有的作用。建立完善的环境税收体系显得尤为重要。

① 完善资源税。首先，将资源税和环境成本以及资源的合理开发、养护、恢复等挂钩，根据不可再生资源替代品开发的成本、可再生资源的再生成本、生态补偿的价值等因素，合理确定和调整资源税的税率。其次，应扩大资源税的征收范围。此外，可将现有的某些资源性收费并入资源税。

② 调整税收优惠政策。在投资环节，对企业进行治理污染和环境保护的固定资产投资减免固定资产投资方面的调节税或允许此类固定资产加速折旧；在生产环节，对采用清洁生产工艺、清洁能源进行生产的企业，综合回收利用废弃物进行生产的企业在增值税、所得税等方面给予优惠；在消费环节，对利用可循环利用物资生产的产品，可再生能源等征收较低的消费税，对环境污染严重或以不可再生资源为原材料的消费品征收较高的消费税；在其他环节，如科研、产品的研制和开发、技术转让等领域鼓励对环保产品和技术的开发、转让，对环保企业给予所得税上的优惠等。

③ 征收环境保护税。可考虑将现行的排污、水污染、大气污染（主要包括二氧化碳、二氧化硫、氮氧化合物）、工业废弃物、城市生活垃圾废弃物、噪音等收费制度改为征收环境保护税，建立起独立的环境保护税种，充分发挥税收对环保工作的促进作用。

（2）将节能环保科目纳入财政预算体系。我国目前财政预算支出中，有环保支出科目，但没有与环境、资源相关的节能科目。有专家认为，"设立节能支出科目是一个技术性问题"，可设可不设。笔者不同意这种观点，这会导致大部分政府节能投入成为适应时政需要的短期行为，削弱财政支出对建设节约型社会的长期支持力度。所以，在进行预算支出调整时，应将环境保护、节能支出作为预算支出的大类单列，并下设环境监测、污染治理、环境规则及各类资源保护等子目。把环保、节能支出作为财政的经常性支出，加强政府财政对这类支出的保障力度，通过公共财政改革为环境保护、资源节约提供新的资金支持渠道。

（3）适当调整现有税制中的有关税种。目前，我国的税收体系中所得税、增值税等税种在某些方面还不适应建设节约型社会的要求，甚至是与节能环保相冲突的。如在所得税方面，国家为扶植某些中小型企业，对其进行税收减免，而有些中小型企业恰恰是环境污染与能源浪费的大户。此外，在理论上讲，建立节约型社会，对节能设备和产品进行直接税收减免是可行的，但实际操作中，这与我国的税改方向是相悖的。所以，对于目前税制中不利于节能环保的税种的调节是必需的，但过程是复杂而长期的，不能一蹴而就，必须有长远眼光。

五、发展循环经济的产权政策建议

虽然在国务院颁布的《关于加快发展循环经济的若干意见》中并没有将发展循环经济的资源与环境产权改革与规划作为实施重点，但是产权政策实际上是发展循环经济的重点与前提。资源与环境的市场价格，实际上就是其产权价格。如果没有明晰的产权，那么相关的价格对策、财政对策、投资对策、消费对策的实施效果都将是难尽人意的。而从我国目前的国情来看，产权改革又是发展循环经济过程中最复杂、最艰难的环节。在此，笔者仅概括简要提出几点发展循环经济的产权改革设想。

循环经济产权市场制度建设包含三个层次（产权界定、交易权安排、产权交易制度）的产权制度建设。所以，优化我国的循环经济产权市场制度，必须针对我国在这三个层次的产权制度安排所存在的问题和不足，采取有效的建设路径和对策（廖卫东，2003）。

（1）建立市场化的循环经济公共产权规制模式。循环经济产权市场作为一个混合市场，必须首先优化"公"权市场。我国目前的生态产权市场主要以

"公"权形式存在，故引入市场化的"公"权市场模式是我国发展循环经济产权市场优化的第一步，也是目前条件下的重要一步，可以有效消除目前我国环境与资源产权初始界定过度国有化而造成严重的"政府失灵"问题。引入市场化的"公"权市场模式需要两个步骤：一是环境与资源产权所有权代理市场化；二是环境与资源的使用权获得市场化。

行使环境与资源的所有权，存在着从国家到地方到具体代理人的层层委托代理关系，这样，也就同时存在着代理人行为严重背离生态环境与资源公共产权主体和终极所有权人利益的可能，从而产生"政府失灵"。解决生态代理"政府失灵"的最有效途径是加强权力制衡，引入"公"权交易市场（选票交易），在此基础上优化政府生态规制，包括：强化对生态代理者的规制、建立生态代理租金消散机制、放松生态规制和优化规制手段等，同时引入自然资源产权代理者竞争机制，即引入政府间的竞争。引入自然资源产权代理竞争的基本做法是把生态环境保护纳入各级政府"政绩"考核的指标体系，并把传统的GDP核算转化成绿色GDP核算以量化评估各个代理人的生态环境保护绩效。

引入市场化的"公"权市场模式的第二个步骤是生态环境与资源的使用权获得市场化。要打破"公有—公用"的环保运行范式，必须改变环境与资源使用权无偿获取的产权安排制度，引入市场竞争和有偿获得生态环境资源使用权的产权安排制度。为解决环境与资源所有权与使用权权益不对等的失效，必须实行使用者支付制度。对自然资源使用权的获得，根据不同自然资源的性质和用途规定不同的使用税费和获得途径，如对紧缺资源实行高标准收费使用制度；对不可再生的特别资源实行管制使用制度；对一般性再生资源实行市场定价制度；对公益性资源实行限价使用制度等。

（2）在现有所有权安排下，实现环境与资源使用权与经营权市场化。现阶段，在我国循环经济产权市场发育不良，环境与资源产权管理存在较大程度的"政府失灵"的条件下，推进循环经济产权市场规范化建设需要相对稳定的所有权安排，即由国家作为环境与资源产权所有权主体的过渡阶段，先在此基础上实现环境与资源使用权和经营权的明确界定和市场化后才实行部分所有权市场化，以避免所有权界定、划分和交易引起循环经济产权市场混乱和垄断，造成环境与资源产权失序而难以收拾。

明确使用权和经营权应打破"公有—公用—公营"中的"公用—公营"运行范式，避免使用权和经营权混淆。市场化的措施是应把使用权和经营权按生态资源公共性、外部性作技术性分离，明确使用权和经营权各自的权能，引入民营企业、外资企业等非国有企业参与环境与资源产权的经营和竞争，使国有企业从部分环境与资源的经营领域退出，形成多元化的环境与资源经营制度。自然资源使用权和经营权的明确和分离主要依据自然资源的公益性和外部性而定，对公共性和外部性很强的自然资源，如大气、生态和生活所需的淡水、紧缺的耕地和城市土地等可再生的自然资源；黄金、铝、石油等我国稀缺的金属和非金属矿产资源；生态公益林、珍稀动植物、防止荒漠化的草原等有很大生态保护作用的可再生生物资源，应实行使用权和经营权的结合，由公共事业部门去经营，或在政府的严格管制下由一般企业经营。而对排他性、竞争性强，公共外部性相对较弱的自然资源，如生产性用水、经济林、荒地、储量丰富的矿产资源、可畜养的非珍稀动物等，应明确把使用权与经营权分离，让经营权自主进入市场交易。在这个过程中，国家出台自然资源相关法律规定经营权和交易权的合法性是必须突破的重要一步。

同时，完善排污权交易。在我国，排污权的经营权还停留在排污权的使用者必须向所有者申请或购买排污权的使用权这一层次，即使用者在免费使用的份额用完后，超标部分可向政府"受惩罚性"购买（交纳排污收费），使用者与使用者之间互相购买或经营者出卖给使用者的层次上，排污权交易至今还处于试点阶段。今后，在明确界定排污权的所有权、使用权和经营权后，我国排污权交易市场的启动还需系列的配套制度和措施，包括：第一，制定排污权交易的法律法规。第二，原始排污权应实行有偿核发。第三，占有排污权应按期交纳补偿费。第四，排污权交易要与总量控制紧密结合。第五，提高环境监测水平。第六，加强环境监管。

（3）把部分环境与资源的所有权私有化，形成公私产权接轨的混合市场。环境与资源产权交易多种多样，但最彻底的产权交易是所有权交易。所以，我国循环经济产权市场的完善，最终需要将部分的环境与资源的所有权私有化，为引入完善的市场机制创造基础条件。

根据我国的环境与资源状况和循环经济产权市场现状，对其所有权私有化有如下设想：

① 从单一的自然资源所有权到建立多元化的所有权体系。根据自然资源产权多样化特征，应分门别类建立起多样的所有权体系。对于产权界限比较清晰的自然资源，如森林、草原、矿山等，应在平衡公共利益和所有者与使用者利益前提下，根据其使用、经营的公共性和外部性大小，将自然资源的所有权分配或拍卖给不同的产权主体，包括国家、地方政府、企业和个人；对于产权

边界模糊而难以界定、外部性很大的自然资源，如海洋水产资源、地下水、大气等，应继续以公共产权主体为所有者，但需要改变目前政出多头的所有权结构，由统一的机构组织作为单一的所有者来管理。

② 建立可"回收"的环境纳污资源（排污权）所有权制度。可"回收"的环境纳污资源所有权制度有三种"回收"形式。第一种形式为厂商通过减排获得的排污权可归自己所有，在规定的时期内自己安排使用，并可出售给其他厂商。这是排污权制度最基本的形式。第二种形式为排污权"存权"制度，即厂商可以像存款一样把减排获得的排污权在没有交易对象时存放在"排污银行"里，以在某个时候取出来出售或使用。美国实行的是这种制度。第三种形式为排污权的间接所有制度，即企业可以进入排污治理设施建设和经营领域，为企业单独或集中处理污染排放物，从而间接获得排污权的所有权，把其出售给企业或返卖给政府。1980 年后，这项制度已在欧美国家开展实施。我国的排污权所有权安排和市场建设应同时实行这三种形式的制度，因为这三种制度一脉相连，相辅相成。在我国目前环保资金投入不充足的情况下，尤其应抓紧第三种制度的推行。

六、发展循环经济的科技政策建议

（一）进行循环经济科技政策规划

做好循环经济科技战略和规划有利于相关资源的优化配置，同时也为科技政策法规和制度建设提供参照。我国十一五时期科技发展规划中明确提出在能源开发、节能技术和清洁能源技术方面取得重大突破，促进能源结构优化，主要工业产品单位能耗指标达到或接近世界先进水平，同时在重点行业和重点城市建设循环经济的技术发展模式，为建设资源节约型和环境友好型社会提供科技支持。

为此，国家制定了一系列的政策措施。在能源方面，由于供需矛盾尖锐、结构不合理，所以科技政策以节约能源、降低能耗为本，需要攻克主要节能领域的节能关键技术、开发清洁能源技术、发展建筑节能技术、实现可再生能源技术突破。以自主创新的原则为主，同时注意对先进能源装备技术的引进、消化、吸收和再创新。在水资源方面，重点突破农业节水与城市水循环利用技术、发展海水淡化、污水治理等技术。在矿产资源方面，研究复杂地形、矿区条件下采矿技术、提高冶炼技术、突破现有矿产勘探技术。在环境方面，大力发展清洁生产技术、突破生态功能退化综合治理技术、研究废弃物资源化技术、开展海洋生物技术与环保技术研究。在农业方面，要开发环保肥料技术和生态农业技术。在制造业方面，完善企业技术创新、在产品设计、开发、加工、制造等环节推广绿色技术、形成高效、节能、可循环的新工艺，等等。

（二）建立循环经济科技运行机制

（1）增加科技投入。作为一个发展中国家，而且在资源环境面临危机时，国家应加大对循环经济科技的投入。从我国的 R&D 经费在 GDP 中的比例来看，科技投入应有较大的增长空间。政府在逐步增加科技投入的同时，还应进一步采取切实有效的措施，建立循环经济科技投入的激励机制。利用多种风险资金对我国循环经济科技创新进行补充。

（2）合理规划科技活动结构。目前，我国学、研、产相脱节的情况仍普遍存在，政府应尽可能多地提供信息，在学、研、产的结合中起桥梁作用，建立起立足于市场规则之上的学、研、产相结合的机制，对科技创新工作者的激励应完善以市场机制为核心的激励机制，保护和利用在这种结合中取得的效益。

（3）完善科技法规体系。法规至少应发挥规范和保障两方面作用，一是激励循环经济科技活动；二是保障循环经济科技的成果不受侵犯，为循环经济科技的成果建立确定的产权，完善知识产权法。

（4）优化科技管理组织。解决目前我国存在的人才危机，要在用人方面大胆探索，建立起有效的用人模式，利用现有人才的潜力，任人唯贤，为他们提供发挥自身优势、展示才华的环境，形成能进能出、能上能下的积极向上的浓厚氛围。

（5）加强科技决策主体。应树立高校和科研机构、社会机构作为科技决策可行性研究的主体地位，而且以法规的形式确定下来，决策的可行性研究主要应由它们来承担，而不应由政府官员负责。在决策之前，决策主体应尽可能地收集和分析各种信息，减少不确定性的影响。

（三）加强绿色科技立法和执法

循环经济科技的立法包括：立法保障循环经济科技的发明发现；立法保障循环经济科技的投入；立法保障循环经济科技交流和合作。

（1）加强循环经济科技的立法。随着市场经济的发展，科技资源普遍地被当作财产，应建立对其产权给予法律保护和利用的机制，依法奖励做出贡献的科技人员。在保障循环经济科技投入方面，应鼓励私人和民间闲散资金的利用，对发展绿色科技的企业上市和其他方式的融资有优惠政策和法律保障。在知识产权方面应完善专利制度和著作权法规，保护交流和合作者的应有利益，促进共同发展。

（2）加强循环经济科技执法。造成"有法不依，执法不严"的现象，除体制转变期间出现的观念误区和条块分割等重要原因外，在立法方面的空白和不严密性也使执法者有较大的裁量权，被执法者有空可钻。

（四）完善循环经济科技教育机制

循环经济科技教育是使循环经济科技体系能得到持续运转的后备条件。

（1）转变教育观念，使受教育者在获得知识和技能的同时，培养求知欲和学习习惯，树立循环经济科技意识。

（2）调整教育的结构，扩大学校办学自主权，设置清洁生产、环保节能等循环经济技术专业。

（3）树立循环经济科技意识，在全社会大力宣传循环经济科技理念。

七、发展循环经济的投资政策建议

（一）我国循环经济投资体制存在的问题

我国循环经济投融资体系较之以往，虽然取得了长足的进步，但在某些方面仍存在问题，难以适应循环经济发展的需求。主要表现为：

（1）投资额占 GDP 比重较小。尽管我国循环经济投资总量不断攀升，但占 GDP 的比例依然较低，与控制环境污染、改善资源状况、提高经济效益的需求还有很大差距，循环经济投入的力度还需要进一步加强。与发达国家相比，我国绿色投资虽然总量有所增长，但在整个国民生产总值中所占的比重远低于发达国家。其中用于环保的投资虽然在近几年有较大提高，"十一五"期间经初步测算，全社会环保投资预计达到 13750 亿元，约占同期 GDP 的 1.6%，但仍低于发达国家 3% 才可以明显改善环境质量的经验值。随着我国经济的不断发展，循环经济投资需求总量也将呈上升趋势，这将导致循环经济资金缺口增大。仅以循环经济中的环保投资为例，经测算，扣除中央和各级政府的预计投资，"十一五"期间约一半的环保投资需求存在缺口。而且，我国在发展循环经济过程中，在投融资方面面临较多的环保投资历史欠账和当期循环经济支出需求，循环经济产业存在着较为严重的投融资矛盾，资源配置不够合理。

（2）资金来源单一。尽管我国政府提倡投资主体多元化，但由于过去缺乏相应的激励措施和保障措施，很少有政府之外的资金投资于循环经济项目。我国循环经济投融资的资金主要靠财政注入，缺少社会财力的支持。由于财政收支矛盾尖锐，财政不得不优先保证基本职能的需要，从而导致财政预算无法拿出更多的资金作为循环经济投融资资金；同时，循环经济投融资缺乏市场性融资手段（国库券主要弥补预算收支缺口或用于预算内投资项目）又不能适应市场需求，适时吸收社会基金，致使循环经济发展出现资金匮乏局面。这样，一方面造成一些紧迫的问题难以解决，使循环经济发展进程缓慢，与社会对环境改善、资源节约的要求有较大差距；另一方面使大量社会资金闲置，找不到投资方向，而一些重大的循环经济项目，还要依靠国外贷款来解决。这实际上是用我们的市场为国外的技术和资本找到了出路，在付出高代价的同时，抑制了国内技术和资本的市场，使其难以进一步发展。

（3）投资效率不高。投资效率不高集中体现为投资项目设施运转效率低下，没有充分发挥作用。重数量、轻效益是我国经济建设中长期存在的弊端，表现在某些循环经济投融资项目上就是没有按照市场要求合理配置资金，使有偿资金无偿使用，资金投向及收费标准方面缺乏明确的、严格的规定，大量财政投融资资金脱离了正常的运行轨道，导致建设滞后，盲目、重复建设现象普遍，投放面广而规模效益差，浪费严重。这主要是由于资金投放前缺乏全面科学的可行性分析、成本效益分析，工程建设中缺乏有效的监督约束机制，项目结束后不进行评估，使投资无法维持自身"融资—投资—还款"的良性循环，造成投资的极大浪费，不能有效地在促进循环经济发展方面发挥应有的作用。

（二）我国循环经济投融资对策建议

我国循环经济投融资体系的构建应本着"谁投资、谁决策、谁收益、谁承担风险"的原则，充分发挥市场对循环经济投融资活动的调节作用，实行政府宏观指导协调，企业自主投资决策，银行独立审贷核查，拓宽社会融资渠道，积极培育多元投资主体，鼓励公平竞争，依法保障各类投资者权益和公众利益。

可以考虑将循环经济发展纳入国民经济和社会发展计划，纳入各级政府的年度投资计划，安排一定数量的资金投入循环经济重点产业与园区建设；采用财政贴息或政策性银行贷款，扩大对循环经济项目的投资；支持有条件的企业采取股份制或股票上市等方式，调动各方投资积极性，实现投资主体多元化、融资方式多样化、运行管理企业化，形成政府、企业、社会相结合的多元化循环经济投资格局。

1. 明确政府在循环经济投融资领域中的介入范围

政府在循环经济投融资体系中应承担的主要责任，具体而言表现为：第一，综合运用法律、经济和必要的行政手段，在制定政策、加大投入、规范市场、强化监管等方面发挥主导作用；第二，实现决策科学化、民主化，降低政府决策的风险，促进社会经济的可持续发展；第三，通过直接投资、贷款贴息、税收优惠、调控价格、政府采购和信息发布等手段，促进企业自觉治理污染、居民合理分担义务，引导社会资本参与循环经济市场的投资、建设和运营；第四，开展循环经济宣传，鼓励公众参与，促进社会监督，加强环境保护；第五，承担公益性很强的循环经济基础设施、跨地区的污染综合治理任务，提供优质的公共产品和服务；第六，履行有关国际环境公约和环境义务。

政府在规范、监督、培育循环经济投资市场的过程中，应明确自身在相关领域的介入程度。

（1）对于属于循环经济建设中的公共产品或准公共产品，自然垄断、沉淀成本较高的基础设施等，需要公共规划和政策发挥作用，也需要公共部门进行融资和拥有。同时，某些项目可以在政府监管下由私营部门融资和拥有。

（2）对于具有可竞争性的循环经济工程和项目，没有必要由公共部门经营。垄断性循环经济设施和项目的运行和维护权可以通过竞争性招标委托给适当的经营者，政府的职责是签订特许经营合同，监督经营者的业绩，保证其他企业得到相关服务保障，保护消费者利益。

（3）对于不存在高额沉淀成本的循环经济产品和服务，政府的主要职责是保证公平竞争。

（4）对于循环经济工程、项目、产品的环境影响等外部效应可以通过制定控制性详细规划和技术标准等规则或通过财政转移支付（通过税收、收费或补贴影响私人投资和经营）等手段加以干预。

（5）对于存在明显的协调性要求的循环经济工程和项目，政府应该对投资和经营标准进行规制。

（6）对于缺乏替代竞争、需求价格弹性低的循环经济产品和服务，如果供给者是自然垄断，那么应该实施价格管制，保护消费者的利益；对于循环经济生产经营企业与消费者之间出现的信息不对称，规制部门可要求企业对产品和服务质量进行信息披露；对于需求有高峰低谷变化的产品与服务（如电力），政府可以加强公共投资规划、放松管制促进对剩余容量的利用、通过价格政策使高峰时段的需求转移到低谷时段；对于需求多样化的循环经济产品和服务，政府可以允许企业自由进入、促进竞争。

2. 以政府引导、市场推动为原则，实现循环经济投资主体多元化

积极推进循环经济投资主体多元化，引导社会资金投入循环经济建设是构建投资体系的重要内容。多元化、社会化的投融资体制的建立，有利于形成竞争机制，加快循环经济技术进步和环保事业的发展。

（1）设立循环经济投资专项基金。目前，我国已有的环境基金包括中华环保基金、中国全球环境基金等，在循环经济投资过程中，可以充分发挥这些基金的优势，同时在此基础上设立循环经济投资专项基金，通过政府参股方式提供一定的财政支持，发挥政府引导、放大民间资金的杠杆作用。在基金的运行与管理上，可以通过组成专家委员会，对循环经济有关项目、企业、技术进行评估、审核；对具有一定预期效益的项目、企业、技术等予以资助；资助方式可采取由专项资金直接拨款，或通过贴息、低息或无息贷款的形式提供。

（2）积极组建循环经济专业投资公司。为强化政府对循环经济投资的宏观调控能力，应在循环经济投资公司的试点经验基础上尽快建立中央、地方或跨地区的循环经济投资公司。其组建形式可以按"国有独资的有限责任公司"形式，也可以按政府、企业或民间参股的情况组建成股份有限公司。应该指出的是，循环经济投资公司属于政策性的投资机构，因此，其投资领域和方向应该围绕政府的循环经济规划，尤其是重大循环经济项目展开。但考虑到这类投资在一般情况下经济效益不明显，而且在初创阶段还面临着如何快速积累资金的问题，因此，可以允许投资公司以一定的比例投资于营利性项目，特别是侧重于一些贷款时间短、借贷数量少、工程规模小、经济效益高的项目，如"三废"综合利用、清洁生产技术改造、生态工程建设等等，利用"短、平、快"优势，在活化存量中受益。另外，还应强调资金的集中管理、有偿使用。

（3）发展中外合资、公私合作的循环经济投资机构。我国在大力借鉴国际循环经济经验的同时，也要积极引进国外资金，充分利用民间资本，弥补循环经济投入资金不足的缺陷。发展境内外的中外合作循环经济投资机构，有利于我国学习、应用和推广国际先进的经验，提高我国循环经济投资机构管理水平，对于我国循环经济投资体系的建设将起到积极推动作用。同时，还要提倡

民间资本的介入，鼓励个人及家族资本以直接（直接投资循环经济技术、项目、产品）或间接（以证券、债券等形式投资循环经济相关领域）的形式投资循环经济。除了通过面向特定对象私募基金外，还可以积极发展一般公众和机构投资者的循环经济投资公司，加大民间资本对发展循环经济的支持力度。

（4）鼓励大型、有实力的企业进入循环经济投资领域。可以引导、支持和鼓励国内有实力的大型企业，尤其是在资金运作、产业投资和经营管理方面具有优势的循环经济上市公司和企业集团发展公司附属的投资机构，实现大型企业投资的专业化和制度化，这样不仅有利于公司进一步延伸循环经济产品链、贯彻企业循环经济战略、保值增值企业闲置资金，而且扩大了社会循环经济资金来源。大型企业投资循环经济领域可以采取三种形式：一是设置独立循环经济投资部门，下拨专项资金，实施非独立核算；二是组建财务独立的循环经济投资子公司；三是以有限合伙人方式参与循环经济相关投资基金。

3. 制定有利于循环经济发展的投融资政策

（1）制定有利于循环经济投融资体系建设的税收政策。近年来，我国陆续出台了一些有利于企业内部融资的税收政策，如企业利用废水、废气、废渣三废等废弃物为主要原料进行生产，可在5年内减征或免征所得税；对用垃圾发电和混凝土回收利用的企业实行增值税递退政策；对利用太阳能、风能等发电的企业实行增值税减半政策；对企业构建用于环境保护、节约能源和安全生产等专用设备投资给予抵免税的优惠政策，等等。在此基础上，税收优惠政策的方式还应更多样化，优惠的范围种类还应进一步扩大，力度还可以加大一些，对于循环经济专项投资机构和专业性商业银行可考虑在税收减免与税收优惠上采取相应措施，从企业内部融资和外部融资两方面推动循环经济投融资体系发展。

（2）制定有利于循环经济投融资体系建设的财政支出政策。本书在财税对策中对此已经做详细论述，在此不多加阐释。

（3）制定有利于循环经济投融资体系建设的金融政策。为了支持和鼓励商业银行发展循环经济相关贷款业务，可以出台一系列的金融优惠和引导政策。如实行利率浮动，允许对循环经济企业、工程等贷款比重较大的商业银行和其他金融机构，享受循环经济企业及工程等贷款利率浮动幅度扩大政策；可参照国有企业改革中的做法，对于金融机构向循环经济企业的贷款在呆账准备金方面给予一定的优惠，建立差别呆账准备金制度；政策性银行、政策性投资公司等可以通过优先贷款、低息贷款、提前贴现等手段，给予循环经济相关企业、工程、项目、技术等一定的投资倾斜和资金支持。

4. 拓宽循环经济企业融资渠道

为了使企业在追求经济效益的同时能积极预防和消减污染、综合利用资源、推进清洁生产，可以从以下几个方面进行融资体制的完善：

（1）全方位拓展企业融资来源。循环经济企业融资来源按照资金来源的性质可以分为权益融资（如资本金、资本公积金、盈余公积金、未分配利润等）和债务融资（如各种借款、应付债券、应付票据等）；按照融资者与投资者之间的关系可以分为直接融资（如股票、债券等）和间接融资（如借款等）；按照企业在内部融资还是在外部融资的情况可以分为内部融资（如折旧、留用利润等）和外部融资（如股票、债券等）。企业在进行循环经济融资的过程中，应根据自身的经营规模、管理水平、财务能力、市场定位、业务方向等因素，通过不同融资渠道，综合运用各种融资工具组合，以最小的成本付出，获得企业发展必须的资金。

（2）对于循环经济企业和循环经济投资项目、工程的贷款利率、还贷条件以及折旧等方面可以实行优惠。在此方面，除充分发挥国内银行作用以外，还可以申请双边国际优惠贷款，这种贷款一般具有双边经济援助性质，有期限长、利率低、附加费用少等优点，且贷款的赠予成分在 $50\% \sim 70\%$，相对于国内银行贷款来说，多边国际优惠贷款具有较为明显的优势。

（3）充分利用证券市场进行资金融通。证券融资即通过发行有价证券的方式融通资金，主要包括股票融资与债券融资。对于规模大，有一定实力的循环经济企业可以考虑通过股票市场进行融资，国内目前已有多家循环经济企业上市。对于一些技术含量高的循环经济中小企业可考虑在内地和香港创业板上市，为其发展筹措足够资金。另外，从债券融资来看，可以通过发行循环经济国债、企业债券、政府债券进行筹资。在品种选择上，可大力推行可转换债券，它是企业债券融资发展的新趋势，具有债券和股票的双重特点，到期可以还本付息，也可以转化成公司股票，是一种非常具有吸引力的证券融资形式。循环经济企业通过债券融资，不仅有利于降低成本，而且可以处于主动地位。

（4）通过项目融资形式，在引进资金的同时引进发展循环经济所需的先进技术与管理。项目融资最为常见的是 BOT 方式与 TOT 方式，比较适合应用于循环经济中具有公共性的基础设施等项目与工程的融资。BOT 项目融资方式由政府将基础设施项目交给私人财团或跨国公司建设，由他们组建项目公司负责建设和运营，经营期满后再移交给政府，政府不提供资金，只提供一定方式的担保和经营特许权，在经营期满后可以无偿取得基础设施等的所有权。对于私人财团或跨国公司来说，可以获得风险较低的投资机会以及比较可观的盈利。循环经济污水处理厂、垃圾填埋场、废弃物回收处理厂等均适宜采用此方式。

5. 改善循环经济投融资外部环境

营造有利于循环经济投融资发展的外部环境主要包括完善法律法规体系，造就高素质人才队伍，提供优质中介服务，建立高效信息体系，提高公众循环经济投资意识等。

(1) 完善循环经济投融资法律法规。营造完善的循环经济法制环境是循环经济投融资建设必不可少的保障。尽快完善循环经济法律法规，抓紧制定出台节能环保产品目录，修改现有投资法规中不利于循环经济投融资发展的条款，使循环经济投融资行为有法可依、有据可查、有规可循是我国建设健康的循环经济投融资体系不可或缺的保障因素。

(2) 建设循环经济投融资人才队伍。专业化的循环经济投融资人才不仅要为企业筹措资金，还要为企业制定发展战略，提供管理咨询，开拓销售渠道，因此，他们实际上是循环经济企业价值增加的源泉。人才队伍建设是循环经济投融资发展的重要保障之一。目前，我国循环经济投融资人才培养的关键是造就既懂循环经济相关专业知识，又懂投融资知识的复合型人才，这对于循环经济投融资项目与工程的实施与管理必不可少。

(3) 提供优良循环经济投融资中介服务。可以有重点地发展一批为循环经济投资服务的中介机构，如循环经济技术咨询、折价、施工、审计以及工程质量监理等机构。考虑到某些中介服务的权威性和公正要求，可以由政府行使有关职能，组建、指导给予第三方的循环经济技术和产业的中介服务机构，定期推荐和发布最佳实用技术和可行技术，审定环境标志和绿色标志产品等等，以有力地推动循环经济发展。

(4) 构建循环经济投融资信息体系。建立高效、完整的信息体系对于构建循环经济投融资体系十分必要。大量充实的循环经济投融资信息采集，真实可靠的循环经济投融资信息内容、畅通的循环经济投融资信息网络、完善的循环经济投融资信息系统对于推动循环经济投融资发展起着至关重要的作用。

(5) 提高公众投资循环经济意识。公众的消费与投资是循环经济投融资的重要组成部分。我国居民储蓄余额突破万亿元，这说明我国公众目前具有巨大的投资潜力。政府可以通过利益的驱动和精神的号召使社会各界都参与到循环经济发展当中，通过舆论、宣传、教育等倡导公众进行绿色消费（如购买绿色住宅、绿色食品、绿色用品等），引导公众实施绿色投资（如购买循环经济企业股票、债券等），提高公众发展循环经济投融资的意识和能力。与发达国家相比，我国的绿色投资在 GDP 中的比重较小，其中用于环保的投资额 1999 年仅占 1%，近几年有了较大提高，2003 年也只占到了 1.39%，仍低于发达国家 3% 才可以明显改善环境质量的经验值。据预测，我国"十五"期间环保投资缺口为 1000 亿元，"十一"期间将达到 2000 亿元。[①]

八、发展循环经济的消费政策建议

建立有利于循环经济发展的消费政策，首先在消费理念上，要把推动循环经济发展作为重要内容，进一步加大宣传教育力度，转变各种消费群主体的传统观念，树立可持续的消费观和节约资源、保护环境的责任意识，引导消费者自觉选择有利于节约资源、保护环境的生活方式和消费方式；其次，完善环境标识制度，培育绿色市场，倡导消费绿色产品，鼓励绿色消费行为，加大对绿色产品生产销售中违法行为的打击力度，创造良好的绿色消费环境。近期我国发展循环经济的消费对策可以从重点领域入手，以点带面。促进资源节约型消费方式可以从以下几方面入手：

（一）抑制各类奢侈消费

（1）树立理性的消费观念，避免对炫耀性消费的模仿，减少吸烟等不利健康的无益消费。

（2）逐步以个人消费调节税取代个人收入调节税，并对奢侈消费征收较高的累进税，一方面实现效率与公平的统一，另一方面鼓励投资和减少资源浪费。

（二）避免房屋提前报废

房屋本来是长期使用的固定资产，但在我国近些年城市房屋拆迁的高潮中，却有一些竣工使用不过十余年，甚至时间更短的房屋也被纷纷推倒，房屋提前报废造成的资源浪费十分严重。为避免房屋提前报废的损失，应采取如下措施：

（1）提高规划的科学性，减少因规划预见性不足导致的提前报废或反复拆迁。

（2）规范住宅建设标准，按不同档次明确新建住宅的面积和必须拥有的附

---

① 黄海峰，孙涛，姚望. 建立绿色投资体系推进循环经济发展 [J]. 宏观经济管理，2005（8）.

属设施，并在一定时期内保持相对稳定。

（3）鼓励旧房交易，通过简化手续和降低税费收取标准，满足不同消费群体改善住房条件的需求。

（4）提倡建设、使用绿色住宅。

（三）发展节约型交通

石油短缺是我国经济发展面临的一个突出矛盾，交通用油又占了全部石油消费量的一半左右。发展节约型公共交通，是克服石油资源约束的一个有效途径。

（1）重新审视轿车进家庭的政策，在汽油替代品没有大的突破之前，对家庭购买轿车要从政策鼓励逐步调整为政策中性，乃至适当的政策限制。

（2）发展公共交通工具，通过减免税费，积极支持公共汽车和出租车的发展，在满足不同消费需求的同时，提高能源利用效率和减轻道路压力。

（3）大力发展铁路运输，相对于高速公路，铁路具有占地少、投资省、运力大、污染小，可以不消耗石油等突出优点。要从我国土地辽阔和人口众多的基本国情出发，通过投资倾斜和政策倾斜，大力发展电气化铁路，包括城市铁路和地铁。

（四）反对商品过度包装

包装是指在流通过程中根据储运和促销的需要，使用适当的材料或容器来保护商品。商品一旦完成流通进入消费领域，包装对商家和客户就失去了使用价值。然而，由于商业竞争和追逐利润的需要，当前超出一般储运和促销需要的过度包装问题十分突出。过度包装不仅增加了企业的生产成本和消费者的经济负担，而且导致资源的严重浪费。国家发展改革委员会在发展循环经济过程中一再强调要简化商品不必要的包装。但在竞争十分激烈的情况下，企业自身无法摆脱过度包装的困扰，所以必须采取外部的调节措施：

（1）加强行业自律，由各行业协会牵头，按照公平竞争的原则，制定防止过度包装的行业标准和监督措施。

（2）实行税收调节，按行业分别规定包装材料占成本比例的上限，超过上限的包装材料不得抵扣增值税。

（3）注重舆论引导，从维护消费者权益出发，通过舆论宣传，促使消费者更多地关心商品本身的质量和价格，尽可能减少对过度包装的偏好。

（五）鼓励信息消费

鼓励信息消费既可以加快社会的信息进程，又可以在满足有效需求的同时，大幅减少对自然资源的消耗。为此：

（1）要加快信息网络的普及，使广大城乡居民都有条件参与信息化进程。

（2）要大力开发信息产品，如电子书籍、电子游戏，网络影视节目、可视电话等，多方满足消费需求。

（3）要加强信息知识普及，不断提高居民自身的信息消费能力。

（六）提倡租赁式消费

相对于购买式消费，租赁式消费是通过租赁获得使用权，既可以使消费者以较低的代价，满足对耐用消费品尝鲜、短期和方便的消费需求，又可以做到物尽其用，大幅减少资源消耗。可以通过典型示范和政策引导，鼓励人们在家具、家电、汽车、住房等领域，更多地以租赁式消费取代购买式消费。

第二节 我国部分行业发展循环经济对策

国家发改委环资司 2005 年下发的《关于组织开展循环经济试点（第一批）工作的通知》中选择了钢铁、有色、煤炭、电力、化工、建材、轻工 7 个行业作为现阶段我国发展循环经济的重点行业。各行业依据本行业特点，尽快制定相关行业政策，以提高资源生产率，降低单位产品能源、水、原材料消耗，促进废物循环利用，减少废物产生和排放量显得尤为重要。

一、钢铁行业发展循环经济对策

国家发展改革委主任马凯指出：发展循环经济是树立和落实科学发展观，转变经济增长方式，实现钢铁工业可持续发展的必由之路。钢铁工业是能源、水资源、矿产资源消耗的密集型产业，也是最具潜力、最有条件、最迫切需要发展循环经济的产业。钢铁工业的发展，必须以循环经济的发展理念作为重要的指导原则，充分挖掘钢铁工业在能源，水资源、物料利用方面的潜力，以提高资源利用效率为核心，大力节能、节水、节材，加强资源综合利用，加快实施清洁生产，在减量化基础上实现资源的高效利用和循环利用，最大限度减少废物排放。

钢铁行业发展循环经济对策可以从三种模式入手：

（1）发展企业内生产上下工序之间的循环，水在各个工序内部的自循环以及各个工序生产过程中产生的副产品在本企业内的循环等。

（2）发展各个生产厂之间的物质和能量循环，即下游产品的废物返回上游工序，作为原料重新利用；或者将一个生产厂产生的废物、余能作为其他生产厂的原料和能源。例如，高炉渣和转炉渣作为矿渣公司生产的原料；矿渣公司产生的废物（渣粉）作为水泥厂生产水泥的原料；发电厂的粉煤灰作为生产建材产品的原料。

（3）发展企业与社会之间的物质和能量循环，包括向社会提供民用煤气；在冬季将余热输送供社会居民取暖，以替代燃煤锅炉；利用钢铁高温冶炼条件成立城市废弃物处理中心；钢铁渣用于建材和城市道路交通建设；利用煤焦油深加工芳香烃衍生物作为医药、颜料等精细化工产品的中间原料；利用钢铁的高炉水渣、转炉钢渣、石灰筛下物及粉煤灰等固体废弃物生产水泥熟料；使用报废的社会废品和经回收后作为钢铁生产原料重新使用等等。

从物质循环角度来看，钢铁行业发展循环经济可以从四个环节入手：

（一）通过清洁生产实现铁元素资源循环

优化生产工艺流程和工序间的衔接配合，合理降低铁钢比，取消或减少高耗能工序，减少资源浪费，减轻钢铁企业的环境负荷；优化炉料结构，提高精料水平。提高入炉矿品位，降低渣量，降低焦比，实行铁水全量预处理，减少能耗、物耗、渣量及金属损耗，降低炼钢成本，提高石灰活性度，改善炼钢技术经济指标。实现以合理配比的烧结矿和球团矿为主、以副产品和废弃物产品化为辅的合理的炉料结构；在生产过程中，最大限度可持续地利用各种可再生资源（包括废钢、渣钢和含铁尘泥等），少用铁矿石及其他天然矿物资源，实现废弃物资源化；采用资源、能源利用效率最大化、工业废物利用升值化、"三废"产生最小化的清洁生产措施，实现废弃物减量化和无害化，保护环境。

（二）通过合理规划实现能量循环

推广先进的节能和环保技术，淘汰或改造资源浪费、污染严重的落后生产工艺和装备，使老工业基地通过现代化改造，走上新型工业化道路，实现"少投入、多产出、低污染、高效益、可持续发展"的战略目标；强化能源与环境管理，包括设立能源调度中心，对各种能源实行集中管理和统一调配，把科学、完善的节能与环境监测管理体系纳入生产管理之中，以管促治；面向社会，一方面为相关行业提供工业原料，同时把钢铁产品生产过程中产生的二次能源用于城市生活，改善城市环境和空气质量；另一方面利用高炉、焦炉高温冶炼条件，形成社会废弃物无害化处理中心。

（三）通过统筹安排实现水的循环

与主体技术改造配合，采用不用水或少用水的工艺及大型设备，做到源头用水减量化；采用高效、安全可靠的先进水处理技术和工艺，提高水的循环利用率，进一步降低吨钢耗新水量；采用先进工艺对循环水系统的排污水及其他排水进行有效处理，使工业废水资源化，实现工业废水"零"排放。

（四）通过综合利用实现固体废弃物循环

按照钢铁含铁物料资源化的思路，探索尾矿、发电粉煤灰、钢渣磁选后尾渣等固体废弃物综合利用技术和途径；细化对固体废弃物的分类、堆放、处理、利用等各个环节管理，细化固体废弃物处理设备的管理；建立以钢铁为中心的钢铁生产与石化、建材、能源等相关行业以及社会生活共享资源、互为排放物治理、互为二次资源循环利用的区域生态工业园，实现区域内物质循环，消费后的废弃产品、生活垃圾和生活污水的社会大循环；围绕矿山排岩场、尾矿坝进行矿山生态恢复治理工作。

二、有色行业发展循环经济对策

（一）合理开发有色金属矿产资源

（1）加大地质勘查工作，增加矿产储量。即在现有危机矿山开展新一轮找矿，加强在现有矿山的深部和边部开展找矿勘查工作，采用找矿新理论、新技术、新方法，寻找更多资源，扩大储量。

（2）有效利用，合理开发资源。整顿矿业秩序，杜绝采富弃贫和掠夺式开采等乱采滥挖现象，严格采矿权管理，实行规范开采。要提高矿产资源开发利用率，对中小矿山要推广高回采率和高回收率的新技术，提高矿山回采率和机械化、信息化水平。特别要保护钨、铂、锡、锑和离子型稀土等优势资源，坚决遏制乱采滥挖，无序出口。

（3）充分利用海外资源。鼓励有条件的企业采用境外办矿、签订长期合同或参股、联合开发等多种形式利用海外资源，采用独资或合资方式到境外开矿。结合有色金属矿产资源实际，在实施"走出去"战略时，要以企业为主体，坚持市场化运作；开发重点应放在周边国家和亚太地区，扩展非洲，开拓美洲。

（二）加快有色金属行业产业结构调整

推广应用先进高效、节能生产工艺和技术装备，淘汰高能耗的落后生产设备。根据国家有色金属工业产业政策和专项发展规划，引导企业发展资源利用效率高，能源消耗少，环境污染小的有色金属产品；全面淘汰自焙和小预焙铝电解技术，鼓风炉铜、铅等重金属冶炼技术，以及其他高耗能、高污染的有色金属生产工艺。积极优化有色金属产品结构，发展附加价值大、能源消耗少的有色金属产品，提高资源利用效率，降低单位工业增加值能源消耗。

（三）促进有色金属资源再生利用

鼓励开发利用废旧有色金属资源，实施资源节约替代，降低有色金属生产的能源消耗。据统计，回收利用 1 吨铝的能源消耗仅为从铝土矿生产 1 吨原铝能源消耗的 5％，目前，发达国家回收利用的铝已经占到其消费量的 50％以上，大大降低了能源消耗。因此，需加强立法，制定相关优惠政策，培育公众资源再生循环利用和节约的理念，建立和规范市场准入制度，鼓励废旧金属进口，促进再生资源健康发展。

（四）提升有色金属行业技术水平

一要采取切实有效的措施，淘汰落后的生产能力。二要加强技术改造，大力推行清洁生产。三要高度重视科技进步在环保治理工作中的应用。同时，为了发展循环经济，要加强对有色金属工业用水综合集成最优化技术的开发，提高水资源利用率；加强低浓度二氧化碳综合利用和治理技术研究；对已开发矿山进行生态治理，恢复生态环境，有效地处理和利用生产过程中产生的"三废"和尾矿，开展综合利用研究。

三、煤炭行业发展循环经济对策

（一）煤炭行业循环经济内容

（1）综合一体化开发。开采煤炭资源的同时，将与煤共伴生的矿产品、煤层气、矿井水、煤矿瓦斯等多种资源及废弃物，统筹规划，综合开采，并进行加工利用。

（2）产品深度加工。对不同煤种、品质的煤炭进行粗加工、深加工或精加工，把煤炭加工成高附加值产品。

（3）资源高效利用。将煤炭开采和洗选过程中产生的废弃物进行综合利用，如煤矸石发电、煤矸石、煤灰粉制砖、生产水泥、筑路和回填地表塌陷区等，创造出较高的经济效益、环保效益和社会效益。

（二）煤炭行业发展循环经济对策

（1）推进煤炭企业节能生产。实施煤炭清洁生产技术，依靠科技进步和技术创新，按照废物减量化的首要原则，减少煤炭生产过程中各种废物的产生量，利用各种清洁开采技术减轻对土地资源的破坏，实现低开采、高利用、低排放的良性循环。

（2）延伸煤炭产业链。充分依托煤炭资源优势，拓展"煤矸石—煤泥—热电""灰渣、矸石—建材厂—建材产品""煤矸石—充填复垦—土地资源""矿井水—水处理站—供水"等产业链，在发展煤、电、建材联产循环经济的同时，发展煤、化工、煤、焦等高附加值产业，实现煤炭生产的多元化经营，提高煤炭生产的经济效益，促进循环经济的良性发展。

（3）加强矿区环境综合治理。以土地复垦为重点，把固体废物的利用与矿区生态建设结合起来，建立各种类型的矿区生态重建示范基地，逐步形成与生产同步的生态恢复建设机制。

（4）建设煤炭生产循环经济示范工程。选择有条件的重点矿区，建立产业化和规模化的煤电建材联营的循环经济模式，利用国家对废物综合利用方面的优惠政策，建设技术水平高的大容量煤矸石发电厂，利用煤矸石和粉煤生产新型墙体建材工程，实施矿区土地复垦和生态恢复工程，通过引入先进的技术设备和管理创新机制，真正实现物质的循环使用和资源、能源的梯级利用，并因地制宜地加以推广（贾晓冬，2005）。

四、电力行业发展循环经济对策

根据国家对电力行业发展问题的指示，结合《关于加快发展循环经济的若干意见》，电力行业发展循环经济建议如下：

（1）积极推进电力行业价格改革。2003 年 7 月，国务院办公厅颁布了《电价改革方案》，规定了电价改革的目标、原则和主要改革措施。2005 年，国家发展改革委又会同有关部门进一步制定并颁布了《上网电价管理暂行办法》《输配电价管理暂行办法》和《销售电价管理暂行办法》，明确了电价改革的方向和具体措施。这对于缓解我国煤电油运的紧张状况，对电力行业发展循环经济起到了巨大的推动作用。电力行业应该根据相关的电力价格改革政策，在发电环节实行厂网分离，引入竞争机制，发挥市场作用，积极推进竞价上网，对竞价上网的企业实行两部制上网，其中容量电价由政府定，电量电价由市场竞争实行，对可再生能源电价充分发挥政府与市场两种调节手段的作用，同时推进配电价格改革，加强电价需求侧管理。

（2）提高电力行业能源利用效率。我国以煤为主的能源结构特点在短期内难以改变，根据世界主要工业国家经验，煤炭利用应以发电为主，这需要电力行业提高燃煤发电效率，在发电领域方面，提高大机组比重，发展超临界机组和超超临界机组火电机组，积极发展洁净燃煤技术，发展燃气—蒸汽联合循环技术，对现有电厂进行技术改造，大力开发以水电为主的可再生能源发电技术，提高能源转化和利用效率，推广煤气化为核心的多联产发电、热电联产等。在输、变、配电领域方面，发展更高一级电压输电技术，紧凑型输电技术，紧凑型变电站技术，提高输电能力技术，灵活交流输电技术，超导材料应用技术，安全、经济、灵活输电网目标网架设计和运行技术等。

（3）加强电力行业资源综合利用。在废水综合利用发面，火力发电厂应建立完整的水务管理制度以及相应完整的水回收系统。可以通过处理回收电厂各种工业废水或生活污水，作为冷却塔循环水补充水源，返回到下一级循环水系统再利用，水质较差的用于调湿灰用水，冲灰、煤场喷淋用水等；在脱硫副产品利用方面，脱硫石膏可用于水泥、其他建材制品、土壤改良等领域；在粉煤灰综合利用方面，一般粉煤灰可以用于生产建材、建筑工程、筑路、充填矿井、煤矿塌陷区、改良土壤、生产复合肥料、灰场复土造地等；一些特殊粉煤灰，还可以冶炼铝硅合金或回收有用金属进行高附加值的利用等。

（4）积极采用新型节能技术。通过采用先进的节能技术和高效设备，提高终端用电效率和改善用电方式，在照明方面，采用高效节能灯，用高效电感镇流器和电子镇流器替代普通电感镇流器，用高效反射灯罩替代普通反射灯罩，以及采用节能型开关等；在电动机方面，选用高导电、高导磁性能的电动机替代普通电动机，降低电动机空载率，提高运行的平均负载率，应用各种调速技术实现电动机节电运行等；在空调方面，应用嗅化锂吸收式制冷减少用电，应用智能控制高效空调器节约用电，利用热泵替代电阻加热的取暖空调节约用电等；在建筑方面，采用绝热性能高的墙体材料和门窗结构，充分利用自然光和热等；在办公设备及家用电器方面，在设计上采用低待机能耗技术等。

五、化工行业发展循环经济对策

国家发改委发布的《节能中长期专项规划》以及《关于加快发展循环经济的若干意见》，均把石油、化工行业列为工业节能的重点领域。化工行业发展循环经济可以重点从以下几方面着手：

（一）大力开发应用先进、可行的节能技术措施

根据《节能中长期专项规划》，主要措施有：

（1）石油炼制方面，必须提高装置的开工负荷和换热效率，优化操作，降低加工损失。

（2）乙烯生产要优化原料结构，采用先进技术改造乙烯裂解炉，优化急冷系统操作，加强装置管理，降低非生产过程能耗。

（3）中小型合成氨，采用节能设备和变压吸附回收技术降低能源消耗。煤造气采用水煤浆或先进粉煤气化技术替代传统的固定床造气技术。

（4）推广应用循环流化床锅炉技术和石油焦气化燃烧技术，采用能量系统优化、重油乳化、高效燃烧器及吸收式热泵技术回收余热和地热。

（5）推进大型合成氨装置，采用先进节能工艺、新型催化剂和高效节能设备，提高转化效率，加强余热回收利用。

（6）烧碱生产逐步淘汰石墨阳极隔膜法烧碱，提高离子膜法烧碱比重。纯碱生产要推行设备大型化、自动化等措施，淘汰高耗能设备，采用高效、节能设备。

（二）加强对化工企业的改革与管理

石化企业由于其特殊性质，大部分为国有企业，长期以来的粗放式生产和

经营，是造成资源浪费、环境污染的重要原因。

（1）推进企业重组。建立分工明确的国有资产管理、经营和监督体制，强化对国有资产经营主体的外部监督。我国石油和石化两大集团的重组，对减少重复建设、推动石油和化工行业的自由化竞争起到了一定作用。根据目前的情况，可以建若干个规模小一些的石化公司，把两大集团所属的各个工程公司、研究院独立出来，所属的大专院校划归地方或教育部门，并允许大型和新兴公司发展和组建其下游销售网络，在政府宏观调控下进行有序的竞争。

（2）加强企业环境管理。在研发治污技术时，企业要坚持自研与引进相结合，要走产学研协作攻关之路。在治污中，从"三废"中提取有用资源进行综合利用，变废为宝。化工行业应始终把环境保护、实施可持续发展战略作为重要目标来抓，制定《环境保护管理制度》，明确各部门、车间以及有关人员的环保责任，环保管理可以实行经济责任制，环保工作与各部门各车间的工资奖金挂钩，从工资总额中提取一定百分比作为环保管理考核。还应努力贯彻 ISO 14000 环境管理标准，争取 ISO 14000 环境管理标准的国际认证。

（3）发展清洁生产。不使用无毒、无害、难挥发、不易燃、惰性强的原料，从源头上控制污染问题；开发耗能少、效率高、污染小的工艺和设备；搞好过程的余热回收和副产品的回收利用，减少化工过程的能耗和物耗；开发用水量小的工艺；进行包装革命，推行绿色包装形式和材料，减轻由此带来的白色污染；加强高效末端治理设备的工艺的开发，在全过程控制的同时，加强末端治理，减少废水、废气、废渣、废热的排放；建立相应管理机制，加强危险化学品的管理，保证化工产品的使用安全，及时回收处理失效化学品；建立系统的回收机制，及时回收散落失效的化学品。

（三）建立化工生态园区

"十一五"期间，国家将在原有的化工园区继续扩建的同时，在临海、临江或资源丰富的地区建设一些国家级或省级化学工业园区。对于化工生态园区的建设，主要有以下几方面措施建议（黎纯军 2003）：

（1）充分利用已有的大型化工基地。以这些基地为基础，按照化工生态园的要求拾遗补缺，从充分利用资源、治理环境污染的角度出发，进行新的规划和设计，可以使原有设备、公用基础设施等都能得到很好的利用，提高效率。

（2）做好环境和经济效益都不好的工厂的调整。对于配套设施不完善、规模不经济、环境污染问题严重的小型炼油厂、化肥厂、碱厂，农药厂等必须进行清理整顿，按照生态、经济、环境效益的指标进行综合评价，对达不到要求的予以关停。对地理位置优越，又有自己的技术，具有发展前景的企业，可重新规划，促进发展。

（3）注重发挥比较优势，避免一哄而起，无序发展。要摒弃过去那种小农经济追求自给自足的思想，避免一哄而起、遍地开花，应从区域、全国乃至世界的高度认识建设化工生态园的意义和作用，注意发挥各地区的比较优势。比如煤炭资源丰富的地方可以发展煤化工，石油资源丰富的地方可以发展石油化工，粮食资源丰富的地方可以发展粮食化工，形成区域特色，发挥比较优势，进入良性发展的轨道。

（4）打破行业地区的界限，积极开展部门和地区间的合作。这样会使技术发展和推广速度更快，取得更大的经济、社会和环境效益。

（5）充分利用资本市场，开辟新的资金来源渠道。石油和化学工业是资金技术密集型产业，开辟多种多样的资金来源渠道十分必要。化工生态园区的建设，所需资金可以通过资本市场来实现。如果是成熟的项目，可以通过上市融资，如发行股票、债券等；如是高新技术项目，可以通过风险投资来募集资金。

六、建材行业发展循环经济对策

《中共中央关于制定国民经济和社会发展第十一个五年规划的建议》明确提出了建材行业发展循环经济的意见。

（一）建材行业发展循环经济的部分行业政策

经国务院同意，国家发展改革委颁发了《节能中长期规划》，建材行业发展循环经济、节约能源的有关行业政策主要包括：

（1）建材工业。水泥行业发展新型干法窑外分解技术，提高新型干法水泥熟料比重，积极推广节能粉磨设备和水泥窑余热发电技术，对现有大中型回转窑、磨机、烘干机进行节能改造，逐步淘汰机立窑、湿法窑、干法中空窑及其他落后的水泥生产工艺。玻璃行业发展先进的浮法工艺，淘汰落后的垂直引上和平拉工艺，推广炉窑全保温技术、富氧和全氧燃烧技术等。建筑陶瓷行业淘汰倒焰窑、推板窑、多孔窑等落后窑型，推广辊道窑技术，改善燃烧系统；卫生陶瓷生产改变燃料结构，采用洁净气体燃料无匣钵烧成工艺。积极推广应用新型墙体材料以及优质环保节能的绝热隔音材料、防水材料和密封材料，提高高性能混凝土的应用比重。

（2）建筑物。"十一五"期间，新建建筑严格实施节能50％的设计标准，其中北京、天津等少数大城市率先实施节能65％的标准。供热体制改革全面展开，居住及公共建筑集中采暖按热表计量收费在各大中城市普遍推行，在小城市试点。结合城市改建，开展既有居住和公共建筑节能改造，大城市完成改造面积25％，中等城市达到15％，小城市达到10％。鼓励采用蓄冷、蓄热空调及冷热电联供技术，中央空调系统采用风机水泵变频调速技术，节能门窗、新型墙体材料等。加快太阳能、地热等可再生能源在建筑物的利用。

（二）建材行业发展循环经济对策建议

我国建材行业发展循环经济已经取得了一定的成绩，但同发达国家相比还有一段距离，对此，有关专家建议如下：

（1）提高资源、能源利用效率。在生产领域依靠科技进步和加强管理，有望在较短的时间内将现有能源消耗水平降低一半。在建筑节能中，不仅要在住宅建筑中实施节能规定，而且要在各类公共建筑和工业建筑中尽快实行节能；不仅在北方或需要采暖的地区，而且要对南方及一切空调制冷的各类建筑制定节能指标；对于建筑墙体不仅要提出不同温度带的热阻值指标，而且要规定墙体不得超过相应的厚度，以促进节能材料和技术的顺利应用，实现墙体节能和墙体革新；加强屋面的保温，门窗的密封，保温窗框和中空玻璃的推广应用。

（2）减排降污。要提高环保意识，通过加大投入、工艺革新、设备改造等手段，降低粉尘排放；积极开发固体废弃物资源化利用技术，实现固体废弃物的再利用。通过大力消纳利用废弃物和开发替代资源等方式实现原、燃材料的转化，减少温室气体和有毒有害气体的排放。

（3）延长产品使用寿命。要提高管理水平，把产品的质量提高若干等级。产品功能增强或增多，服役寿命提高若干倍，这对建材产品或建筑物来说都是可以力争做到的。

（4）建立技术支撑体系。主要包括：消除有毒有害污染物的环境工程技术；提高资源利用效率，生产过程无废少废，生产绿色产品的清洁生产技术；提高废弃物资源化水平和附加值的材料工程技术；建材产业与其他相关产业的耦合共生技术；新能源、新资源特别是可再生能源、资源的开发利用技术，以及提高管理水平和生产效率的信息技术等。

参 考 文 献

[1] 余永定，张宇燕，郑秉文．西方经济学［M］．北京：经济科学出版社，2002．

[2] 蓝虹．环境产权经济学［M］．北京：中国人民大学出版社，2005．

[3] 曲格平．关注中国生态安全［M］．北京：中国环境科学出版社，2004．

[4] 曲格平．梦想与期待——中国环境保护的过去与未来［M］．北京：中国环境科学出版社，2004．

[5] 王长胜，范剑平．2006年：中国与世界经济发展报告［M］．北京：社会科学文献出版社，2006．

[6] 王长胜，范剑平．2005年：中国与世界经济发展报告［M］．北京：社会科学文献出版社，2005．

[7] 洪银兴．可持续发展经济学［M］．北京：商务印书馆，2000．

[8] 冯之浚．循环经济导论［M］．北京：人民出版社，2004．

[9] 张国，林善浪．中国发展问题报告［M］．北京：中国社会科学出版社，2001．

[10] 金鑫．中国问题报告［M］．中国社会科学出版社，2000年11月第1版。

[11] 何干强．资本论的基本思想与理论逻辑［M］．中国经济出版社，2001．

[12] 张坤民．可持续发展论［M］．中国环境科学出版社，1997．

[13] 刘燕华，周宏春．中国资源环境形势与可持续发展［M］．北京：经济科学出版社，2002．

[14] 刘学．环境经济理论与实践［M］．北京：经济科学出版社，2001．

[15] 张坤．循环经济理论与实践［M］．北京：中国环境科学出版社，2003．

[16] 毛如柏，冯之浚．论循环经济［M］．北京：经济科学出版社，2003．

[17] 中国科学院．2004年中国可持续发展报告［M］．北京：科学出版社，2004．

[18] 中国科学院．2005年中国可持续发展报告［M］．北京：科学出版社，2005．

[19] 中国科学院．2006年中国可持续发展报告［M］．北京：科学出版社，2006．

[20] 陈建国．贸易与环境［M］．天津：天津人民出版社，2001．

[21] 鲁传一．资源与环境经济学［M］．清华大学出版社，2004．

[22] 张象枢．人口、资源与环境经济学［M］．北京：化学工业出版社，2004．

[23] 大卫·皮尔斯．绿色经济的蓝图［M］．北京：北京师范大学出版社，1997．

[24] 张学文. 区域可持续发展的评价与控制 [M]. 黑龙江：黑龙江人民出版社，2003.

[25] 黄贤金. 循环经济：产业模式与政策体系 [M]. 南京：南京大学出版社，2004.

[26] 中关村国际环保产业促进组. 循环经济——国际趋势与中国实践 [M]. 北京：人民出版社，2005.

[27] 刘易斯. 经济增长理论 [M]. 上海：上海人民出版社，1997.

[28] 吴保华. 自然资源经济学 [M]. 天津：天津人民出版社，2001.

[29] 崔铁宁. 循环型社会及其规划理论和方法 [M]. 北京：中国环境科学出版社，2005.

[30] 张凯. 循环经济理论研究与实践 [M]. 北京：中国环境科学出版社，2004.

[31] 陶在朴. 生态包袱与生态足迹 [M]. 北京：经济科学出版社，2003.

[32] 保罗·霍肯著，夏善晨译. 商业生态学：可持续发展的宣言 [M]. 北京：译文出版社，2001.

[33] 大卫·皮尔斯、杰瑞米·沃福德. 世界末日：经济学、环境与可持续发展 [M]. 北京：中国财政经济出版社，1996.

[34] 克鲁蒂拉，费舍尔. 自然资源经济学：商品性和舒适性资源价值研究 [M]. 北京：中国展望出版社，1989.

[35] 钱易. 循环经济与可持续发展 [J]. 中国循环经济发展论坛 2004 年年会资料，2004 (11).

[36] 叶文虎. 论国家发展战略的选择 [Z]. http://www.china.org.cn/chinese/zhuanti.

[37] 诸大建. 作为新发展方式的循环经济 [J]. 中国循环经济发展论坛 2004 年年会资料，2004 (11).

[38] 陆钟武. 关于进一步做好循环经济规划的几点看法 [J]. 中国循环经济发展论坛 2004 年年会资料，2004 (11).

[39] 周宏春. 循环经济：一个值得重视的发展趋势 [J]. 新经济导刊，2002 (9).

[40] 解振华. 发展循环经济：落实科学发展观的生动体现 [J]. 人民日报，2004-1-29.

[41] 解振华. 关于循环经济理论与政策的几点思考 [J]. 环境保护，2004 (1).

[42] 张思锋，张颖. 对我国循环经济研究若干观点的述评 [J]. 西安交通大学学报（社会科学版），2002 (3).

[43] 陈骞. 循环经济及其法律调控模式 [J]. 山东科技大学学报（社会科学版），2003 (3).

[44] 李芃. 环保、生态、循环经济与绿色 GDP [Z]. 国研网，2004-2-18.

[45] 曲俊雅. 政府之手力推美国循环经济 [Z]. www.ceh.com.cn，2004-9-8.

[46] 马凯. 贯彻和落实科学发展观 大力推进循环经济发展 [J]. 全国循环经济工作会议文件，2004-9-28.

[47] 江伟钰. 论清洁生产和良性循环经济立法与 WTO 规则 [J]. 广东商学院学报，2003 (2).

[48] 李赶顺. 浅析日本"循环经济"发展战略的实施及其方策 [J]. 日本学刊，2002 (6).

[49] 唐荣智. 循环经济法比较研究——兼评我国首部清洁生产促进法 [J]. 杭州商学院学

报，2002（5）.

[50] 段宁．清洁生产、生态工业和循环经济［J］．环境科学研究，2001（6）.

[51] 刘传国，唐学玺，曹曼．国内外循环经济实施现状及分析［J］．生态经济，2004（5）.

[52] 赵瑞霞，张长元．生态工业园：工业发展的必然趋势［J］．南华大学学报（社会科学版），2003（9）.

[53] 唐本礼．发展中的日本北九州港［J］．港口科技动态，2005（5）.

[54] 刘雪娟等．关于工业生态园的几点思考［J］．科技管理研究，2003（6）.

[55] 王兆华．生态工业园工业共生网络研究［Z］．大连理工大学博士论文．2002.

[56] 傅崇兰．生态城市研究［Z］．中国社会科学院博士论文．2000.

[57] 江小军．生态城市——二十一世纪城市发展的基本模式［J］．经济工作导刊，2001（4）.

[58] 马交国，杨永春，刘峰．国外生态城市建设经验及其对中国的启示［J］．2005（3）.

[59] 陈勇．澳大利亚哈利法克斯生态城开发模式及规划综述［Z］．杭州市环保局网站，2004-8-22.

[60] 黄肇义，杨东援．国外生态城市建设实例——丹麦生态城市建设．［Z］．中国住宅网，2001-8-22.

[61] 石磊，钱易．国际推行清洁生产的发展趋势［J］．中国人口·资源与环境，2002（1）.

[62] 董文萱译．澳大利亚 Bonlac 食品有限公司——环境管理体系与清洁生产结合获效益［J］．中国环保产业，1998（8）.

[63] 石芝玲．清洁生产理论与实践研究［Z］．河北工业大学硕士论文，2005.

[64] 焦玉莉．加拿大循环经济的经验与启示［J］．理论前沿，2005（17）.

[65] 何世念．发达国家的循环经济［J］．中国石化，2005（8）.

[66] 李慧明等．论循环型社会的内涵和意义［J］．中国发展，2005（2）.

[67] 王青．对日本建立"循环型社会"的一点思考［J］．日本问题研究，2004（1）.

[68] 国家发改委环资司．日本建设循环型社会的经验［Z］．环境与资源见报，2004-6-7.

[69] 段黎萍．从美国能源状况分析美国能源战略［J］．全球科技技术瞭望，2005（7）.

[70] 彭易成等．循环经济与传统经济学的比较研究［J］．现代经济探讨，2005（7）.

[71] 冯之浚等．循环经济是个大战略［J］．论循环经济［M］．经济科学出版社，2003.

[72] 宋德勇，欧阳强．循环经济的特征及其发展战略［J］．江汉论坛，2005（7）.

[73] 刘翠英，闫忠昌．关于建立和完善企业的环境管理——日本环境治理的启示［J］．日本问题研究，2002（2）.

[74] 曹凤中．美国环境保护的发展战略［J］．现代化工，2000，（6）.

[75] 曾涛，赵星．美国的可持续发展战略探析［J］．湖南社会科学，2002，（4）.

[76] 戴启秀，王志强．21 世纪德国环保发展纲要及新政策［J］．德国研究，2002（1）.

[77] 刘助仁．德国改善生态环境和实施可持续发展战略的经验启示［J］．节能与环保 2005，（1）.

[78] 孙晓青．德国跨世纪经济发展战略构想 [J]．现代国际关系，1996，(4)．

[79] 邱询雯．美国、德国、日本经济模式比较研究与择优借鉴 [J]．财经问题研究，2003，(3)．

[80] 殷焱．试论建立和完善我国矿产资源有偿使用制度 [J]．中国地质矿产经济，2002 (1)．

[81] 苏明，傅志刚．鼓励和促进我国节能事业的财税政策 [J]．财政研究，2005 (2)．

[82] 谢夜香．提高我国政府集中采购效率的路径分析 [J]．财政研究，2005 (7)．

[83] 杨再舜，刘元．开征"燃油税"思考 [J]．财贸经济，2004 (2)．

[84] 李挚萍．西方国家环境税的发展及中国的对策 [Z]．环保热线网，2005-1-16．

[85] 李树．环境库兹涅茨曲线与我国的政策措施 [J]．宏观经济研究，2005 (5)．

[86] 叶民强，张世英．区域经济、社会、资源与环境系统协调发展衡量研究 [J]．数量经济技术经济研究，2001 (8)．

[87] 林逢春等．环境经济系统分类及协调发展判据研究 [J]．中国环境科学，1995 (12)．

[88] 昊延熊．区域森林资源可持续发展动态评价的理论探讨 [J]．北京林业大学学报，1999 (1)．

[89] 贾炅，焦志延．封闭物质循环和绿点标志——德国的废弃物管理 [J]．世界环境，1999 (2)．

[90] Cohen-Rosenthal，Ed and Tad McGalliard. Designing Eco-Industrial Parks：The US Experience. Industry and Environment. UNEP. December，1996，19：4：14—18.

[91] N. Gregory Mankiw. Principles of Economics. 3rd edition. Thomson South-western，2004.

[92] Kenneth. E. Boulding. Earth as A Spaceship [DB/OL]．http：//csf. colorado. edu/quthors/Boulding. Kenneth.

[93] May，R. M. "Simple mathematical models with very complicated Dynamics"，Nature，vol261，pp. 459—467 (1976)．

[94] Day，R. H. "Irregular Growth cycles" American Economic Review Vol，72，pp. 406—414. (1982)．

[95] Diego Comin，Mark Gertler (2003)．"Medium term business cycle"．NBER Working Paper No. w10003 Issued in September 2003. The Quality of Growth. Copyright（c）2000 by the World Bank.

[96] Lvovsky et al. 1999. "Envionmental Health. " Back ground paper for the Environment Strategy. Draft. World Bank，Environment Department，Washingten，D. C，46. Eric Lombardi [greenyes] the global giant speaks about "the recycling economy"，www. ecocycle. org，2004-10-11.

[97] The Recycling Economy：Just the Tip of the Iceberg，http：//www. natlogic. com/resources/nbl/v03/n19. html，1994-10-4.

[98] Lester R. Brown，State of the World 1999，W. W. Norton & Company，Inc.

[99] Simon, Julian E, Calvin Beisner and John Phelps (eds), The State of Humanity, Blackwell Pablishers Ltd, Cambridge MA, 1995.

[100] What is it about 'zero waste'? http: //www. natlogic. com/resources/nbl/v13/, 2004-8-24.

[101] Meier, G. andSeers, D. (eds), Pioneersin Development, Oxford University, 1984.

[102] R. W. Beck, Inc. U. S. Recycling Economic Information Study, National Recycling coalition INC. 2000, 7.

[103] Federal Environmental Agency, Sustainable germany, 1997 Umweltbundesamt, all rights reserved, P. O. B. 33 00 22, D-14191 Brelin, Germany.

[104] R. W. Beck, Inc. U. S. Recycling Economic Information Study, National Recycling coalition INC. 2001, 7.

[105] Boulding K. E. , The economics of the coming spaceship earth, in H. Jarrett (ed.), Environmental Quality in a Growing Economy. Resources for the Future, Baltimore Maryland: Johns Hopkins Press, 1966.

[106] Stuart Ross, Use of Life Cycle Assessment in Environmental Management, Environmental Management, 2002, 29 (1) .

[107] A. Lans Bovenberg, de Mooij, Ruud A. , Environmental taxation reform and endogenous growth, Journal of Public Economics, 1997, 63 (2) .

[108] Thomas, Christine, Public understanding and its effect on recycling performance in Hampshire and Milton Keynes, Resources Conservation and Recycling, 2001, 32 (3—4) .

[109] Bye, Brita, Taxation, Unemployment, and Growth: Dynamic Welfare Effects of "Green" Policies, Journal of Environmental Economics and Management, 2002, 43 (1) .

[110] Tahvonen O. , On the dynamics of renewable resource harvesting and pollution control, Environ. Resour. Econ. 1991, 32 (1) .

[111] Kishino, Hirohisa, Hanyu, Kazunori and Yamashita, Hidetoshi, Correspondence analysis of paper recycling society: consumers and paper makers in Japan, Resources Conservation and Recycling, 1998, 23 (4) .

[112] Das, Sujit, Curlee, T. Randall and Rizy, Colleen G. , Automobile recycling in the United States: Energy impacts and waste generation, Resources Conservation and Recycling, 1995, 14 (3—4) .

[113] Reijnders L. , A normative strategy for sustainable resource choice and recycling, Resources Conservation and Recycling, 2000, 28 (1) .

[114] Ross, Stuart, Evans, David, The environmental effect of reusing and recycling a plastic-basedpackaging system, Journal of Cleaner Production, 2003, 11 (5) .

[115] Ralph. E. Hallo (Editor), Access to Environmental Information in Europe: The

Implementation and Implication of Directive 90/313/EEC, Kluwer Law Intrenational, 1996.

[116] Alan Boyle & Michael Anderson (ed), Human Rights Approaches to Environmental Protecton, Clarendon Press. Oxford, 1996.

[117] Benjamin J. Richardson, Environmental Regulation through Financial Organizations, Kluwer Law International, 2002.

[118] Terasa Edwards, "The Revocation of Production and Effects on the Global Community", Colorado Jouranl of International Environmental Law and Policy, Volume 13, Number1, Winter2002.

[119] R. R. Churchill, "Environmental Rights in Existing Human Rights Treaties", in Alan Boyle & Michael Anderson (ed.), Human Rights Approaches to Environmental Protecton, Clarendon Press, Oxford, 1996.

[120] Alistair Ulph, "Environmental Policy and International Trade", in Carlo Carraro & Domenico Siniscalco (ed.), New Directions in the Economic Theory of the Environment, 1997.

[121] Donald A. Carr & William L. Thomas, "Devising a Compliance Strategy Under the ISO 14000 International Environmental Management Stadard", Pace Environmental Law Review, Vol. 15, 1997.

[122] Rhomas R. Degregori, "NGOS, Transgenic Food, Globalization, and Conservation", Colorado Jouranl of International Environmental Law and Policy, Volume 13, Number1, Winter2002.

[123] Michele Betsill, "Enviromental NGOs Meet the Sovereign tate: The Kyoto Protocol Negotiations on Global Climate Change", Colorado Jouranl of International Environmental Law and Policy, Volume 13, Number1, Winter2002.

[124] A Report to The Club of Rome (1972) "The Limit to Growth" The original of this document can be found at
http://www.clubofrome.org/doc/.

[125] Todd Goldman (1997) "Recycling as Economic Development: Toward a Framework for Strategic Materials Planning" Department of City and Regional Planning University of California at Berkeley January 1997.

[126] Maria Lane. "Environmentalism and Sustainability: A Literature Review". www.utexas.edu/depts/grg/gstudent/lanem/PDFs/litreview.PDF.

[127] Dr Philip Lawn (2001) "How important is natural capital in terms of sustaining real output? Revisiting thenatural capital/human-made capital substitutability debate" 30th Annual Conference of Economists Perth, 2001.